점잔 빼지 말고
대화로 풀자

점잔 빼지 말고
대화로 풀자

토마 단셈부르 지음 / 변광배 옮김

철학과현실사

옮긴이의 글

이 책은 벨기에 출신으로 변호사였던 토마 단셈부르가 쓴 *Cessez d'être gentil soyez vrai!*(2004)라는 책을 우리말로 옮긴 것이다. 이 제목을 그대로 우리말로 옮기면 『점잔 빼지 말고 솔직하라』 정도가 될 것이나, 『점잔 빼지 말고 대화로 풀자』라는 제목을 붙여보았다. 이 책은 벨기에를 위시해 프랑스에서 출간 이후 꾸준히 베스트셀러 목록에 오를 정도로 많은 사람들의 관심을 끌었고, 지금도 여전히 많은 독자들의 사랑을 받고 있다.

이 책에는 원래 「나로 존재함과 동시에 타인들과 함께 존재하기」라는 부제가 붙어 있다. 이 표현은 부제 이상 의미를 넘어 이 책의 내용을 한 마디로 요약하고 있다고 할 수 있다. 인간은 사회적 동물이며, 따라서 항상 타인들과 함께 살아간다는 것은 의심의 여지가 없다. 그런데 우리와 타인들의 관계는 항상 이중적이라고 할 수 있다. 상식적으로 보아도 타인들은 우리에게 도움과 위안을 주는 자들임과 동시에 우리와 항상 경쟁하고 있는 자들임에 틀림없다.

이처럼 타인들은 우리의 삶에 있어서 이중적인 측면을 지니고 있기 때문에, 우리는 그들 앞에서 우리 자신의 진짜 모습 대신에 가짜 모습을 드러내기가 쉽다. 우리는 흔히 타인들 앞에서 속마음을 제대로 드러내지 못한다. 우리는 속마음을 솔직하게 드러내는 것보다는 감추는

것이 타인들을 배려하는 것이라고 배워왔다. 결국 이렇게 해서 우리는 우리 자신과 철저히 단절된 상태에 있게 된다. 물론 타인들도 우리 앞에서 이와 비슷한 태도를 취하는 것이 보통이다. 그렇다면 결국 인간들 사이의 관계는 가면을 쓰고 가짜 모습을 한 자들 사이의 관계가 아니겠는가?

이 책의 저자에 의하면 바로 이와 같은 거짓 관계로 인해 나타나는 폐해가 바로 '폭력'이다. 우리는 우리 자신의 내부에서 들려오는 목소리를 듣지 못함으로써 우리가 원하는 바를 타인들에게 제대로 전달할 수 없게 된다. 그렇게 되면 우리가 진정으로 원하는 바를 타인들이 알 수 없고, 나아가서는 그것을 충족시켜줄 수 없게 된다. 도대체 어떻게 가면을 쓴, 따라서 솔직하지 못한 우리의 요구를 타인들이 제대로 알아서 충족시켜줄 수 있겠는가? 따라서 가짜 모습을 한 인간들의 관계는 오해, 책임의 전가, 불화 등의 위험을 받게 되고, 급기야는 그 본래의 의미를 상실하게 된다. 이것이 바로 폭력 발생의 메커니즘이자 그 폐해의 구체적 모습이다. 이와 같은 폭력의 발생으로 인해 우리들의 인격, 자아 등의 실현에 부정적인 영향을 끼친다는 것은 말할 나위가 없다.

이 책은 사회생활의 모든 분야에서 기초가 되는 인간관계 정립에 항상 도사리고 있는 폭력을 배제한 상태에서 이루어지는 '비폭력 대화'를 주창하고 있다. 하지만 문제는 이런 대화가 갖는 중요성에 대한 무조건적인 강조가 아니라 그 구체적인 실천 방법이다. 왜냐하면 많은 경우 우리는 비폭력 대화에 대한 이론을 알고 있음에도 불구하고 실제로 그것을 실천에 옮기는 과정에서 어려움을 겪고 있기 때문이다. 이 책의 장점이자 주요 특징 가운데 하나는 분명 이런 실천에 대한 강조라고 할 수 있다.

이 책은 저자의 오랜 경험의 산물이다. 이 책의 저자는 오랜 동안 변호사로 일하면서 점차 무기력한 사람이 되어가고, 타인들에게 모든 책임을 전가하고, 따라서 그들에게 폭력을 가하면서 지내던 중 비폭력 대화를 익히게 되었다고 한다. 그리고 이 대화를 실천에 옮기면서 점차 자신의 삶의 의미를 되찾고, 나아가서는 타인들과의 원만한 관계 정립에 성공함으로써 사회생활에서도 활기를 되찾은 경험들을 진솔하게 소개하고 있다. 그러니까 이 책에서는 저자의 체험은 물론이고 변호사를 그만두고 강연회, 연수, 개인상담 등을 통해 비폭력 대화의 교육 현장에서 겪었던 다른 사람들의 수많은 사례들을 소개하고 있다. 이와 같은 소개가 이 책을 특히 그 실천면에서 돋보이게 하는 요소라는 점은 분명하다.

인간 각자가 자신의 삶의 주인공이라는 점은 부인할 수 없다. 하지만 이 삶이 다른 인간들의 삶과의 어울림 속에서 더 풍요로워질 수 있다는 것도 또한 부인할 수 없다. 이 책이 독자 여러분의 삶이 풍요로워지는 데 일조를 할 수 있다면, 그것으로 이 책을 우리말로 옮긴 보람은 충분히 보상되고도 남음이 있을 것이다. 이 책의 번역을 적극 권해주시고 참고 기다려주신 철학과현실사에 감사의 말씀을 전한다. 또한 이 책의 번역 과정에서 아낌없는 도움을 준 익수와 '시지프'의 여러 회원들에게도 고마움을 전한다.

2007. 6.
시지프 연구실에서

차례

문이 열려 있는, 그것도 활짝 열려 있는
비좁은 새장의 이 횃대에서 저 횃대로만 나는 날아다녔다.

기욜라 일리예스(헝가리 시인, 1902-1983)

나의 이야기는 에스컬레이터를 거꾸로 거슬러 올라가는 것처럼
인생을 살지 않겠다고 결심한 바로 그날부터 시작되었다.

파스칼 드 뒤브(벨기에 시인, 1964-1993)

감사의 말

먼저 나로 하여금 비폭력 대화(CNV: Communication non violente)에 눈을 뜨게 한 마샬 로젠버그(Marshall Rosenberg)에게 감사의 말을 전한다. 그와의 만남과 그의 가르침을 통해 그저 '사람 좋은 생기 없는 사람(a nice dead person)'이 되어가고 있던 나를 다시 추스려 더 역동적인 삶을 영위할 수 있게 되었다는 사실을 고백해야겠다. 그가 주관했던, 아주 매끄럽게 진행된, 자기 자신과 타인을 이해하기 위한 교육 과정을 이수하고 난 뒤 나의 직장생활과 애정생활에서 커다란 변화가 일어났다.

그 다음으로 이 책의 서문을 써주었고, 이 책의 집필 과정에서 격려를 아끼지 않은 기 코르노(Guy Corneau)에게 감사의 말을 전한다. 우정으로 함께한 여러 해 동안의 교육에서 인간을 존중하고 삶에 대한 강한 신념을 가진 그를 통해 많은 것을 배울 수 있었으며, 또한 감동받을 수 있었다. 그는 복잡한 심리 문제들을 단순한 언어로 표현하는 데 뛰어난 소질을 보여주었다. 그는 또한 각자가 항상 자기에 대한 최선의 이해와 더 큰 사랑을 통해 자기 삶의 진정한 주인이 되는 법을 가르쳐주었다.

또한 벨기에 비행청소년교화협회 창설자이자 운영자인 피에르 베르나르 벨즈(Pierre Bernard Velge)에게 감사의 말을 전한다. 십 년 이

상 함께 실시한 비행청소년들 교육에서 그는 나에게 마음을 열고 타인의 말을 들어주는 방법을 일깨워주었다. 미리 판단하지 않고 타인의 말을 듣는 방법, 더 이해하고 사랑하기 위해 타인의 말을 듣는 방법들을 말이다.

그리고 세미나, 개별적인 인터뷰 또는 강연회 등을 통해 강한 신념을 보여준 모든 사람들에게도 이 기회를 통해 감사의 말을 전한다. 이 책의 집필 계획은 그들과의 만남에서 볼 수 있었던 진정성과 함께 체험한 아름다운 변화로부터 유래했다고 해도 과언이 아니다.

여기에 더해 스위스, 프랑스, 벨기에 등지에서 함께 일했던 CNV 과정에서 항상 우정과 지지를 보내준 모든 교육자들에게도 감사의 말을 전한다.

마지막으로 원고를 위한 메모 등을 꼼꼼히 챙겨준 릴리언 마지(Liliane Magi)에게 감사의 말을 전한다.

아내 발레리,
두 딸 카미유와 아나에게
사랑과 존경의 마음으로
이 책을 바친다.

자기와 남을 동시에 존중하면서 자신의 진실을 표현하는 것!

이것이 바로 토마 단셈부르가 이 책에서 제시하는 핵심 기획이다. 그는 이 기획에 우리를 초대함으로써 타인들과 나누는 대화 방식에 관계된 문제를 진심으로 생각해볼 것을 권유한다. 이 권유를 따르게 되면 자신을 표현하는 방식과 서로에게 말하는 방식을 어떻게 하면 개선할 수 있는가에 대해 많은 것을 배우게 될 것이다. 그렇게 하면 끝에 가서는 타인들은 물론이고 자기에게 더 가까이 있게 되는 즐거움을 맛볼 수 있게 될 것이다. 물론 타인들에게 마음을 열었다는 행복감도 맛보게 될 것이다. 또한 선택과 자유의 세계에 이르기 전에 문제를 무조건 덮어버리면서 타협하고 마는 그런 혼란 상태에 종지부를 찍을 수 있는 가능성도 발견할 수 있을 것이다.

이 얼마나 멋진 기획인가!

이 얼마나 멋진 교육 과정인가!

토마 단셈부르가 제안하는 방법에서는 정곡을 찌르지도 못하고, 사태의 본질을 건드리지도 못하며, 즉 자기에 대한 피상적인 이해 위에서 이루어지는 타인들과 의사소통에서 기능하는 각자의 심리적 토대를 통째로 문제 삼는다. 물론 이 방법은 아주 힘든 훈련을 요구한다. 그도 그럴 것이 자기 내부에 자리 잡고 있는 생각을 분명하게 표현하기 위해서는 수많은 무의식적 제약 조건들을 해결해야 하기 때문이다. 이 방법은 혁명적이다. 왜냐하면 이 방법을 적용하는 과정에서 서로가 대화를 나눈다는 이 기획을 통해 때로는 자기 자신의 취약점이 드러날 수도 있고, 또 때로는 자기 자신의 거만함을 체험할 수도 있기 때문이다. 이 방법은 대단히 충격적이기도 하다. 왜냐하면 서로의 마음을 열고 허심탄회하게 대화를 하다 보면, 사태를 있는 그대로 방치하려는 성향, 타인들을 방해할지도 모른다는 두려움, 타인들의 방해를 받을지도 모른다는 두려움 등이 백일하에 드러나기 때문이다. 또한 이 방법은 도전 정신을 가지고 한 번 시도할 만한 그런 기획이다. 왜냐하면 이 기획을 통해 타인들이 변하는 것을 기대하는 것보다는 차라리 자기가 변하는 작업을 해나가기 때문이다.

사하라 사막을 횡단하면서 나는 이 비폭력 대화의 많은 잠재성을 직접 체험한 적이 있다. 그 당시 나는 장 마리 들라크루아(Jean-Marie Delacroix)의 도움을 받으면서 사하라 사막에서 이른바 "마음속의 불꽃"이라는 슬로건을 내건 연수에 참가한 25명의 젊은이들로 이루어진 단체와 같이 생활한 적이 있다. 나는 토마 단셈부르의 권유를 받아들여 비행청소년교화협회 소속의 청소년들과 이들의 안전을 보장해줄 몇몇 어른들의 참여를 결정했다. 나는 사실 몇 년 전부터 비행청소년들을 돌보고 있는 이 단체와 관계를 맺고 있었다. 이 단체를 창설했던 피에르 베르나르 벨즈와 그의 참모였던 토마 단셈부르가 비행청소년들의 사막 횡단 기획을 세우면서 나를 이 단체의 고문으로 초청해왔던 것이다. 이렇게 해서 사막 횡단 기획안을 받아들여 연수를 조직하게 되었고, 비행청소년들의 원만한 사회 통합을 목적으로 하는 이 험난한 모험에 참가하게 되었다.

하지만 얼마 지나지 않아 나는 이 모험에 참가한 것을 후회하게 되었다. 왜냐하면 비행청소년들 가운데 한 명이 칼을 들고 어른을 위협하는 사건이 발생했기 때문이었다. 모두 거주지역에서 멀리 떨어진 사막 한가운데서 극심한 공포를 느꼈다. 어떡해서든 이 단체에 속한 그 누구도 위험을 느끼지 않아야 했다. 그래서 나는 가능한 한 빨리 문제를 일으킨 장본인을 본국으로 송환한다는 해결책만을 생각했다. 사실 그렇게 하는 것이 이 문제를 해결할 수 있는 가장 쉬운 방법으로 보였다.

곧바로 토마에게 이런 의견을 이야기했다. 그는 당장 거절하지 않은 채 그저 몇 시간 동안의 유예(猶豫)를 요청했을 따름이었다. 텐트에서 얼마 떨어지지 않은 모래 언덕에서 장시간의 토론이 이어졌다. 놀랍게도 토론이 끝나자 단체에서 새로운 모습의 단합이 이루어졌다. 게다가 그 이후 횡단을 방해하는 그 어떤 불상사도 발생하지 않았다. 토마의 인내심을 높이 평가하면서 나는 내심 그가 사용한 비폭력 대화의 기술이 연구해볼 만한 가치가 있다고 생각했다.

토마는 그 후 내가 기획하는 연수의 조력자 겸 소중한 협력자가 되었다. 미묘한 문제가 발생할 때마다 나는 '마음닷컴(Coeur.com)' 협회의 이름으로 그에게 도움을 청하곤 했다. 그렇게 해서 그가 주도하는 비폭력 대화 연수 과정에서 나 역시 교육을 받았다. 그 이후

이 비폭력 대화의 기본 원칙들은 고스란히 내가 조직하는 세미나에서도 그대로 사용하게 되었다.

왜 그렇게 했을까? 그 이유는 단순하다. 타인들과 대화를 나눌 때 나를 포함한 대부분의 사람들은 여전히 머뭇머뭇하기 때문이다. 우리는 대화를 나누지 못한 채, 서로의 의도가 무엇인지를 정확하게 드러내지 않은 채, 그저 상대방을 평가하고, 판단하고, 꼬리표를 붙이는 것에만 익숙해져 있다. 실제로 우리 가운데 그 누가 자신의 판단을 말하기 전에 그것을 정리하는 노력을 하는가? 우리 가운데 그 누가 내뱉은 말 뒤에서 숨겨지고 억눌린 필요와 욕구를 확인하고, 또 그것에 이름을 붙이는 수고를 하는가? 우리 가운데 그 누가 타인들과의 관계에서 타협이 가능하고 현실적인 요구를 하려 하는가?

이처럼 타협이 가능하고 현실적인 요구를 바탕으로 이루어진 대화 방식은 이미 살로메(Salomé), 고르동(Gordon) 등이 제창한 다른 여러 방법을 보충해준다는 면에서 더 흥미롭다. 이 모든 방법들은 정확히 각자의 경험을 토대로 '나'를 주어로 해서 말하는 방법을 배우는 필요성, 따라서 내부에서 느끼는 필요와 욕구는 그 자체로 정당하다는 것을 받아들이는 것을 배울 필요성을 강조한다. 하지만 거기에는 한계가 있다. 우리 내부에서 느낀 필요와 욕구는 자아중심주의라는 틀에서 벗어나 타인에게 행해지는 타협 가능한 요구 사항에 꼭 들어맞게 표현되어야 한다. 왜냐하면 비록 모든 필요와 욕구가 그 자체로는 정당하다고 해도, 그 모든 것이 완전히 충족될 수는 없기 때문이다. 각자가 받아들일 수 있는 타협점을 찾아야 할 필요가 있다. 비폭력 대화는 바로 그 점에서 그 진가를 유감없이 발휘한다.

20

비폭력 대화의 여러 테크닉들은 정치 분야에서도 그 효력을 발휘할 수 있다. 게다가 아이들이 초등학교에 들어가자마자 이 테크닉들을 가르칠 필요가 있다고 생각되기도 한다. 물론 그 목적은 아이들이 그 자신들과 멀어지고 그들에게 고유한 표현 방식으로부터 멀어짐으로써 나쁜 버릇을 얻지 않게끔 하는 것이다. 종종 심화된 갈등과 마찰로 힘들어하는 부부 사이에서도 이 테크닉들은 그 효율성을 십분 발휘한다. 이 비폭력 대화는 심리학의 보충물임과 동시에 인간들 사이에 발생하는 여러 사태들에 대한 심리학적 이해를 도와 일상생활에 포함된 아주 실질적인 의미를 발견하게 해주는 기제(基劑)이다.

사실 대화를 위한 모든 방법들을 이론적으로 이해하기는 쉬워도 그것을 실천에 옮기는 작업은 결코 쉽지 않다. 이런 의미에서 이 책은 항상 가까이에 두고 볼 수 있는 한 권의 참고서라고 할 수 있다. 왜냐하면 이 책의 저자는 오랜 동안 법률가로 활동한 경험에서 얻은 두 요소를 전면에 내세우고 있기 때문이다. 그 두 요소란 엄격한 이론적 분석과 실천에서의 구체적 효과를 중요시하는 생각이다. 저자는 이 두 요소를 통해 예외 없이 그 나름의 가치를 가지고 있는 인간의 감정과 욕구에 접근하는 방법에서 저자 자신의 재능과 열린 정신을 유감없이 보여준다.

내가 만나본 사람들 가운데 토마 단셈부르는 자신의 속내를 과감하게, 그러나 가장 능숙하게 드러내는 사람이다. 대화를 거의 시(詩)의 경지로 끌어올린 사람, 우리 내부와 외부의 사막을 탐사하는 탐험가인 그는 타인들과 실질적인 대화를 나눌 수 위해서는 힘을 바탕으로 맺어지는 관계를 포기해야 하며, 종종 자신의 진실을 희생시켜야 할 위험도 겪어야 한다는 것을 잘 이해하고 있다. 나는 몇

해 동안에 그가 변해가는 과정을 지켜보았다. 그가 사람 사귀는 것을 겁내는 그저 점잖은 한 명의 남자에서 사랑스러운 남편으로, 또 아이들에게 헌신하는 아빠로 변해가는 과정을 말이다. 점차 자기 자신에게 충실하고, 또한 타인들이 그렇게 되는 것을 돕기 위해 그가 변호사와 은행 법률고문이라는 직위를 내던지는 것을 목격했다. 또한 우리를 위해 쓴 이 책에서 그가 결국 자기 자신과의 '은밀함'이 없이 관계를 맺는 타인과의 '은밀함'도, 타인과의 '은밀함'이 없이 관계를 맺는 자기 자신과의 '은밀함'도 없다는 것을 보여주기 위해 그가 가진 모든 재능을 행복한 마음으로 발휘하고 있는 것을 목격한다. 요컨대 토마 단셈부르는 생텍쥐페리의 어린왕자가 가진 부드러움과 우아함을 갖추고서 우리가 우리 자신이기를 그치지 않고서도 타인을 만날 수 있다는 것을 몸소 상기시켜주고 있다.

기 코르노

서론

빠져나올 희망을 가지고 있지 못하다.
| 것이 될 희망을 가지고 있지 못하다.
로 협력함으로써 훌륭한 사원이 된다.

생텍쥐페리

한때 나는 점잖고 천천히 의기소침해가고 일할 맛을 잃어가던 변호사였다. 하지만 지금은 아주 즐거운 마음으로 강연회, 세미나, 인터뷰 등을 기획하는 사람이 되었다. 나는 끔찍한 연애 경험으로 상처를 받았으며, 일중독에 걸린 생활을 하면서 고독을 달래던 총각이었다. 하지만 지금은 한 여자의 남편이자 만족하면서 살고 있는 아빠이기도 하다. 나는 계속해서 마음속에 숨기고 있던 슬픔 속에서 살아왔다. 하지만 지금은 자신감과 기쁨 속에서 살고 있다.

무슨 일이 있었는가?

우선 다음과 같은 사실을 자각하게 되었다. 오래 전부터 나 자신의 필요와 요구사항을 모른 채 생활을 하면서 나 자신에게 폭력을 가했으며, 이 폭력을 타인들에게 떠넘기는 성향을 계속 품어왔다. 또한 다음과 같은 사실을 인정했다. 나는 여러 필요와 요구사항을 가지고 있다, 그것들에 귀를 기울이고 차별화할 수 있다, 그것들 사이에 우선권을 부여할 수 있다, 그 어떤 사람도 그것들에 관심을 가져주지 않는다고 불평하는 대신에 내 스스로 그것들을 해결할 수 있다고 말이다. 과거에 불평하고, 반항하고, 과거지향주의자가 되어 과거를 그리워하면서 투자했던 모든 에너지를 점차 한데 모아 나 자신의 내부의 변화, 나 자신의 창조와 인간관계의 재정립 등에 집중 투자를 했다. 또한 타인 역시 나와 마찬가지로 그만의 고유한 필요와 요구사항을 가지고 있다는 사실, 그리고 내가 그것들을 만족시켜줄 수 있는 능력을 가진 유일한 사람이 아니라는 사실을 자각하고 받아들였다.

비폭력 대화는 나 스스로 시도했던 변화 속에서 분명하고도 안심할 수 있는 안내 역할을 해주었고, 또 지금도 계속 그 역할을 해주고 있다. 나는 이제 나 자신의 경험을 바탕으로 이 저서를 통해 독자 여러분도 자기 자신과 맺는 관계를 위시해 타인들과 맺는 모든 종류의 인간관계에 대한 이해의 과정에서 분명하고도 안심할 수 있는 도움을 받을 수 있기를 기대한다.

그러니까 이 책을 통해 나는 칼 로저스(Carl Rogers)가 애초에 구상했던 정신과 노선을 따라 마샬 로젠버그[1]가 정립한 비폭력 대화의 과정을 보여주고자 한다. 가르동의 저서를 읽은 독자들은 아마도 이 책에서 그가 사용한 친숙한 개념들을 다시 발견하게 될 수

---

1) 마샬 로젠버그는 전 세계적으로 그 권위를 인정받고 있는 임상심리학 의사로 비폭력 대화 센터(Centre pour la communication non violente)의 창립자이기도 하다. 나는 독자 여러분에게 그의 저서인 『비폭력 대화 – 공감의 언어(*Nonviolent Communication. A Language of Compassion*)』(Delmar, Tuddle Dancer Press)(불어 번역본 『말은 창(窓)이 아니면 벽이다(*Les Mots sont des fenêtres ou des murs*)』, Éditions, Jouvence et Syros, 1999)를 읽어볼 것을 권한다.

도 있다. 하지만 이 책을 통해 확신을 가지고 나는 다음과 같은 점을 증언하고자 한다. 즉 자기 자신이 행한 폭력, 즉 무의식 중에 그리고 아주 교묘하게 — 폭력의 사용이 선의의 산물인 경우도 있다 — 자기와 타인들에게 가하는 폭력을 각자가 관찰하고자 하고, 또한 이 폭력이 어떻게 해서 폭발하게 되는가를 이해하고자 한다면, 그때 각자는 이 폭력을 무력화시키고 나아가서는 무장 해제시킬 수도 있다는 점이 그것이다. 이렇게 해서 각자는 훨씬 더 많은 자유를 만끽함과 동시에 책임을 지는 그런 만족할 만한 인간관계를 정립하는 데 많은 도움을 받을 수 있게 될 것이다.

마샬 로젠버그는 그 자신의 고유한 대화 방법을 '비폭력 대화(CNV)'라고 지칭한다. 나는 이 대화 방법을 '비폭력 및 의식적(consciente) 대화'라고 부르고자 한다. 실제로 폭력은 우리가 의식을 하지 못한 말과 행동의 결과이다. 만약 우리가 진정 무엇으로 살아가는가를 내적으로 더 의식한다면, 우리는 서로 다툴 필요 없이 서로의 능력을 표현할 수 있는 더 많은 기회를 포착할 수 있을 것이다. 우리가 가진 힘을 창조하고, 자극하고, 보호하는 대신 우리 자신이나 타인들을 강제하고 구속할 목적으로 사용하는 순간 폭력이 나타나게 된다는 것이 나의 변함없는 확신이다. 이 힘은 심리적, 도덕적, 계급적, 제도적인 힘일 수 있다. 그런 까닭에 아주 미묘한 폭력, 부드러움으로 위장된 폭력, 특히 부부 사이의 폭력 등은 육체적 폭력, 욕설, 범죄보다 훨씬 더 널리 퍼져 있다. 또한 그런 만큼 이런 폭력은 다른 폭력보다 정신적으로 그 독성(毒性)이 강하다.

이런 종류의 폭력에 이름이 붙여지지 않은 것은 그것이 매일 아무런 의식 없이 사용되는 언어들 속에 암묵적으로 포함되어 있기 때문이다. 매일 사용되는 일상 언어에 폭력이 실려 이리저리 운반

된다. 실제로 우리는 생각, 따라서 의식(意識)을 주로 언어로 전달한다. 그때부터 우리는 생각과 의식을 언어, 즉 때로는 분열시키고 대립시키고 편을 가르고, 비교하고, 구분 짓고, 단죄하는 언어를 통해, 또 때로는 모으고, 제안하고, 화해시키고, 자극제가 되는 언어를 통해서 실어 나르는 것을 선택한다. 이처럼 우리는 우리 자신의 의식과 언어에 주의를 하고 수정을 가하면서 대화를 방해하고 일상의 폭력을 발생시키는 모든 요소들에서 멀어질 수 있다.

이런 시각에서 보면 비폭력 대화에 관여하는 여러 원칙들은 결코 새롭다고 할 수 없다. 수세기 이래로 이 원칙들은 인간의 지혜를 구성했다. 하지만 이 지혜는 애초에 실현 불가능한 것으로 보였기 때문에 정작 현실에서는 거의 실현되지 않고 있었다. 내가 보기에 새롭게 여겨지는 것, 그리고 내가 매일매일의 실천 속에서 확인하는 기회를 갖게 되는 것은 다름 아닌 마샬 로젠버그가 행한 그 대화 과정의 유기적 결합이다.

우선 언어적 측면에서 보면 '대화'와 '비폭력'이라는 잘 알려진 두 개념의 결합이 있다. 이 두 개념과 거기에 포함된 가치는 그 매력에도 불구하고 종종 무기력이라는 감정으로 남게 된다. 폭력 없이 대화를 한다는 것이 항상 가능한가? 대화를 하면서 모든 사람이 마음속으로 지지하는 가치들 — 존중, 자유, 상호적 반김, 책임 등등 — 을 구체화시키고, 생생하며 효율적으로 만들 수 있는가?

또한 우리의 의식 속에서 이루어지는 대화에 개입하는 여러 요소들과 쟁점들의 결합이 존재한다. 이 결합 과정을 통해 다음과 같은 네 개의 핵심 지점을 통과한다. 제1지점은 관찰(observation)이다. 즉 인간은 어떤 상황이나 뭔가에 대해 대응하면서 어떤 반응을 보이는 것을 자각한다. 그 다음으로 이와 같은 관찰은 항상 내부에 어떤 감정(sentiment)을 야기한다. 이것이 제2지점이다. 이렇게 야기된 감정은 항상 어떤 필요(besoin)와 일치한다. 이것이 제3지점이다. 그리고 이런 필요에 입각해 뭔가를 요구(demande)하게 된다. 이것이 제4지점이다. 이 핵심 지점을 차례로 밟아가는 비폭력 대화 방법은 다음과 같은 경우 우리 자신이 더 편안하게 느낄 수 있다는 확신을 준다. 즉 우리가 무엇에 반응하고 있는가를 분명하게 알 경우, 우리의 감정은 물론이거니와 필요를 정확하게 이해할 경우, 그리고 타인으로부터 어떤 반응이 오더라도 그 반응을 받아들일 수 있다는 안정감을 느끼면서 타협하고 실현 가능한 요구사항을 언어로 표현할 수 있을 경우이다. 이 방법은 또한 다음과 같은 경우 우리가 더 편안하게 느낄 수 있다는 확신을 준다. 타인이 무엇을 참고하고 또 무엇에 반응하는가를 분명하게 알 경우, 타인의 감정과 필요가 무엇인지를 정확히 이해하는 경우, 그리고 우리가 동의하지 않을 수도 있는 자유의 여지를 남기면서 그 어느 쪽도 피해를 입지 않으면서 쌍방의 요구사항을 만족시켜줄 수 있는 해결책을 찾고자 함께 노력하는 경우이다. 이처럼 비폭력 대화는 단순한 대화의 차원을 넘어서서 자기와 타자, 그리고 주위의 모든 사람들을 존중하면서 인간관계를 맺을 수 있게 해주는 일종의 삶의 기술이다.

정보화 시대에 더 많은 사람들이 점점 더 빠르게 대화를 한다. 하지만 대화에 성공하는 경우는 드물다. 많은 사람들이 고독, 몰이해, 기준의 상실, 의미의 부재 등으로 고민한다. 인간관계에 비추어볼 때 조직과 기능에 대한 관심사에 더 많은 우선권이 주어지고 있는 실정이다. 따라서 대화하고 의사소통하는 가운데 지금과는 다른 방식을 탐구하는 것이 매우 시급하다.

종종 자기 자신을 표현하는 데 있어서 느끼는 무력감 때문에 피로를 느끼기도 하며, 또한 자기가 한 말이 제대로 경청되고 이해되지 않기 때문에 피로를 느끼기도 한다. 비록 현재 이용할 수 있는 수단들을 통해 많은 정보를 주고받는 것은 사실이지만, 진실된 표현과 경청이라는 면에서 본다면 아직도 부족한 면이 많이 있다. 그로부터 파생되는 무력감으로 인해 자기 안으로 움츠러드는 반응이 종종 발생한다. 통합주의, 민족주의, 인종주의 등이 그 예이다. 특히 전 세계 통신 분야에서 볼 수 있는 기술 발달과 그로 인해 발생하는 인종들, 부족들, 종교들, 생활방식들, 경제·정치적 모델들의 혼합이라는 새로운 상황 속에서 각자 자기 안에 있는 진정하고 은밀한 그 무엇인가를 하나 둘씩 상실하는 위험에 처해 있지 않은가? 각자에게 소중한 것들을 상실한다는 것은 절망적인 일이다. 이 소중한 것들 가운데 하나가 바로 만남이다. 그것도 진실로 인간다운 만남, 거짓이나 가식(假飾)이 없는 만남, 두려움, 습관, 상투어구 등과는 거리가 먼 만남, 상황과 오래된 생각의 무게에 짓눌리지 않는 만남, 끼리끼리의 모임, 잠재적인 차단막이나 이미지로부터 우리를 꺼내주는 그런 만남 말이다.

바로 거기에 정복해야 할 새로운 대륙이 있다. 지금까지 탐사가 제대로 되지 못했으며, 따라서 많은 사람들에게 겁을 주는 그런 대륙 말이다. 그것이 바로 자유롭고 책임감 있는 사람들 사이에 맺어지는 진정한 관계라는 대륙이다.

이 대륙을 탐사하는 것이 겁나는 이유는 탐사의 주인공들인 우리가 인간관계를 맺는 과정에서 종종 방향을 상실하기 때문이다. 실제로 우리는 타인들과 함께하기 위해 자기 자신과의 관계를 끊어버리라고 배웠다.

이런 탐사에 대해 나는 다음과 같은 길을 제안한다. 즉 자유롭고 책임감 있는 사람들 사이에 맺어지는 진실된 관계라는 길이다. 좀 더 구체적으로 우리들 대부분이 마음속으로 겪고 있는 어려움으로 보이는 다음과 같은 두 가지 문제를 통해 이해될 수 있는 그런 길이다. 그 두 가지 문제란, (1) 어떻게 하면 자기를 유지하면서도 타인과 함께할 수 있는가, (2) 어떻게 하면 타인과 함께하면서도 자기를 유지할 수 있는가이다.

이 책의 집필 과정 내내 늘 염두에 둔 한 가지 사실이 있다. 많은 경우 책은 많은 것을 가르쳐주기도 하며, 우리 자신의 건설적인 변화에 많은 기여를 하는 것이 사실이다. 하지만 책을 잘 이해한다고 해서 그것이 곧 마음의 변화로 이어지는 것은 결코 아니다. 마음의 변화는 오히려 감정의 변화, 즉 오랜 동안 계속되는 경험과 실천으로부터 생겨나는 것은 아닐까! 바로 이 책이 그런 범례를 보여준다고 할 수 있다. 왜냐하면 이 책은 근본적으로 이론은 물론이고 경험과 실천을 바탕으로 집필되었기 때문이다.

처음으로 비폭력 대화 방법을 알게 된 이후 나는 이론적인 측면과 실천적인 측면을 결합시키고자 노력했다. 처음부터 책을 통해 얻을 수 있는 이론적 측면, 즉 읽고 나서 모든 것을 이해했다는 측면을 나는 극도로 경계했다. 이것은 당연히 정신적인 측면에 국한된다. 이와는 달리 나는 처음부터 우리 자신을 실제로 그리고 지속적으로 변화시키는 기회를 박탈하는 이론적인 측면에 대한 환상을 버리기로 결정했다.

바로 이런 이유로 참고문헌에는 별다른 이론서들이 제시되지 않고 있다. 마샬 로젠버그의 책을 제외하고는 말이다. 그렇다고 해서 이 책을 집필하는 과정에서 다른 여러 사람들의 저작들과 그들이 고안하고 이용하고 있는 개념들을 참고하지 않았다는 것은 아니다.

오히려 그것들을 대단히 기쁜 마음으로 참고하고 또 이용했다.

따라서 나는 이 책에서 비폭력 대화의 과정이 몇몇 독자들에게는 '이상적'으로 보이게끔 하는 모험을 감행했다. 물론 그렇게 하기 위해서 이 책에서 사용된 단어 하나하나, 개념 하나하나 속에 세미나라든지 연수 등을 통해서 실제로 체험하면서 배운 내용을 첨가하려고 노력했다. 그런 내용에는 역할놀이, 단합에 대한 경험, 타인들의 감정 경청하기, 반성, 명상, 집단 내에서의 정신적 공명(共鳴) 등이 포함되어 있다. 요컨대 이와 같은 모험을 나는 기꺼이 감수하고자 했다. 왜냐하면 이 책을 통해서 배우게 되는 것은 '마술'이 아니라 '구체적인 과정'이기 때문이다. 바꿔 말해 마치 외국어를 실습하는 것처럼 행동으로 옮겨야 할 정신 상태가 주요 문제이기 때문이다. 주지의 사실이지만, 『영어 A에서 Z까지』라는 책을 한 번 읽고서 옥스퍼드 대학 입학시험을 보는 것, 영어로 많은 사람들과 수준 높은 토론을 하는 것은 불가능하다. 처음에는 자기 분수를 알고 연습을 계속해야 할 것이다. 또한 '이상적'이라는 말에는 지금 이곳과는 '다른 곳'을 향해 간다는 진취적 성향이 들어 있음을 느끼지 않는가?

이 책은 정확히 이처럼 '다른 곳', 즉 사람들 사이에 '진실된' 관계가 맺어지는 곳을 향해 떠나고자 하는 사람들을 위해 씌어졌다. 이 책을 통해서 나는 독자 여러분께서 아주 다양한 환경에 속하는 그런 사람들을 매일 만나보기를 바라마지 않는다. 기업, 간부, 부부, 비행청소년, 여러 계층의 가정, 병원, 교육과 구호 분야 등등과 같은 사람들과 환경 속에서 말이다. 마지막으로 나는 이 말을 덧붙이고 싶다. 우리가 원하기만 한다면 그런 장소는 항상 우리 주위에 존재한다고 말이다!

제1장
왜 감정과 필요를 차단하는가

우리들의 정신세계는
여러 범주들로 이루어져 있으며,
자의적이고 인위적인 경계로
에워싸여 있다.

다리를 놓아야 한다.
하지만
그러기 위해서는
인간과 인간의 운명에 대한
원대한 인식과 비전이
있어야 한다.

예위디 므뉘엥

제1장 왜 감정과 필요를 차단하는가

시작하면서

나는 외로움과 슬픔 또는 분노를 표현할 단어를 가지고 있지 않다. 교류와 이해, 인식에 대한 필요성을 표현할 단어도 가지고 있지 않다.

그래서 나는 타인을 비판하고, 모욕하며, 구타하는 경우도 있다. 나 자신을 괴롭히고, 폭음을 하기도 하며, 의기소침해지기도 한다. 내부로 향하든 외부로 향하든 폭력은 어쨌든 어휘 부족의 결과다.

폭력은 자기 의사를 표현할 말을 찾지 못한 욕구불만의 표현이다.

거기에는 분명 원인이 있다. 그것은 자기 내면의 삶을 표현하는 어휘를 많이 가지고 있지 못하기 때문이다. 우리가 필요로 하는 것이 무엇인지, 느끼는 것이 무엇인지를 제대로 기술하는 것을 배우지 못했기 때문이다. 하지만 어릴 적부터 많은 말을 배워왔다. 역사, 지리, 수학, 과학, 문학 등에 대해 얘기했고, 또한 정보 기술, 스포츠, 경제나 인권 등에 대해서도 토의를 해왔다. 하지만 내면의 삶을 표현하는 법을 언제 배운 적이 있던가? 자라면서 우리는 부모님이나 형제, 자매, 선생님 등의 요구를 듣도록 강요받으면서 우리 자신의 감정이나 필요를 차단시키는 법을 배워왔다.

"엄마가 하라는 대로 해라.
오늘 오후에 놀러올 네 사촌 동생이 원하는 대로 해줘.
우리가 네게 기대하는 것을 해라."

결국 이렇게 해서 모든 사람들의 감정과 필요를 듣기 시작하여, 사장님, 고객, 이웃, 회사 동료들의 말에는 귀를 잘 기울여왔다. 하지만 정작 자기 자신의 속마음에 귀를 기울이지는 못했다! 살아남기 위해, 사회에 통합되기 위해 자기 자신으로부터 멀리 떨어져야 한다고 생각해온 것이다.

어느 날 이런 차단의 대가가 돌아온다. 소심함, 의기소침, 의심, 결정 내리기를 주저함, 선택 능력의 결여, 힘든 동참, 삶에 대한 의욕 상실.

아! 도와주세요!

하수도로 빠져나가느라 세면대에서 뱅글뱅글 도는 물처럼 우리는 뱅뱅 돈다. 소진되어 간다. 누군가가 우릴 구제해주길 기다린다. 누군가가 우릴 지도해주길 기다림과 동시에 더 이상 어떤 권유도 귀담아 들을 수 없게 된다!

"……을 해야만 한다.

바로 지금이 ……을 해야 할 시기다.

꼭 ……해야 한다."

이와 같은 말에 이제 넌더리가 난다.

이제 근본적으로 자기 자신을 찾아야 하고, 자기 자신 속에 감정을 굳건히 확립해야 하며, 말하고 결정하는 것이 자기 자신이 되어야 하는 필요성을 느낀다. 또한 더 이상 습관이나 조건, 타인의 시선에 대한 두려움에서가 아닌 내적 감정을 있는 그대로 느낄 필요성이 있다.

하지만 어떻게 해야 한단 말인가?

제네바에서 비폭력 대화 교육자로 일하는 엘렌 도메르그(Hélène Domergue)의 작업 및 창의력의 성과가 훌륭하게 나타난 한 소년의 경우를 소개함으로써 이 책의 도입부를 풀어나가고자 한다.

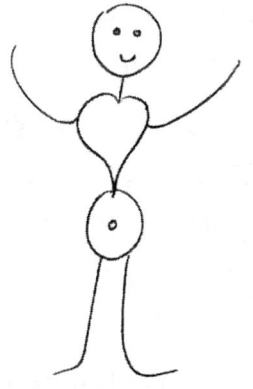

- 정신
- 감정
- 필요(혹은 가치)
- 요구

(혹은 구체적이고 타협 가능한 행동)

1. 정신적 공간

정신

• 판단, 예의범절……

• 예측, 선험적인 것……

• 이원론적 체계

• 책임 회피성 언어

　위의 그림에서 머리가 상징하는 것은 정신적 공간이다. 바로 그곳에 모든 교육의 주요 결과가 저장된다. 그곳은 또한 우리가 활력을 기르고, 통제력을 지니며, 유능한 존재가 되기 위해 다듬어 나가고, 생산적이고 신속한 결단을 내리는 곳이다. 하지만 여태까지 우리 마음, 애정 어린 삶, 내면적 삶은 이와 같은 주목을 받지 못했다. 결국 우리는 조용하고 현명하게 있을 것, 심사숙고해서 좋은 결정을 내릴 것, 분석해볼 것, 모든 일을 분류하고 구분 지을 것, 그리고 그런 것들을 서랍 속에 잘 정리할 것을 배워왔던 것이다. 그렇게 해서 우리는 논리와 추론에서 대가(大家)가 되었고, 어릴 적부터 사물에 대한 정신적인 이해를 자극하고, 훈련하고, 다듬으며, 신중을 기하는 것을 익혀왔다. 이에 반해 감성적인 이해라는 것은 그저 약간 격려를 받거나, 그것이 공개적으로 의기소침한 것이 아닐 땐 아예 격려도 받지 못했다.

　이제부터 흔히 우리가 우리 자신에게 가하거나 타인에게 가하는 폭력의 원인이 되는 다음과 같은 정신 기능의 네 가지 특성에 주목해볼 것이다.

판단, 예의범절과 계층

각자는 판단을 한다. 각자는 사소한 경험을 통해 타인 또는 상황에 대해 판단하며, 모든 현실에 대해 경험한 바 있는 극소수의 것만을 취한다.

예컨대 길에서 머리카락을 닭 볏처럼 곧추세우고 오렌지색으로 잔뜩 염색하고, 얼굴에는 여러 개의 피어싱을 한 청소년을 만났다고 하자.

"이런! 펑크족이군.
또 한 명의 반항아군!
사회를 좀먹는 소외 계층에 속한 한 사람."

이렇게 생각하기가 쉽다. 순식간에 판단을 한다. 그림자가 스쳐지나가는 것보다도 더 빨리 말이다. 사실 이 청소년에 대해 아는 바가 없다. 청소년들이 벌이는 사회운동에 정열적으로 참여하고 있는 자인지, 연극 단원인지, 정보처리 기술자인지, 그것도 아니면 온갖재능과 마음을 세계의 변화에 쏟아 붓고 있는 자인지도 알지 못한다. 그러나 그의 용모나 우리와 다른 점이 뭔가 있기라도 하듯 마음엔 벌써 두려움과 경계심이 일게 된다. 또한 쉽게 해독해낼 수 없는여러 필요성들(그가 가진 차이를 인정해야 하는 필요성, 그를 사회에 통합시켜야 하는 필요성, 그가 가진 차이가 단절을 의미하는 것은 아니라고 확신할 필요성 등)이 요구된다. 한 마디로 그에 대해판단을 내리는 것이다. 이 청소년에 대해 그렇게 판단을 함으로써보지 못했지만 분명 그가 가지고 있는 아름다움, 관대함, 풍요로움 등에 폭력을 가하고 있다는 사실을 알아야 한다.

또 다른 예를 보자. 우아한 모피 코트를 입은 한 부인이 대형 승용차를 타고 지나가는 것을 본다.

"웬 부르주아! 재산 늘리는 것 외엔 아무 생각도 없는 골빈 여자
겠지!"

여전히 판단을 한다. 이 부인에게서 본 사소한 부분을 그녀의 전체 모습으로 간주한다. 이 부인을 작은 서랍 속에 가둬놓을 뿐만 아니라 비닐로 꽁꽁 동여 묶는다. 다시 한번 이 부인이 가진 모든 아름다움에 대해 폭력을 가하는 것이다. 왜냐하면 이 아름다움은 그녀의 내면에 속하는 것이며, 따라서 그것을 육안으로 직접 볼 수가 없기 때문이다. 여유 있는 시간과 돈을 가지고 있다면 이 부인은 퍽 관대할지도 모를 일이다. 어려운 상황에 있는 사람들을 돕고 후원하는 일에 적극적으로 참여할지도 모를 일이다. 하지만 이런 점을 우리는 전혀 모른다. 한 번 더 이 부인의 용모로 인해 우리 마음속에 두려움, 경계심, 분노, 슬픔 등의 감정이 발생한다. 또한 그로 인해 쉽게 해독해내지 못한 필요성들(교환의 필요성, 분배의 필요성, 인류가 공동체의 유익을 위해 적극적으로 기여해야 할 필요성 등)이 나타난다. 이처럼 이 부인에 대해 판단을 내리면서 그녀를 하나의 범주 속에 몰아넣거나 하나의 서랍 속에 가둬버린다.

우리는 종종 빙산의 일각을 취할 뿐이다. 하지만 빙산의 80%가 바닷속에 있어 보이지 않는다는 사실을 알고 있다.

"중요한 것은 눈으로 보이지 않으며, 마음으로 보아야 한다."

이것은 생텍쥐페리의 말이다. 독자 여러분은 타인을 진정 가슴으로 보는가?

선입견, 선험적인 것, 틀에 박힌 신념과 무의식적 자동성

우리는 습관에 따라 반응하는 것을 배웠다. 사고의 무의식적 자동성, 선험적인 것, 선입견에 부합할 것도 배웠다. 관념과 사고의 세계 속에서 살도록 배웠다. 또한 확인되지 않은 신념을 지어내거나 퍼뜨리도록 배웠다.

> "남자들은 죄다 남성 우월주의자들이다. 여자들은 운전을 잘 못한다. 공무원은 모두 나태하다. 정치인은 모두 썩었다. 살아가면서 싸워야 한다. 원하든 그렇지 않든 간에 꼭 해야 할 일이 있다. 꼭 이렇게 해야 한다. 좋은 엄마, 좋은 남편, 착한 아들은 어떠어떠해야 한다. 아내는 내가 이렇게 말하면 절대 감당하지 못한다. 이 집에서는 분명 이렇게 말하는 것을 견디지 못한다. 우리 아버지는 ……한 사람이다."

이런 표현들은 근본적으로 두려움이 반영된 것들이다. 이런 표현들을 사용하면서 자기 자신뿐만 아니라 타인 역시 신념, 습관, 관념 속에 가두고 만다.

다시 한번 우리는 남성 우월주의자들을 제외한 모든 남성들에게 폭력을 가한다. 그들은 예민함, 섬세함, 그리고 그들 속에 내재한 여성성에 마음의 문을 활짝 열고 있는 자들일 수도 있다. 대부분의 남자들보다 다른 운전자들을 존중하면서 운전을 잘하는 여자들에게 폭력을 가한다. 타인에게 관대하며 자기 일에 열정적으로 임하는 공무원들에게 폭력을 가한다. 전체적으로 보아 충실하고 공명정대한 정치인들에게 폭력을 가한다. 결국 정말로 중요한 것이지만 자기 자신이 감히 말하지 못하거나 실천에 옮기지도 못하는 것들 때문에 위의 모든 사람들에게 폭력을 가한다. 또한 다음과 같은 것을 행할 시간적 여유를 갖지 못한 채 '의무적으로 해야만 하는' 것 때문에 그들에게 폭력을 가한다. 즉 여러 일 가운데 어떤 것이 더 우선하는지, 또한 그들이 느끼는 여러 필요성(타인들의 것과 우리의 것)에 대해 다른 방식으로 돌볼 수 있는 가능성이 있는지 없는지를 검토할 시간적 여유 말이다.

이원론적 체계와 이중성

끝으로 우리는 흑·백, 긍정·부정이라는 이원론적 표현에서 안정감을 느끼는 습관에 익숙하다. 문은 열려 있거나 닫혀 있어야 한다. 모든 것은 정당하거나 부당해야 한다. 모든 것은 옳든지 그르든지 해야 한다. 모든 것을 하거나 말거나 해야 한다. 유행하거나 유행에 뒤지거나, 또는 기막히게 좋은 것이거나 아무짝에 쓸모없는 것이어야 한다. 섬세한 다양성을 가지고 다음과 같이 분류하곤 한다. 지식인이냐 육체노동자냐, 수학자냐 예술가냐, 책임감 있는 가장이냐 제멋대로인 환상가냐, 여행가냐 집 안에 틀어박혀 사는 사람이냐, 시인이야 기술자냐, 동성애자냐 이성애자냐, 정통한 사람이냐 무능한 사람이냐 하고 말이다. 이것이 바로 이원론적 체계와 이중성의 함정이다.

사람들 사이에는 지혜로운 지식인이면서 동시에 유능한 육체노

동자이고, 뛰어난 수학자이면서 동시에 훌륭한 예술인이며, 책임감 있는 사람이면서 동시에 환상 가득한 사람이고, 섬세한 시인이면서 동시에 신중한 기술자일 수는 절대 없다고 생각하는 경향이 존재한다. 또한 성적 구분을 넘어서서 사랑을 할 수 없다, 또는 어떤 분야에서는 전통적이며 또 다른 면에서는 혁신적이 될 수 없다고 생각하는 경향 역시 존재한다.

현실은 항상 구분된 범주들, 또 이 현실을 가두고 있는 작고 볼품없는 서랍들보다 더 빈약하고 색깔도 약하다고 생각하는 경향도 또한 존재한다. 왜냐하면 현실이 가진 유동성, 다양성, 다채로운 활력소 등으로 인해 우리가 당황하고 또 겁을 먹기 때문이다. 따라서 이런 현실을 약제사의 작은 단지 속에 넣어 지성이라는 선반에 잘 분류해 가둬놓기를 좋아하며, 그래야 안심한다.

게다가 '아니면'과 '혹은'에 기초한 이와 같은 배척과 분리의 논리를 행동으로 옮긴다. 또한 "누가 옳고 누가 그른가?"라는 놀이를 해본다. 하지만 이 놀이는 슬픈 놀이다. 왜냐하면 우리 모두를 하나가 되도록 유도하는 가치를 갖기보다는 오히려 분리시키는 상처를 남기기 때문이다. 뒤에서 우리 자신이 얼마나 쉽게 이 이원론적 체계의 함정에 빠질 수 있도록 방임하고 있는지를 살펴볼 것이다. 그리고 자기 자신과 타인들에게 어떤 폭력을 행사하고 있는지도 살펴보게 될 것이다. 다음과 같은 예가 가장 빈번히 반복된다. 우리가 타인을 돌보거나 아니면 우리 자신을 돌보는 것이 그 예다. 그 결과 우리 자신과 차단되든지, 아니면 타인과 차단되든지 한다. 마치 타인을 돌봄과 동시에 우리 자신을 살피는 것이 불가능한 것처럼 말이다. 계속해서 타인에게 다가감과 동시에 우리 자신에게 다가가는 것이 불가능하다는 것처럼 말이다.

책임 회피성 언어

종종 자기 자신이 직접 경험하거나 행하는 것에 대해 책임을 회피하는 언어를 사용한다. 먼저 자기 자신이 느끼는 감정들에 대해 타인들이나 외부적 요인들에게 그 책임을 전가하는 것을 배워왔다.

"나는 너의 ……때문에 화가 났어"(자크 살로메가 거론하고 있는 나를 "못살게 하는 너"의 이론)가 그 한 예이다.

"부모님이 ……하기 때문에 나는 슬퍼. 나는 세상 때문에, 공해 때문에, 오존층 때문에 우울해" 등도 좋은 예이다.

항상 반복적으로 느끼는 것에 대해서는 아무런 책임감을 느끼지 않는 경향이 있다. 이와는 반대로 항상 희생양을 찾고, 타인을 못살게 굴며, 우리의 욕구불만에 피뢰침으로 사용되는 타인에게 나쁜 점을 전가하곤 한다! 또한 우리 자신의 행동에 대해서도 책임지지 않는 것을 배워왔다.

> "이것은 규칙이다. 이것은 명령이다. 전통대로 하자면, 나는 이 렇게밖에 할 수 없다. 반드시 이렇게 해야 한다. 너는 ……해야만 한다. 나는 선택의 여지가 없다. ……해야 할 때이다. 이렇게 하는 것이 당연하다, 혹은 당연하지 않다 등등."

이런 표현들을 사용하게 되면 자기 자신과 타인이 어느 정도까지 단절되는지를 살펴볼 것이다. 또한 이런 표현들이 책임을 회피하지 않는 표현들처럼 보이도록 얼마나 절묘하게 우리를 억압하는가도 살펴볼 것이다.

2. 감정

머리를 중요시하는 정신에 우선권을 두는 전통적인 상황에서 우리는 우리 자신의 감정과 정서로부터 콘크리트 판에 의해서처럼 차단되어 있다.

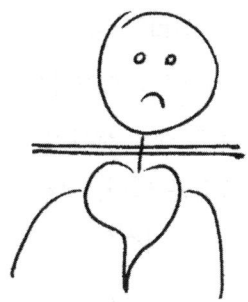

아마 독자 여러분은 다음 부분에서 조금은 자신의 옛 시절의 모습을 볼 수도 있을 것이다.

개인적으로 나는 조용하고 현명한 어린 소년이 되도록, 그리고 항상 타인의 말을 경청하도록 배웠다. 어렸을 적에 자기 자신과 마주하여 자기 감정에 대해 대화를 나눈다는 것이 잘 이해되지 않았다. 누구나 흥분해서 그림이나 정원을 묘사하거나 음악이나 책 또는 경치에 대하여 말한 경험이 있을 것이다. 게다가 흥분해서 자기 자신에 대해 이야기한다는 것은 자아중심적이거나, 나르시시즘적이거나, 자기중심적 태도로 의심받았다. "자기 자신에 관심을 갖는 것은 좋지 않으며, 타인에게 관심을 가져야 하는 거야"라고 사람들은 나에게 일러주었다.

어느 날 몹시 화가 났고 그것을 표출했다면 다음과 같은 말을 들었을 것이다.

"화를 내는 것은 좋지 않아. 착한 소년은 화내지 않지. 네 방으로
가서 잘 생각해본 후에 다시 오거라."

그렇다.
이성으로 돌아가야 하는 것이다.
나는 일찍부터 누가 나로 하여금 죄책감을 갖게끔 하는지를 숙고
해보곤 했다. 그때마다 열심히 분노를 주머니 속에 넣고 위층에 있
는 내 방의 문을 꼭 닫아버리곤 했다. 그리고는 시간이 지나 다시
가족과 하나가 되기 위해 거짓 미소를 지으며 다시 아래층으로 내
려가곤 했다. 또 어느 날 슬퍼져 눈물이 나서 어쩔 줄 모를 때가 있
었다. 독자 여러분도 왜 그런지 알 수 없는 아픔으로 인해 갑자기
마음이 흔들릴 때가 있을 것이다. 그때 누군가가 나를 안심시켜주
고 위로해주는 것이 필요했다. 하지만 이런 소리를 들어야 했다.

"우리는 네게 최선으로 대했는데, 네가 슬퍼하면 안 되겠지! 더
불쌍한 사람들이 얼마나 많은데. 방에 가서 깊이 생각해보고 다시
오거라."

또다시 쫓겨난 것이다!
또다시 방으로 올라갔다. 다음과 같은 합리적인 과정을 머릿속으
로 생각하게 되었다.

"맞아. 나는 슬퍼할 권리가 없어. 엄마 아빠도 있고, 형들과 누나

들도 있어. 학교에 가져갈 책도 있고, 장난감도 있고, 집도 있고 먹을 것도 있어. 그런데 왜 툴툴대지? 이 슬픔은 도대체 뭐야? 나는 이기적이고, 형편없어!"

스스로를 벌하고, 죄책감을 느끼며 나는 재차 마음의 문을 닫아버렸다. 슬픔을 이미 분노를 눌러 담았던 주머니 속에 넣고, 다시 거짓 미소를 지으며 가족들 속의 내 자리를 되찾으러 내려왔다. 지금 나는 아주 일찍부터 진실하기보다는 친절하게 구는 것을 배웠다는 것을 알게 된다.

어느 날 나는 너무 신나서 행복에 겨워하며 이리저리 뛰어다니며 기쁨을 표출했다. 있는 대로 음악을 틀어놓고 기쁨을 한껏 조잘거릴 때 이런 말을 들었다.

"인생이라는 것이 항상 그렇게 재미있는 것만은 아니다. 너무 날뛰지 마라!"

정말 끝장이다! 어른들 세계에서는 기쁨조차도 환영받지 못하다니!

그렇다면 10세 소년인 나는 어찌해야 한단 말인가? 내면의 하드 디스크에 다음과 같은 두 가지의 메시지를 입력한다.

• 어른이 된다는 것은 가능한 한 감정을 차단하는 것이다. 어른이 된다는 것은 거실에서의 대화에서 간간이 한 번 정도만 끼어들 뿐 누구도 방해하지 않고 귀여워 보이게 하는 데만 신경을 쓰면 되는 것이다.

• 사랑받으려면, 그리고 이 세계에서 내 자리를 차지하려면, 내가 느끼는 것이나 원하는 것이 아닌 타인이 원하는 것을 해야 한다. 나 자신만을 고집하게 되면 타인의 사랑을 잃게 될 우려가 있다.

이런 사실로부터 제5장에서 살펴볼 몇 가지 조건들이 도출된다. 그렇다. 하지만 독자 여러분은 이런 모든 감정을 잘 수용해야 한다고 말하겠는가? 감정에 휘둘릴 우려는 없는가? 아마도 여러분은 50년 동안 한 치의 진전도 없이 분노 속에서 맴돌며 성을 내고 있는 사람들을 생각할 것이다. 아니면 슬픔과 향수병에 젖어 무기력하게 계속 우울함에 빠져 있는 또 다른 사람들을 생각할 것이다. 또 완전히 반항적이며, 안정을 찾지 못하고 도처에서 폭동을 일으키고 다니는 사람들을 생각할 것이다. 사실 자기 감정 속에서 맴도는 것은 어항 속의 금붕어가 많이 움직이지만 전혀 앞으로 나아가지 못하면서 불쾌감을 주는 것과 마찬가지다.

인간의 감정은 복잡하고 유쾌하기도 하고 불쾌하기도 한 파도와도 같다. 따라서 이 감정을 확인하거나 구별하는 것은 아주 흥미롭다. 감정을 확인함으로써 얻게 되는 이득은 내적 필요를 확인함으로써 자기 자신에 대해 정확한 정보를 얻는 것과 같다. 감정의 기능은 계기판에서 반짝이는 신호와도 같다. 이 신호는 기능이 제대로 되고 있는지의 여부를, 필요사항이 충족되었는지의 여부를 알려준다.

우리는 감정을 드러낼 언어를 거의 가지고 있지 못하다. 왜냐하면 우리 스스로가 감정과 너무 자주 단절되기 때문이다. 어떤 때는 기분 좋고, 행복하며, 안심되고, 긴장이 풀리는 마음일 수 있고, 또 어떤 때는 두렵고, 실망스럽고, 슬프고, 화가 나고, 내심 못생겼다고 느낄 수도 있다. 이 모든 감정을 말로 충분히 다 표현하지는 못하지만, 어쨌든 그것들과 더불어 살고 있는 것은 사실이다. 비폭력대화의 교육에서는 약 250개가 넘는 감정을 나타내는 어휘들의 목록을 참가자들에게 나누어 주었다. 이 목록을 통해 자신들이 겪고 있는 것에 대한 의식 상태를 더 확장하도록 권유했다. 이 목록은 백과사전에서 뽑은 것이 아니다. 그저 신문에서 읽거나 텔레비전에서 들을 수 있는 일상어에서 가져온 것이다. 그러나 전통적으로 대물림된 수줍음과 조심성으로 인해 풍부한 어휘를 사용하여 우리 자신의 내면을 표현하는 데 방해를 받게 된다.

> 체험하는 것에 대한 의식을 확장하기 위해서는
> 그것을 표현할 수 있는 어휘를 개발해야 한다.

어릴 적부터 받아온 모든 교육의 목적은 내용면에서든 외부 영역에 대해서든 우리의 의식을 발전시키는 데 있다. 학교에서는 역사, 지리, 수학을 배우고, 나중에는 배관학, 전기학, 정보과학, 의학 등을 배울 수 있다. 모든 분야에서 어휘를 발전시키며, 그 결과 해당 분야를 다루기 위한 어느 정도의 기량과 여유를 획득한다.

어휘 획득은 의식 개발과 짝을 이룬다. 그도 그럴 것이 사물을 지칭하는 것을 배웠고, 또 그것들의 상호작용을 이해하면서 필요에 따라 그것들을 변화시키는 법을 배웠기 때문이다. 나는 배관 기술에는 문외한이다. 그래서 보일러가 고장나면 배관 기술자를 부른다. 이런 일에 대한 나의 의식 수준과 대처 능력은 거의 제로에 가깝다. 배관 기술자는 보일러를 점검하고 구체적인 용어로 문제를 설명한다.

"점화기에 문제가 생겼거나, 순환기에 물때가 꼈거나, 가스 분사기가 낡은 것입니다."

이처럼 배관 기술자는 권한을 거머쥐며, 나아가서는 수리의 권한도 갖게 된다.

한때 변호사였던 나는 고객들과 상담을 하면서 법적 문제 앞에서 완전히 정신이 나간 상태가 되고 무기력해지는 사람들을 종종 보곤 했다. 복잡한 쟁점들을 정리하고, 그 관계를 파악하고, 일의 우선순위를 결정하면서 그들에게 어떻게 행동해야 하는지를 제시하는 권리를 행사하는 데서 오는 즐거움을 나는 경험한 바 있다. 이처럼 행동은 의식과 사태를 분리하고 정리하는 능력과 밀접하게 연관된다. 때로는 자기 밖에 있는 영역에 대해서도 영향력을 행사하는 것을 배우기도 한다.

하지만 이 교육 과정에서 과연 언제 자기 자신의 내부 문제들을 살피도록 배웠는가? 언제 자기 내부에서 일어나고 있는 것을 느껴보도록 배웠던가? 감정을 구별해보는 것, 근본적인 필요를 분간해보는 것, 필요에 이름을 붙여보는 것, 타인들의 필요를 고려한 구체적이고도 타협 가능한 요구를 단순하고도 유연하게 표현해보는 것 등을 언제 배운 적이 있는가? 대처할 수 없는 독(毒)처럼 자기를 망가뜨리는 내부에 깃든 분노, 슬픔, 향수 등을 기준으로 해서 자기 자신이 느끼는 무기력에 대해 대체 얼마나 자주 반항심과 무기력함을 느끼는가? 그때마다 불안함과 분노의 감정에, 슬픔 혹은 향수에 무력감이라는 불편함이 더해진다.

> "나는 불행하고 화가 날 뿐 아니라, 그것으로부터 어떻게 빠져나
> 와야 할지 모르겠다."

따라서 흔히 '궁지에서 벗어나기 위해' 오직 다른 사람에게 쏘아붙이는 방법만을 사용한다. 아빠, 엄마, 학교, 친구, 애인, 그리고 동료, 고객, 직장, 국가, 공해, 위기상황 등을 탓한다. 그러니까 내적 삶에 대해 이해도 해본 적이 없고 조절도 해본 적이 없기 때문에 각자는 외부에서 자기 아픔을 덮어씌울 희생양을 찾는다.

> "내가 화가 난 것은 너 때문이야.
> 내가 슬픈 것은 당신이 ……했기 때문이야.
> 내가 격분하는 것은 세상 때문이야."

자기의 고충을 전가한다. 고충을 다룰 줄 모르기 때문에 그것을 타인에게 전가한다. 고충을 다룰 수 있으려면 그것에 이름을 붙일 수 있어야 한다. 또한 그렇게 하려면 조금씩 자기 조절을 할 수 있도록 감정 표현의 어휘를 개발해야 한다. 또한 이러한 주제를 편안하게 다룰 수 있는 방법의 필요성 역시 개발해야 한다. 조절이란 감정을 억누르는 것이 아니라 표출하는 것이다.

결국 감정은 계기판의 신호와도 같다. 그것은 필요에 관계된 정보를 제공해준다. 살아가면서 쾌적한 느낌을 갖는다는 것은 필요가 충족되었다는 의미다. 반대로 살아가면서 불쾌감을 느끼는 것은 필

요가 충족되지 못했다는 의미다. 내가 필요로 하는 것을 확인하기 위해서는 이와 같은 분별의 열쇠를 아는 것이 중요하다. 왜냐하면 내가 원하지 않는 것에 대해 불평하거나 또는 종종 나에게 도움이 되지 않는 사람에 대해 그것을 털어놓기보다는 내가 원하는 것(내게 부족한 것보다는 내게 필요한 것)을 분명하게 표현하고, 그리고 나를 도울 수 있는 사람에게 그것을 털어놓는 것이 중요하다. 그런데 나에게 도움을 줄 수 있는 사람은 자기 자신인 경우가 대부분이다.

> 감정은 계기판의 신호와 같이 작동한다.
> 그것은 내면적 기능이 순조로운가
> 그렇지 않은가를 보여준다.

강연을 하면서 다음의 예를 들곤 한다. 지금 시골길에서 운전을 하고 있다고 하자. 다음과 같은 세 가지 상황을 가정할 수 있다.

1. 1900년대 포드 T모델의 계기판 없는 오래된 자동차를 몰고 있다. 주유통에 들어 있는 기름을 소비하면서 걱정 없이 차를 몬다. 전혀 기름 걱정을 하지 않는다(왜냐하면 기름이 부족하다는 어떤 신호도 내 의식을 자극하지 않기 때문이다). 하지만 머지않아 시골 허허벌판에서 기름이 바닥난다. 기름이 부족하다는 신호도 없었고, 기름이 필요하다는 것을 의식하지도 못했다. 따라서 적절한 조치를 취할 수도 없었다.

50

2. 이것은 가장 그럴 듯한 가정이다. 계기판이 설치된 현대적인 자동차를 몰고 있다. 한순간 기름 계기판을 보니 기름이 거의 바닥이 난 상태이다. 곧장 이렇게 투덜거리게 된다.

"누가 기름 넣는 것을 잊은 거야? 이런 젠장, 왜 매일 나한테만 이런 일이 일어나는 거야! 우리 식구 중엔 기름을 가득 채워 넣을 줄 아는 사람이 한명도 없다니까!"

나는 한없이 푸념을 늘어놓는다. 실컷 불평을 쏟아낸다. 하도 불평을 많이 하다가 길에 있는 주유소를 보지 못한다. 그리고는 오래지 않아 시골 허허벌판에서 기름이 바닥난다. 신호장치가 제대로 갖춰져 있고 필요에 대한 의식도 있었지만, 나는 곤경에 처하지 않기 위해 어떤 행동도 하지 않은 것이다. 그저 투덜대는 데만 신경을 집중했고, 죄인을 찾기에만 급급했으며, 나의 욕구불만을 짊어지게 할 누군가만을 열심히 찾았던 것이다.

3. 이제 비폭력 대화가 이루어지는 과정을 살펴보자. 완벽한 계기판이 부착된 현대적인 자동차를 몰고 있다. 기름 계기판은 기름이 거의 바닥 상태에 있음을 알려준다. 기름을 넣어야 할 필요성을 확인한다.

"이런! 기름을 넣어야겠는걸. 그러나 가까운 거리에 주유소가 없는 것 같은데. 어떻게 하지?"

이 경우에 나는 구체적이고도 적극적으로 행동한다. 그렇게 해서 앞으로 지나칠 첫 번째 주유소에 대해 신경을 곤두세울 것이며, 그곳에 들러서 기름을 넣어야 하는 필요를 충족시키게 될 것이다. 스스로 해결책을 찾은 것이다. 내 스스로 '기름이 부족하다'라고 명명한 필요를 의식하고 있었기 때문에 거기에 대한 해결책에 대해 생각을 하게 되었다. 물론 경우에 따라서는 해결책이 당장 머리에 떠오르지 않는 경우도 없지 않다. 하지만 필요에 대해 계속적으로 의식을 하고 있기 때문에, 해결책을 찾을 수 있는 더 많은 기회를 갖게 된다. 위에서 본 첫 번째 가정에서처럼 기름 부족을 의식하지도 못하고 있다면 해결책을 찾는 것은 불가능했을 것이다.

기름을 가득 채움으로써 스스로 문제를 해결했다는 것은 내가 필요로 하는 것에 대한 검토와 존중을 소홀히 하지 않았다는 것을 의미한다. 집에 돌아와서 배우자나 아이들에게 이렇게 말할 수 있을 것이다.

"차를 사용한 다음에 기름을 채워 넣지 않아 화가 났었어(감정). 다른 식구들이 차를 사용할 경우에도 내가 사용하는 시간에 대해서도 조금 생각해주었으면 좋겠어(필요). 앞으로는 차를 사용하고 나서 알아서 기름을 채워주면 좋겠는데. 동의하겠어(요구)?"

만약 교육이나 습관에 따라 우리의 감정과 자주 차단된다면, 그로 인해 우리는 더더욱 우리가 느끼는 필요와도 차단되게 될 것이다.

3. 필요

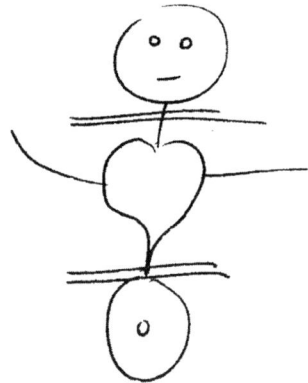

스스로가 이미 감정을 차단해왔다면, 내적 필요에 대해서도 거의 완벽하게 이미 스스로를 차단해왔다고 할 수 있다.

가끔 일상생활에서 자기 자신의 필요와 마치 콘크리트 벽으로 차단되는 듯한 인상을 받는다. 전통적으로 자신의 필요에 귀를 기울이는 것보다는 오히려 타인의 필요를 이해하고 만족시키는 것을 더 중요시하는 교육을 받아왔다. 오랜 동안 자신에게 귀 기울이는 것은 죄를 짓는 것, 자기중심적이거나 자아중심적 태도와 같은 것으로 여겨졌다.

"그렇게 자기 자신만을 살피는 것은 좋지 않아. 저런! 아직도 자기 자신만 살피는 사람이 있네!"

자기 자신을 위한 '필요성을 가질 수 있다'는 생각조차도 흔히 불명예스러운 것처럼 여겨졌다.

사실 필요라는 단어는 제대로 이해되지 못했다. 필요는 순간적 욕구, 일시적인 충동, 변덕스런 욕망이 아니다. 여기에서 문제가 되는 필요는 생활에서 가장 기본이 되는 필요다. 그러니까 일상생활의 유지에 소중한 필요, 만족스런 균형을 이루기 위해 반드시 충족시켜야 하는 필요, 정체성, 존경심, 이해력, 책임감, 자유, 상호부조 등과 같은 가장 널리 알려진 가치들과도 무관하지 않은 그런 필요다. 비폭력 대화를 실천하는 과정에서 나는 다음과 같은 점을 깨닫게 되었다. 자신의 필요를 잘 이해하는 것이 얼마나 우리 자신이 소중하게 생각하는 가치들을 더 잘 이해하도록 해주는가 하는 점이 그것이다. 이 점에 대해서는 뒤에서 상세하게 다룰 것이다.

상담소에서 아이들의 행동을 전혀 이해하지 못하는 속상함을 토로하는 한 어머니가 있었다. 아이들과 매일매일 전쟁 상태에 있었던 이 어머니는 아이들이 자신의 말을 이해하지 못하는 것 같기도 하고, "반대로 아이들에게 많은 일을 시키는 것"에 자신이 몹시 지쳐 있다고 했다. 이런 상황과 관련해서 그녀 자신이 필요로 하는 것을 확인할 수 있겠는지를 물었다. 그러자 그녀는 분통을 터뜨리며 이렇게 말했다.

"사람이란 누구든지 자기의 필요만을 생각하며 살 수 없는 거 아닌가요? 각자가 다 자기의 필요만을 생각하며 산다면 아마 온통 전쟁일걸요. 당신이 제안하는 것은 끔찍한 이기주의로 보이는데요."

"그렇다면 당신은 왜 화를 내는 거지요(감정)? 각자의 필요에 만족스런 해결책을 찾으려면 서로가 서로에 대해 주의 깊은 태도를 가져야 하고, 서로의 말을 잘 경청해야 되는데(필요), 그렇지 못하기 때문이 아닐까요?"

"그래요."

"그렇다면 당신의 희망(필요)은 결국 다른 사람들과의 이해와 조화입니까?"

"물론이죠."

"그렇지요. 제 생각은 이렇습니다. 당신이 스스로 필요로 하는 것에 대해 충분히 귀를 기울이는 것부터 시작하지 않으면, 아이들의 필요를 정확하게 들어줄 수 없을 것 같은데요. 아이들의 다양성과 모순성을 그 자체로 이해할 수 있으려면, 당신 내부에 있는 다양성과 모순성 자체를 이해하고 사랑하도록 여유를 가져야 할 것 같은데요. 제가 이렇게 말씀드릴 때 당신은 기분이 어떠십니까?"

어머니는 한동안 당황한 모습을 보였다. 이윽고 그녀의 눈시울에 눈물이 맺혔다. 그녀의 가슴에서 느리지만 그래도 뭔가가 움직인 것 같았다. 교육에 참여했던 사람들이 깊은 공감을 표하며 그녀의 태도에 동조하는 태도를 보여주었다. 그러자 그녀는 활짝 웃으며 이렇게 말했다.

"믿을 수가 없군요. 저는 제 자신에게 귀 기울이는 법을 전혀 배워본 적이 없다는 것을 알게 되었어요. 그러니까 아이들의 말에 귀 기울이지 않았고, 그들에게 늘 저의 규칙만 강요했던 거지요! 물론 아이들은 그것을 거부했고요. 저도 그 나이 땐 항상 말썽만 부렸으니까요!"

자신의 속마음에 진실하고 충분한 태도로 귀 기울이지 않고서도 타인의 말을 진실하고 충분히 경청할 수 있을까? 우리 자신에 대해서는 전혀 그렇지 못한데, 타인에게 시간을 내어주고 호의적으로 대해주는 사람이 될 수 있을까? 우리 자신에게서 발견되는 차이점과 모순성을 깊이 사랑할 줄 모르면서 타인들의 그것들을 사랑할 수 있을까?

> **자신의 필요와 차단된다면, 자기 자신이든 타인이든 누군가가 그 대가를 치르게 된다.**

자신의 필요와 차단되면 여러 방식으로 그 대가를 치르게 된다. 다음은 가장 빈번하게 나타나는 결과들이다.

• 개인적으로 직접 개입하여 선택하는 것에 어려움을 느끼게 된다. 사업이나 업무에서는 문제가 없다. 그러나 애정 생활이나 사적인 삶 혹은 더욱 더 개인적인 선택에 있어서는 얼마나 많은 어려움을 겪는가! 이 경우 우리는 무엇을 선택해야 하는가를 알지 못하고, 결국 타인들이나 사건들이 유리한 방향으로 흘러가기를 희망하면서 타인에 기대어 한 쪽 다리로 춤을 추는 것이다. 아니면 (이것이 더 합리적이고 현명한 행동이라고 생각한다) 우리의 내면 깊은 곳의 충동을 살피고 들어주기에는 무력한 선택을 해버린다.

• 우리는 타인의 시선에 중독된 사람들이 된다. 개별적으로 우리 내면의 진정한 필요를 그대로 확인하지 못하고, 종종 타인의 의견에 따라 움직이게 된다. "너는 어떻게 생각하니, 네가 내 입장이라면 어떻게 하겠니?" 아니면 우리가 상상하는 타인들의 기대 속으로 흘러 들어간다. 그들의 기대가 무엇인지 확인하지도 않은 채

그것을 받아들이기도 하고, 또 그것을 과장해서 받아들이기도 한다. 이것은 더 나쁜 것이다. "그들이 나에 대해 어떻게 생각할까, 나는 반드시 이렇게 혹은 저렇게 해야 해, 나는 이 행동을 선택해야 해, 그렇지 않으면……" 우리는 현실 속에서 타인의 인정에 종속된 이런 훈련에 지친다. 극단적으로는 우리 자신이 유행과 흐름의 풍향계가 되어야 한다(사람들이 모두 이렇게 해, 또는 나는 모든 사람들이 하는 대로 하는 거야). 혹은 우리 자신이 다양한 노리개(돈, 권력, 섹스, 텔레비전, 도박, 알코올, 약물, 마약, 그리고 오늘날엔 인터넷)가 되기도 한다. 그런가 하면 형식적인 교육의 노리개(나는 회사가 요구하는 명령에 혹은 정치적 계획 경제의 움직임에 복종해야 해, 어느 당파에 복종해야 해 등등)가 되기도 한다.

나는 개인적으로 의식적으로든 무의식적으로든 이와 같은 인정을 받고자 하는 생각에 목을 매는 행동으로 심하게 고통받는 사람들을 많이 만나보았다. 내 생각엔 가장 종속적이고 가장 인정받지 못한 사람들이 자기 자신을 타인의 시선에 붙잡아놓는 사람들이다. 자신이 느끼는 필요를 깨닫는 교육을 받지 못했기 때문에 당연히 우리는 그것을 모르게 된다. 따라서 항상 '누군가'(마약, 알코올, 사람들 등등)가 자신을 부추겨주기를 기대하는 것이다. 결국 자기 자신에 대한 소유권을 박탈한다.

• 우리는 타인의 필요를 충족시켜주는 것, 예의바르고 친절하며 정중하고도 착한 아들(또는 딸) — 기 코르노가 지칭하듯 "착한 아이"[2] — 이 되는 것, 자신을 제외한 모든 사람의 말을 경청하는 것을 배워왔다. 그 때문에 만약 어느 날 문득 우리 자신의 필요가 충족되지 못했음을 당황해서 확인하게 된다면, 거기엔 분명 잘못한

사람이 있고, 그 결과 누군가가 우리를 보살펴주지 못했다는 결론을 내린다. 이때 우리는 앞에서 지적한 바 있는 공격이나 책임의 전가에 의한 폭력의 과정으로 접어든다. 그러니까 타인에 대한 비판, 판단, 모욕, 비난을 우선시하는 그런 과정 속으로 들어간다. "나는 우리 부모님 때문에 불행해, 나는 우리 사장님 때문에 맥이 빠져, 나는 불황과 공해 때문에 낙심이야."

• 가장 흔하게 나타나는 결과는 우리 자신이 타인의 필요에 복종해야 한다는 사실을 느껴본 경험이 있다는 것이다. 혹은 타인에게 권위적이거나 최후통첩 식으로 부과하는 우리 자신의 필요를 우선시하지 못한다는 사실로 인해 두려움을 느낀 경험이 있다는 것이다. "나랑 같이 있으면 매사가 항상 이렇게 돼, 달리 어쩔 수가 없어, 이제 네 방을 정리해, 어서!" 이때 우리는 권위로 인한 폭력 과정 속으로 들어가게 된다.

• 아무런 성과 없이 그저 우리 자신의 필요를 주장하는 데 지쳤다. 그래서 결국 포기하게 된다. "나는 지쳤어! 내 자신에 대해 포기라고. 나를 가둬버리거나 도망쳐버리는 거야!" 이 경우에 우리는 우리 자신에게 폭력을 행사하는 것이다.

독자 여러분은 이렇게 말할 것이다. "그래 좋다. 하지만 계속해서 이처럼 욕구불만 속에서 살기 위한 것이라면 자신의 필요를 안

2) Guy Corneau, 『전쟁 중인 사랑(*L'Amour en guerre*)』, Les Éditions de l'Homme, 1996 (『행복한 사랑은 없는가?(*N'y a-t-il pas d'amour heureux?*)』, Paris, Robert Laffont, 1997).

다는 것이 무슨 소용이 있는가?" 그리고 틀림없이 여러분은 소속감과 인정의 필요를 제대로 알고 있는 사람은 도대체 어떤 사람인지 생각해보게 될 것이다. 또한 사방팔방으로, 회의나 전시회 개막식에서, 스포츠 클럽이나 여러 모임의 활동에서 지칠 줄 모르게 소속감과 인정을 구하려고 자신의 삶을 보내는 사람을 생각해볼 수도 있을 것이다. 그것도 아니면 어떤 사람이 자리를 찾아야 하는 필요성, 정체성과 내적 연대감을 찾아야 하는 필요성 때문에 녹초가 되었으며, 또한 전혀 휴식을 취하지도 못하고 여기저기 상담소와 치료실을 뛰어다니는 또 다른 사람에 대해서도 생각해볼 것이다.

다음 장(章)에서는 비록 충족되지는 않았으나 필요 그 자체를 확인하는 것만으로도 어떻게 그것을 완화시키는 것이 되는지, 또한 놀랄 만한 편안함을 가져다주는지를 살펴볼 것이다. 실제로 고통을 겪으면서 느끼게 되는 가장 큰 고통은 이 고통의 원인을 모르고 있다는 것이다. 불편함의 내적 원인을 파악할 수만 있다면, 이미 그것만으로도 혼란 상태에서 벗어날 수 있다. 몸 컨디션이 좋지 않다면, 배, 머리, 등 같은 곳에 의심스런 통증이 있다면, 당신은 몹시 불안할 것이다. "무슨 일이지? 암이나 종양일지도 몰라." 이 경우 의사를 만나고, 그가 당신 내부의 신호가 소화불량이라든지, 간에 이상이 있다든지, 뼈가 탈골되었다는 사실을 알려준다 해도, 당신은 계속해서 통증을 느낄 것이다. 하지만 무슨 까닭인지에 대해서는 안심하게 될 것이고, 혼란스럽던 상태에서도 벗어날 수 있을 것이다. 필요도 마찬가지다. 필요를 확인하는 것은 불편함이 따르게 마련인 혼란 상태로부터 벗어나게 해준다.

그 다음으로 필요를 확인하는 것에서 얻는 이득은 특히 다음과 같은 것이다. 즉 자기 자신이 느끼는 필요를 모르면 그 필요를 만족시키는 법을 알 수 없는 것이다. 따라서 무엇이 우리를 기쁘게 해줄까 하는 것을 예측하면서 종종 타인들(부모, 배우자, 아이)이 자발적으로 알아서 우리 자신의 필요를 충족시켜줄 것을 기대한다. 하지만 정작 자신은 그 필요가 어떤 것인지를 아는 데 상당한 어려움을 느낀다.

애정 문제로 고충을 겪다가 상담을 받으러 온 두 부부의 예를 보자.

인용된 예에 대한 주의사항

1. 이 책에서 인용된 실례는 실제로 너무 길거나 자세한 내용을 담고 있어 의도적으로 짧게 줄였다. 물론 그렇게 하면서도 중요한 내용을 포함시키려 했다. 그러나 대부분의 경우 그 내용은 이 책에서 볼 수 있는 것보다 훨씬 더 많은 시간을 필요로 했다는 점을 지적하자. 예컨대 침묵의 시간이나 내적 성찰에 할애된 시간은 이 책에 포함되어 있지 않다. 하지만 거기에도 아주 중요한 내용이 포함되어 있다는 것은 불문가지다.

2. 말투나 어휘는 전혀 가공되지 않은 채 사용될 것이다. 나는 종종 인터뷰에서 의도적으로 그런 억양과 어휘를 사용하곤 했다. 그것은 경청이나 내적 각성을 방해하는 머릿속에서만 진행되는 정신적 이해나 지적 이해를 가능한 한 줄이고 문제의 핵심을 곧바로 파고들기 위한 전략이다.

타인의 말을 경청하고 상호간에 깊이 존중하는 분위기에서는 가장 단순한 말이나 말투가 가장 적절하다는 것이 나의 소신이기도 하다. 절제가 냉철한 의식을 유지하는 데 도움이 된다는 사실을 관찰하기도 했다. 왜냐하면 지적 이해에 의해서는 약간 아니면 거의 요청되지 않는 주의가 감성적 인식에서는 아주 중요한 역할을 하기 때문이다.

3. 대담자의 이름은 가명으로 표기하기도 했다. 또한 종종 개인의 사생활의 비밀을 지키기 위해 역할을 바꾸어 표기하기도 했다.

첫 번째 예에서 문제의 부인은 남편의 몰이해에 대한 불평을 이렇게 토로하고 있다.

"그이는 저의 필요를 이해하지 못해요."

"바깥 양반께서 이해해주기 바라는 부인의 필요를 저에게 알려주실 수 있겠는지요?"

"아, 안돼요! 그래도 제 남편인데요. 저의 필요는 남편이 이해해야죠!"

"부인의 필요를 바깥 양반께서 알아주길 기대한다는 뜻이군요. 그것이 어떤 것인지를 정의하기가 어려우신 거군요."

"정확히 그렇습니다."

"이런 식의 실랑이를 하신 지는 오래되었습니까?"

"네, 저희가 결혼한 지 30년이 되었으니까요."

"지치셨겠네요."

"(그녀는 눈물짓는다.) 예, 그렇습니다. 극한 상황입니다."

"부인께서는 바깥 양반의 이해와 지지가 필요했기 때문에 지쳤고, 이것은 부인께서 오래 전부터 기대해오셨던 것이지요."

"네, 바로 그렇습니다."

"그런데, 만약 부인께서 직접 자신의 필요를 분명하게 밝히고, 그것을 바깥 양반에게 표현하는 노력을 하지 않는다면, 문제를 해결하기 위해서 여전히 더 기다려야 할지도 모른다는 우려가 드는데요."

눈물범벅이 되었던 조용하고 긴 시간이 지난 후에 그녀는 이렇게 말했다.

"선생님 말씀이 옳아요. 혼돈 속에 있는 사람은 바로 저예요. 우리 가족은 필요를 느낄 권리가 없었다는 점을 아셔야 합니다. 따라서 저는 제 필요를 모르고, 항상 남편에게 제가 정말로 원하는 것을 알리지도 못하면서, 항상 벽창호 같다고 비난합니다. 하지만 저는 사실 그이가 최선을 다하고 있다고 생각합니다. 이러다 보니 그이는 화를 내고, 저는 저대로 심술이 나는 것이죠. 지옥이나 다름없어요!"

이 부부는 각자의 욕구에 대한 이해와 명확한 표현을 위해 상당히 오랜 동안 같이 노력해야 했다. 한 사람이 노력도 하지 않고 항상 타인이 자신을 돌봐주기를 기대하는 것은 결국 자기 책임을 받아들이는 것을 어렵게 만드는 것이고, 어쩌면 그런 시도는 그 자체만으로도 고통스러울 수 있다. 하지만 자신과의 관계에 대한 이와 같은 노력의 대가를 치르면서 타인과의 관계를 개선할 수 있다.

두 번째 예에서는 남편이 불평을 늘어놓는다.

"제 아내는 저를 전혀 인정해주지 않아요!"

"선생께서는 아내의 인정이 필요하기 때문에 화가 나셨군요."

"그렇습니다."

"부인이 선생에게 이렇게 말해주면 좋겠다든지, 당신을 인정해주면 좋겠다고 기대하는 부분을 제게 알려줄 수 있겠는지요."

"잘 모르겠어요."

"그렇다면 부인께서도 모르실 겁니다! 보십시오. 선생께서는 이런 인정의 표시가 어떤 것인지를 구체적으로 부인에게 가르쳐주지 않으면서 부인이 선생을 인정해주기를 기대하는 것 같습니다. 절망적으로 말입니다. 선생에게 인정받고 싶은 요구가 있다는 것을 느끼는 부인에게도 이것은 분명 힘든 일일 것입니다. 부인은 분명 그런 요구가 한도 끝도 없는 것으로 생각할 것이고, 그로 인해 무력감을 느낄 것입니다. 제가 생각하기엔, 어떻게 해야 하는지를 부인에게 가르쳐주지 않고 당신이 부인에게 인정받기를 요구하면 할수록, 부인은 더욱 더 멀어지게 될 것입니다."

"정확하게 보셨습니다!"

"선생께서는 답이 없는 탐색에 지친 것입니다."

"지쳐버렸죠."

"하지만 선생께서는 자신의 감정을 부인과 공유하고 싶고, 또 그렇게 해서 부인과 더 친밀하고 싶기 때문에 지친 것입니다."

"네, 맞습니다."

"자, 부인께 선생이 어떻게, 그리고 어떤 부분에서 인정받고 싶은가를 구체적으로 가르쳐드리길 권하고 싶습니다."

이 부부와는 필요에 대해 더 이상 얘기할 것이 없었지만, 구체적인 요구사항에 대해 연구를 해야 했다. 이 남자는 수년 동안 가정의 경제적 안정을 위한 힘들었던 노력에도 불구하고 아내로부터 아무런 칭찬과 인정을 받지 못해 마음의 상처를 받았다. 부인과 대면하면 항상 하소연만 하곤 했다. "당신은 내가 기울인 온갖 노력을 제대로 평가해주지 않았잖아. 당신은 내가 얼마나 고생을 했는지 전혀 몰라." 그녀는 뒤에서 아픔을 곱씹었지만 남편을 제대로 이해할 수는 없어서, 남편의 비난이 있을 때마다 자꾸 안으로 움츠러들었다. 마침내 나는 그 남자에게 다음과 같은 요구사항을 제안한다.

"선생께서는 자신이 기울인 노력을 부인이 제대로 인정하고 있는지, 또한 자신의 진지한 노력을 부인이 존중하는지를 알고 싶으신가요?"

"네, 그렇습니다. 제가 평소에 정말 아내에게 물어보고 싶은 것이 바로 그것이었습니다."

"자, 들으셨죠, 부인. 바깥 양반께서 자신의 노력을 인정받고 싶어하십니다. 좀 더 구체적으로 부인께서 바깥 양반의 수고를 알고 있는지, 또한 그런 수고를 존중하는지를 알고 싶어하는 것입니다."

"물론 남편의 수고를 알고 존중합니다. 하지만 저는 어떻게 그이에게 그런 말을 해야 할지를 잘 몰랐습니다. 제 말을 듣지 않는 것 같고, 그래서 결국 제가 응수를 하지 않거나 화제를 다른 쪽으로 돌리곤 했던 것은 사실입니다."

"말씀대로라면 이제 부인께서 바깥 양반의 수고를 알 뿐만 아니라, 항상 감사를 하고 있다는 사실을 알려주어야 할 차례입니다."

"물론이죠. 감사하고 있습니다. 가슴이 뭉클할 정도입니다. 그런

데 제 표현 부족으로 남편이 너무 상처를 많이 받은 것 같아요."

"선생께서는 부인이 당신의 모든 수고에 감사하고 가슴이 뭉클하다고 하는 것을 들었을 때 기분이 어떠셨나요?"

"저도 퍽 감동되고 또 안심도 됩니다. 불평하던 사실로 인해 제가 얼마나 정신이 혼미했던가를 알겠습니다. 그리고 제가 기대했던 인정을 받지 못한다는 생각으로 인해, 실제로 아내가 종종 제게 표현했던 것도 알아차리지 못했음을 알게 되었습니다. 제 자신이 저만의 틀 속에 갇혀 있었습니다."

이런 각성을 통해 이 부부는 마침내 자신들을 마비시키고 있던 중압감에서 벗어날 수 있었으며, 나아가서는 원만한 부부관계의 회복에 성공했다.

이 두 번째 예를 통해 두 가지 점을 지적할 수 있다.

• 타인에게 구체적으로 우리의 욕구가 어떻게 만족되는지를 보여주지 않는 한, 우리는 충족되지 못한 욕구의 중압감에 짓눌려버릴 위험에 처하게 된다. 이것은 마치 우리 자신의 욕구에 대한 모든 책임을 타인의 머리 위에 잔뜩 올려놓는 것과 같은 것이다. 이런 위험 앞에서 어떤 사람은 당황하며 이렇게 말한다. "이런 어마어마한 욕구(사랑받고 싶은 욕구, 인정받으려는 욕구, 호응을 얻고 싶은 욕구, 지지해주길 바라는 욕구)를 나 혼자 감당할 수 없으니까 회피하거나 아예 마음의 문을 닫아버리는 것이다(침묵이나 심술을 부리는 것으로)." 기 코르노는 다음과 같이 정확하게 이런 심정을 기술하고 있다. "나를 따라와 봐, 나는 네게서 달아날 것이구,

내게서 달아나 봐, 내가 너를 쫓아갈 테니."[3] 남편은 절망적으로 인정받기를 요구한다. 부인은 이런 요구를 안간힘을 다해 피하려 든다. 따라서 부인이 피하면 피할수록 남편은 더욱 더 요구하게 된다.

이것은 물론 다른 방향에서도 적용된다. 예컨대 부인이 집요하게 애정과 친밀감을 요구하면, 남편은 이런 기대에 당황해하며 일, 스포츠, 서류 속으로 달아나버린다. 남편이 피하면 피할수록 부인은 더욱 더 요구하게 된다. 부인이 더 요구하면 할수록 남편은 더욱 더 피해버린다. 어릴 적부터 충분하지 못했던 사랑에 대한 욕구를 충족시킬 수 있을지를 우려하는 것이다. 이것은 한 남자가 감당하기엔 너무 버거운 일이다.

두 번째 예에서 얻을 수 있는 교훈을 살펴보자. 시·공간적으로 확인할 수 있는 구체적인 요구(예컨대 인정받고 싶은 욕구가 있다. "내가 30년 동안 쏟아부은 노력을 당신이 알고 있다면, 내게 동조해줄 수 있겠어?"), 혹은 은밀함이나 부드러움에 대한 욕구("저를 십 분 동안만 부드럽게 안아줄 수 있어요?")가 충족되지 않은 경우, 이런 상태는 종종 타인에게 협박을 가하는 것으로 나타날 수가 있다. 타인은 이런 기대 앞에서 어떻게 해야 하는지를 자문하게 된다. 가령 자기 자신을 유지할 수 있을지, 아니면 타인에게 먹히지 않고 정체성을 지켜낼 수 있을지 등을 자문하게 된다.

이원론적 생각 때문에 종종 함정에 빠진다는 사실을 상기하자. 종종 우리 자신을 보호하기 위해 우리 자신과의 관계를 차단하게

---

3) Guy Corneau, 같은 책.

되고, 또한 타인의 말을 경청하지 않게 된다. 그 이유는 우리 자신의 필요에 귀를 기울이지 못하면서 타인의 필요를 귀담아 듣는 방법을 모르기 때문이다. 또한 역으로 타인의 필요에 관심을 가지지 않으면서 우리 자신의 필요에 관심을 가지는 방법을 모르기 때문이기도 하다.

> 타인의 필요를 경청하는 것이 협박처럼 받아들여질 때,
> 나는 나를 차단하고, 회피하거나 침묵으로
> 나 자신을 가둬버린다.

타인에게 구체적인 요구(예컨대, "저를 십 분 동안만 가볍게 안아줄 수 있어요?")가 무엇인지를 가르쳐줌으로써 우리는 우리의 요구를 덜 위협적인 것으로 만들 수 있다("나는 사랑, 애정, 친밀감, 도움이 필요하다!"). 왜냐하면 일상이나 현실 속에서 우리가 그런 요구를 '직접 보여주기' 때문이다. 그렇게 되면 그 욕구는 이제 잠재적인 필요, 십중팔구 충족되지 못한 필요, 따라서 협박적인 필요와는 거리가 멀게 된다. 이것은 시·공간 안에서 구체적인 용어로 제대로 정의된 요구이다. 실제로 이와 같은 요구와 관련해 우리는 입장을 정하고 또 합당한 태도를 취한다.

• 위의 예에서 또 다른 점을 분명하게 볼 수 있다. 우리의 필요가 인정받지 못했다는 생각으로 정신이 혼미해지면, 우리 스스로 필요가 무엇인지를 밝힐 수 없다는 사실이 그것이다. 위의 예에서

부인은 최선을 다해 남편을 인정해주려 했다. 그런데 남편은 그토록 원했지만 이해받지 못했다는 생각으로 더 이상 아무것도 듣지 않았다. 이런 현상은 일반적이다. 이해되지 못하고 인정받지 못했다는 인상을 반복적으로 받게 되고, 부당한 대우를 받고 거부의 대상이 되었다는 인상을 받은 나머지 다음과 같은 새로운 정체성을 내보인다. "나는 이해되지도 못하고 인정받지도 못하는 사람이며, 부당한 대우를 받고 거부되는 대상이다." 이런 생각을 갖게 되면 그 결과 주변 사람들이 제아무리 환영과 이해와 화합의 메시지를 보내더라도 그것을 듣지도 보지도 못한다. 이 점에 대해서는 제3장에서 다시 살펴볼 것이다.

이런 경우에는 근본적인 필요에 대해 연구를 해야 한다. 여기에서 제기될 수 있는 문제들은 특히 다음과 같은 것들이다.

– 타인에게 기대하는 평가, 인정, 대접, 이해를 내가 내 자신에 대해 할 수 있는가?
– 타인의 시선이나 동의에 따라 내가 좌우되기보다 이런 필요를 내 스스로 인식할 수 있는가?

그리고 특히 다음 사항들이 중요하다.

– 불평이나 반항으로 점철된 것과 다른 내 자신만의 정체성을 가지고 살아가는가?
– 어떤 대상이나 어떤 사람에게 의지하지 않고도, 혹은 나를 정당화하거나 나 자신과 대립하지 않고도 안정감을 느낄 수 있는가?
– 권위나 긴장 등과 같은 것을 떠나 내 스스로 자신의 내면의 힘

과 내적 안정감을 느낄 수 있는가?

일단 자기 자신의 필요가 확인되고 나면 그 필요를 충족시키는 방향으로 진행되는 구체적이고 협상 가능한 요구를 스스로 제안할 수 있게 된다.

4. 요구

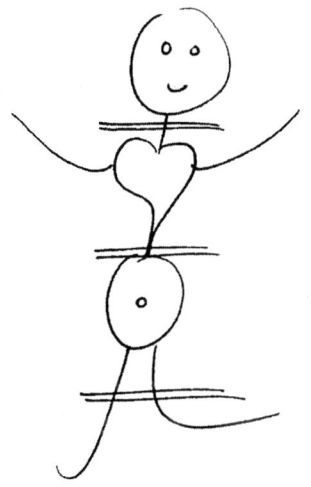

구체적이고 협상 가능한 행동 제안과도 같은 요구를 하면서 우리를 구속하고 우리 자신의 필요를 해소하는 방향으로 나아가려는 것을 방해하는 세 번째 콘크리트 판을 제거한다. 구체적인 요구를 하면서 우리는 종종 타인이 우리의 필요를 이해해주고 충족시켜주길 절망스럽게 바라는 그런 기대로부터 벗어난다. 이것은 계속 희망할 수는 있지만 끝내는 아주 실망스러운 것으로 나타나는 그런 기대이다. 우리의 필요를 관리하는 자는 우리 자신이어야 하며, 필요의 충족에 대한 책임도 우리 자신이 져야 한다. 하지만 종종 우리 자신의 필요를 기본적인 것으로 생각하는 우를 범하면서 함정에 빠지기도 한다.

다음의 예는 모든 상황에서 볼 수 있는 기본적인 필요와 상황에 따라 아주 다양한 형태로 나타나는 구체적인 요구 사이의 차이점을 잘 보여준다.

티에리와 앙드레의 예

상담을 하는 동안 나는 욕구에 대한 질문을 다루면서 인간이 근본적으로 동일한 욕구를 지녔다고 생각하는 의견을 제시한 적이 있다. 물론 각자가 욕구를 같은 방법으로 표현하는 것은 아니며, 또한 같은 시간에 같은 방식으로 욕구를 체험하는 것도 아니다. 결국 이로 인해 부부간의 갈등, 가정불화, 사회적인 불화가 발생하게 되며, 기관총이나 미사일을 발사하는 것과 같은 전쟁이 매일 계속된다. 가장 끔찍하든 가장 반항적이든 지금까지 관찰한 모든 행동의 맨 꼭대기에는 모든 인간의 공통적인 필요가 있음을 나는 다시 한번 확인할 수 있었다.

물론 이것은 나만의 가설이다. 이 가설은 원칙적으로 경험을 바탕으로 해서 정립된 것이며, 경험에 대해 진실을 표명하도록 강요했던 적은 전혀 없다.

상담에 참가했던 티에리(Tierry)는 다음과 같은 이견을 제기했다.

"저는 당신의 의견과 정반대입니다. 아내와 저는 같은 욕구를 지니지 않았으며, 그로 인해 발생한 팽팽한 대립 때문에 이혼하려는 지경까지 갔습니다. 그래서 문제를 함께 해결해보려고 이 상담소를 찾은 것입니다. 우리는 별의별 노력을 다 해보았습니다. 하지만 별로 믿을 만한 것이 못 되더군요. 특히 모든 인간은 근본적으로 같은 욕구를 지녔다는 주장으로 시작하는 당신의 의견도 그렇고요."

나는 티에리가 부인과 같은 욕구를 지니지 않았다고 생각하는 구체적인 상황을 알려주길 원했다. 그는 이렇게 대답했다.

"그러니까 몇 달 전의 일이었어요. 둘 다 폭발했죠. 둘 다 일한다는 것과 아이들이 셋이라는 것을 아셔야겠네요. 아이들이 주말에 사촌에게 초대받아 놀러갔습니다. 일을 마치고 돌아오는 금요일마다 저는 녹초가 되고…… 휴!(긴 한숨을 내쉰다) 그날은 정말 아내와 레스토랑에 가고 싶었습니다. 그런데 아내는 전혀 그렇지 않았어요! 아내는 그냥 집에서 쉬고 영화를 보자고 하더군요. 그래서 저는 아내가 제 맘을 전혀 몰라준다고 했고, 아내도 제게 정확히 똑같은 말로 되받아치더군요. 있는 대로 화를 내다가, 결국 저는 아이들 방에 가서 잠을 잤어요. 그날 이후로 우리는 계속 공유하는 욕구가 없는 것 같습니다."

"그날 저녁 당신이 집에 돌아왔을 때, 기분이 어떠셨나요?"

"휴!(또 한 번 한숨을 쉰다) 피곤했어요."

"그 순간엔 특히 사는 게 언짢은 기분이었을 테죠. 그게 바로 욕구가 충족되지 못했다는 뜻입니다. 어떤 욕구인지 말씀해주실 수 있을까요?"

"그야 쉽죠. 물론 쉬고 싶은 욕구였죠. 그날 저녁 레스토랑에 가서 식사하자고 했던 아이디어가 왜 나왔겠습니까? 식사 준비할 필요 없죠, 설거지 안 해도 되죠!"

"그러니까 피곤하다는 느낌은 그 순간에 쉬어야 하고 긴장을 풀어줘야 한다는 것을 뜻하는군요. 아울러 저는 당신이 피곤하다는 말을 하면서 한숨을 쉬는 것을 감지했는데요, 두 번이나 긴 한숨을 내쉬더군요. 제 생각엔 그것이 다른 감정을 토로하는 것 같은데요. 이 한숨이 뜻하는 게 무엇이지요? 마음을 좀 가라앉히고 보았을 때, 당신 안에 있는 또 다른 감정은 무엇일까요?"

티에리는 깊은 생각에 잠겨 잠시 멈춘다.

"사실 한 주일의 피로와는 다른 것이죠. 그날은 금요일이었고 월요일부터 내내 뛰었으니, 쌓인 피로도 겹쳐 있었고 말입니다. 일에, 애들에, 집안일에 치여 이리 뛰고 저리 뛰는 것도 몇 개월, 아니 몇 년이 되었지요. 이젠 서로 얼굴도 제대로 못 본다니까요."

"권태감의 포화 상태라 해야겠군요?"

"네, 권태감이에요. 심한 권태감이죠."

"그러면 어떤 욕구가 충족되지 못해 이런 언짢은 기분이 들게 되는 것일까요?"

티에리는 또다시 마음속으로 깊이 생각한다.

"제가 방금 그것을 말씀드렸다고 생각하는데요. 아내와 저는 더

72

이상 얼굴도 제대로 못 봐요. 아내와 함께할 시간이 필요하고, 교감하고 서로를 되찾고 친밀감을 나눌 시간이 필요해요."

티에리가 자신의 욕구를 표출하는 순간 그리 멀지 않은 곳에 앉았던 그의 부인이 울음을 터뜨렸다.

"너무해요, 나도 똑같은 마음이라고요! 나도 간단한 음식과 우리 둘 다 좋아하는 포도주를 사러 나갔다 왔어요. 또 극장 갈 시간이 전혀 없으니까 비디오 가게에 가서 영화 한 편 빌려온 거라고요. 처음으로 애들도 집에 없고 해서 우리의 행복하고 사랑스런 저녁 시간을 준비했던 것인데……. 정확히 말해 우리의 친밀한 시간을 좀 되찾고 싶었다고요!"

어떻게 된 영문인가? 동시에 똑같은 욕구를 품었던 이 부부의 행운을 전쟁으로 뒤바꿔놓은 것은 대체 무엇인가? 그들은 근본적인 욕구에 대해 동일한 필요를 주장했다. 그리고 그것에 완강히 집착했다. 남편은 기본적인 욕구로 레스토랑에 갈 것을 요구했고, 부인은 그것을 거부했다. 부인은 기본적인 욕구로 집에 머물 것을 요구했고, 남편은 그것을 이해하지 못했다! 각자 완강하게 자기 입장에만 머물러 있었고, 각자 무의식적으로 좁은 자기의 틀 속에 갇혀 함정에 빠져 있었다! 부인이 남편의 말을 듣지 않은 것만이 아니라, 남편도 말하기 전에 부인의 말을 듣지 않았다. 남편만 부인을 이해하지 못한 것이 아니라, 부인도 말하기 전에 남편의 말을 이해할 시간을 가지지 못했다.

나는 문제의 장면을 재연해볼 것을 제의했다. 티에리와 앙드레

(Andrée)는 조금씩 그 장면을 재연하면서 자신들의 욕구의 최상층, 순간적인 욕망 그리고 항상 기본적인 욕구가 있다는 것을 알게 되었다.

이처럼 서로 기본적인 욕구를 듣고 이해한다면, 사람들은 결국 서로 다른 요구를 제의하고 다른 욕망을 표출하는 자유를 부여하게 되고, 필요와 요구를 혼동해서 빠지는 함정으로부터 빠져나올 수 있게 될 것이다.

위의 예를 쉽게 이해하기 위해 과정상의 여러 요소를 괄호 속에 표시할 것이다.

관찰, 감정, 필요 혹은 욕구, 요구가 그것이다.

티에리가 시작한다.

"여보, 오늘 저녁 좀 피곤한데(감정). 요리도 하지 말고 아무것도 안했으면 좋겠는데. 그냥 있었으면 좋겠어(필요). 당신이 찬성한다면 레스토랑에 가고 싶은데 어떻게 생각해(요구)?"

"여보, 나도 마찬가지로 지쳤어요. 찬성이에요(감정). 둘 다 아무것도 하지 않으면 좋겠다는 똑같은 필요를 느꼈네요(필요). 그런데 동시에 슬퍼지기도 해요(감정). 요즘 너무 바빴어요. 당신하고만 조용히 시간을 보내고 싶어요. 정말로 단 둘이 말이에요(필요). 그리고 조금 염려스럽기도 해요(감정). 레스토랑에 가면 종업원 때문에 방해받을 수도 있고, 친구들 때문에 산만해질 수도 있으니 말이에요. 그래서 말인데 집에서 편안히 지내면 좋겠어요. 음식은 이미 다 준비됐어요. 우리 둘이서 식사하고 그러고 나서 시간이 없어 보러 가지 못했던 이 영화 빌려 왔으니 같이 보기로 해요(요구)."

"나도 당신과 똑같은 필요를 느꼈는데 당신이 그것을 내게 일러주는군. 당신이랑 단 둘이 오붓한 저녁을 보내며 친밀감을 좀 되찾고 싶었어. 그래서 오늘 저녁에 조그만 레스토랑에 가자고 했던 것이고. 그런데 당신이 집에서 머물자는 제안을 하니까 동시에 조금 실망이야(감정). 왜냐하면 나도 분위기를 좀 바꿔보고 싶었고, 처음으로 아이들이 없는 때이니 외식하는 것도 좋겠다고 생각했지(필요). 자, 이제 문제점(예전에는 분쟁이라 일컫던)이 뭔지를 알게 되었네. 휴식이 필요하다는 것, 우리 자신을 되찾아야 할 필요가 있다는 것, 분위기를 바꿀 필요가 있다는 것이군. 이렇게 다양한 필요를 우리가 찾을 수 있으려면 어떤 해결책과 구체적인 행동이 있을까?"

이렇게 재연을 하면서 의견 교환으로 서로 충분하게 이해를 하게 된 후 앙드레와 티에리 부부는 그날 저녁에 자신들을 가장 기쁘게 해줄 만한 일을 찾아내게 되었다. 그것은 피크닉 바구니와 작은 포도주 병을 들고 동네에 있는 호수 끝까지 산책하러 가는 것이었다. 예전에 연애 시절에 두 사람은 팔짱을 끼고 가끔 그곳에 가곤 했다. 결혼 후에 그들은 바쁘게 사느라 그곳에 갔던 것조차 기억하지 못하고 지내왔다. 그런데 이번 산책을 통해 그들은 서로를 되찾고, 긴장을 풀고, 기분전환도 할 수 있게 되었다.

이 예를 통해 정확히 다음의 네 가지 점을 분명하게 알 수 있다.

1. 필요와 요구를 구별하지 못하게 되면 그 결과 우리 스스로 함정에 빠지게 되고, 또한 타인을 함정에 빠뜨리는 경향이 있다는 점

이다. 서로가 느끼는 필요가 어떤 것인지를 알기 위해 그 최상층으로 올라가면서 서로에게 자유를 부여한다. 예컨대 각자 친밀감을 유지하는 필요, 배우자와 관계를 회복하는 필요, 혹은 휴식(레스토랑, 산책, 비디오, 극장)의 필요를 마음에 품을 수 있음을 확인할 수 있었다. 또한 그렇게 하면서 문제의 해결책이 단 하나뿐이라고 믿었던 우를 더 이상 범하지 않게 되었다.

2. 서로의 요구를 만족시키기 위해 싸우는 대신 서로 갖게 되는 진정한 필요에 대하여 협의함으로써 두 사람 모두 함정으로부터 자유로워지며 만남과 창조의 공간을 마련하게 되었다는 점이다. 앙드레와 티에리는 바쁜 생활로 인해 피로에 지쳐 있었다. 서로 마주대할 시간도 갖지 못했고, 저녁시간을 만족시켜줄 창의력 있는 시간도 마련하지 못했다. 결국 서로의 필요에 대한 협의로 찾아낸 해결책은 예전의 급하게 제의했던 해결책들보다 훨씬 더 참신하고, 따라서 만족스러운 것으로 나타났다.

3. 이런 결과를 인정하면서 흔히 '서두르는 것이 잘못하는 것'이라는 점을 인정하는 것은 유익한 일이다. 나는 한동안 미국 회사의 법률 고문으로 일했는데, 그곳에서는 '빠른 해결책'을 일컬어 '날림으로 한 것(quick and dirty)'이라 표현하곤 했다. 그런데 이 표현은 결국 급박함으로 인해 가장 적합한 해결책을 모색하는 데 여유를 갖는 것을 방해할 때 사용하는 표현이다.

어쨌든 티에리는 회사에서 피곤에 지쳐 집으로 돌아왔기 때문에 아내를 레스토랑에 '재빨리' 데려가기로 결정했다. 또한 앙드레도 마찬가지로 일터에서 기진맥진해서 돌아왔기 때문에 음식 코너의 음식과 비디오만 생각했다. 물론 이 두 가지 결정은 당연히 그 나름의 가치를 지닌다. 하지만 두 사람 가운데 누구도 진정으로 자신이 어떤 상태에 있는지를 물어보는 여유를 갖지 못했다.

"오늘 저녁 내 기분은 어떻지?
내게 정말 제일 좋은 것은 무엇일까?"

이것은 우리가 과거에 배웠던 좋지 못한 방법 가운데 하나이다.
머리로만 생각해서 해결 방안을 모색하고는 빨리 해결하는 것!
지성과 능력을 훈련하고 즉각 결과를 얻으면서 문제의 확인에서 해결까지 진짜 문제점에는 전혀 귀를 기울이는 여유를 갖지 못하는 것!
얼마 전 나는 설거지 기계를 비우고 그릇들을 서랍에 정리해 넣은 적이 있었다. 서랍을 닫으려던 순간 서랍이 중간에 끼어 전혀 움직이지 않았다. 퍽! 엉덩이로 밀어보았다. 서랍을 억지로 닫으려 했다. 하지만 서랍이 닫히기는커녕 엉덩이만 아팠다. 서랍의 한 쪽이 상했고, 포크 하나가 뒤틀렸다! 날림으로 한 것이다! 어안이 벙벙했다. 내 속에 들어앉은 '어거지로 해결하려는 것', 도대체 이 무슨 낡아빠진 습관이란 말인가? 지금까지 내 자신의 폭력으로부터 상당히 자유로워졌다고 생각해왔다. 하지만 정작 아직도 필요를 수용하고 그것을 경청하는 면에서는 훨씬 더 자세를 가다듬어야 했다. 서랍이 끼어 움직이지 않는 것을 확인하고, 그것을 다시 당겨 몸을 숙인 뒤, 무엇이 끼었는지를 관찰한다. 포크들 사이에 비스듬히 튀어나와 있는 포크 하나를 꺼낸다. 그리고는 서랍을 스르르 다시 닫는다……. 포크야 고맙다. 해결 방안을 모색하기 전에 잘 파악하는 것과 수용하는 것을 내게 가르쳐주어서!

그 이후로 점점 더 폭력이 습관이라는 생각을 하게 되었다. 폭력은 여전히 우리가 사용할 의사가 있다면 결코 빠져나오지 못할 그런 오래된 반사적 습관이다. 이에 대해서는 마지막 장에서 좀 더 구체적으로 살펴볼 것이다.

4. '잘못 표현된 것', '잘못 말한 것' 그리고 '말하지 않은 것'들에서 파생되는 '제대로 듣지 않는 것'이 곧 오해라는 점이다. 결국 자기 자신의 예민한 감정을 실으면서도 또한 힘차고 진실되게 말하는 것을 배울 수 있다.

해설

1. 물론 각자가 동시에 같은 필요(욕구)를 갖지만은 않는다는 것 또한 인정해야 한다.

티에리와 앙드레 부부는 같은 순간에 같은 필요를 느끼는 행운을 가졌다. 이렇게 되면 물론 요구에 대한 협상과 공동으로 만족할 수 있는 해결책을 찾는 것이 더 수월하다. 결국 그들을 즐겁게 해준 이런 방법상의 오해를 명확하게 풀 수 있는 기회를 가졌기 때문에, 그들은 비폭력 대화의 교육을 더 심화시켰고, 또한 공동생활 속에서 서로를 다시 발견하는 기쁨을 되찾을 수 있었다.

하지만 모든 분쟁이 항상 이렇지는 않다! 또 다른 한 부부의 예를 보자. 그들은 함께 교육을 받으러 오기 전까지만 해도 서로에게 접시를 던지기가 일쑤였다. 교육이 어느 정도 진행되자 그들은 서로의 말을 들어주는 것을 배웠다. 그들은 거실에 '비폭력 의자' 두 개를 마련하기도 했다. 집에서 분쟁이 시작될 때면 그들은 마치 아이들이 놀이를 하는 것처럼 서로 "그만! 의자로!"를 외친다. '서로의 마음을 표현하고 서로 번갈아 들어주는 곳'인 비폭력적인 대화 지대로 되돌아가기 위한 일종의 명령과 같은 것이었다.

얼마 후 그들은 서로 존중해야 할 각자의 필요는 분명히 같지만, 리듬이 전혀 다르다는 것을 확인하게 되었다. 그들은 같은 순간에 그런 것을 느껴본 적이 없었다. 그 결과 그들은 공동생활을 견뎌낼 수 없는 상황으로 치닫게 되었다. 그들은 헤어지기로 결정하고, 서로 사랑하고 존중하는 좋은 친구로서 법원으로 팔짱을 끼고 갔다. 그들은 최소한 일주일에 한 번은 저녁에 만나기로 했다. 그들이 항상 꿈꿔왔던 대로 결국 서로 우정과 신뢰, 투명성을 지속하자는 것이었다. 하지만 한 지붕 밑에서 사는 것은 불가능했다.

서로가 잘 맞지 않는다는 사실을 존중하며, 호의적으로 평화롭게 인정한다는 것은 아주 어려운 일이다. 따라서 차이와 갈등은 흔히 위협처럼 받아들여지는 경우가 많다.

2. 언어로 표현되지 않는 것(앞의 예에서 티에리의 한숨에 관한 것)을 관찰해야 한다.

프랑스어를 사용하는 사람들은 뉘앙스가 풍부한 언어인 프랑스어를 자랑스럽게 여긴다. 하지만 이런 프랑스어조차도 말하고자 하는 것의 극미한 부분만을 표현하게 해줄 따름이다. 언어학자들에 따르면 언어로 표현되지 않는 것이 대화의 90% 정도를 차지한다! 겨우 10% 정도만 언어로 표현된다! 이런 사실을 깨닫게 되면 그때부터는 자기 자신의 신체언어(목소리의 톤, 말투, 얼굴 표정, 신체적인 자세)와 타인의 신체언어에도 주의를 기울일 수 있게 된다. 이런 사실을 알기 위해 비난 어린 눈초리의 영향력이나 위력, 가까운 사람(부모, 배우자, 아이, 직장 상사, 교사)이 해주는 칭찬의 위력이 어떤 것인지를 한번 보라!

중학교에 다닐 때 학교에 정말 유머스럽고 달변이어서 인기 좋은 프랑스어와 라틴어 선생님이 계셨다. 선생님은 한 달에 한 번 회의 때문에 오후 첫 수업에 10분 늦게 도착하시곤 했다. 그럴 때면 선생님께서는 그 사실을 미리 알려주시면서 매번 공모자의 얼굴을 하고 이렇게 말씀하시는 것이었다.

"오다 보니 전혀 떠들지 않는다는 사실을 잘 듣게 되더군!"

언어의 섬세함을 배우는 데 관심 있던 젊은 세포를 자극하던 선생님의 말장난을 우리 모두는 무척 좋아했다. 회의에서 돌아오시면서 — 우리는 선생님을 사랑하고 존중하는 마음으로 명령을 이행하고 있었고 — 그분은 교실 맨 뒤에서부터 칠판이 있는 데까지 한마디도 하지 않으며 침묵을 지킨 채 우리를 뚫어져라 보시고 쭉 걸어오시곤 했다. 교실에서 한 손은 아무 소리도 들리지 않는다는 듯 귀 뒤에 대고, 다른 손으로는 엄지와 집게손가락을 모아 우리가 지켜온 침묵을 잘 알겠다는 듯 가리켰다. 탁자에 다다르면 선생님은 곧바로 수업을 시작했다. 우리가 조용히 하려 노력했던 것을 인정받으려는 다른 표시는 필요없었다. 그 당시 내가 이런 작은 습관을 매번 무척 즐겼던 것은 아무 말이 없어도 선생님의 존재만으로도 느낄 수 있었던 절제와 위력에 놀랐기 때문이었을 것이다.

제2장

진실되게 사는 것에 대한 자각

비참하게 행동해서
공로를 얻으려는 사람들은 싫다.
그것이 비참한 것이었다면,
그들이 다른 일을 했다면
더 잘했을 것이기 때문이다.
일에서 그 일이 좋고
내가 진정으로 기쁜 특성을
발견하는 것이 참다운
기쁨이다.
그런 면에서
나타나엘은
내게 가장 소중한 안내자다.

앙드레 지드

제2장 진실되게 사는 것에 대한 자각

1. 잘하려다 지쳐버리기

한 남자가 상담소에 와서 이렇게 말하면서 자기 소개를 했다.

"저는 감정이 없어요. 욕구는 더더욱 없습니다. 제 아내는 감정과 욕구도 있고, 우리 아이들도 마찬가지인데 말입니다. 우리 사장님도 그렇다던데, 저는 전혀 그렇지 않습니다. 의무감이나 책임감이라면 잘 알겠는데 말입니다."

"무엇 때문에 선생께서 그런 말씀을 하신다고 생각하시나요?"

"슬픔 때문이겠지요."

"어쨌든 선생께서는 감정을 느끼고 계시는 겁니다. 슬픔이라는 감정을 말입니다."

"아, 그렇군요!"

"그렇다면 왜 선생을 슬프게 하는 것일까요?"

"왜냐하면 저도 감정을 가지고 사는 방법을 알고 싶기 때문이죠. 그게 훨씬 더 사는 맛이 나니까요."

"선생께서도 이처럼 근본적인 필요를 확인할 수 있으시잖아요. 방금 말씀하신 대로 공유하고 싶은 욕구, 더 활기차게 살고 싶은 욕구 말이죠."

"옳으신 말씀입니다. (그는 눈물을 흘리면서 말했다.) 저는 귀가 따갑도록 남자는 우는 게 아니라는 말을 들었고, 감정에 치우쳐서도 안 되며, 자기 의무를 다해야 하고, 내가 무언가를 갈망하거나 개인적인 욕망을 품는 것은 생각조차 하지 말아야 한다고 들었습니다."

감정을 자주 인식하지 못한다고 해서 모든 감정을 삭제해버릴 수는 없는 법이다. 전적으로 타인의 필요만 들어준다고 생각하더라도 자기 자신의 필요를 없앨 수는 없다. 게다가 우리는 많은 시간을 잘 알지 못하고 지내는 이와 같은 필요를 충족시키는 데 할애하기도 한다.

만약 우리의 삶이 우리 자신의 필요가 아니라 오로지 타인들의 그것을 경청하기 위한 것이라고 생각한다면, 그때 우리는 단지 인간에게서 볼 수 있는 가장 강하고 가장 널리 알려진 필요들 가운데 하나만을 보살피게 된다는 사실을 모른다. 즉 타인들을 보살피는 것과 그들의 편안함에 도움을 준다는 필요가 그것이다.

이원론에 빠져 오래되고 불행한 습관으로 인해 자기 자신만을 돌보게 되면 타인들을 돌보는 것을 소홀히 하게 되고, 따라서 타인들을 잘 보살피기 위해서는 "자기 자신의 존재는 잊어버려야 한다"고 생각하기 쉽다.

대체 왜 타인들을 보살피는 것과 자기 자신을 보살피는 것 사이에 이와 같은 대립이 있을까?

예컨대 타인들을 위해 자기를 희생하든지 아니면 타인들에게 자기 망각의 대가를 지불하게 하는 사람들 ─ 그 수는 의외로 많다 ─ 의 존재를 생각할 때마다, 나는 아주 큰 슬픔에 휩싸이게 된다. 이런 슬픔을 느끼면서 남을 위해 일하는 사람들이 다음과 같은 점을 이해해줄 것을 간절히 바란다. 즉 만약 그들이 자신들의 기쁨과 편안함에 관심을 갖지 않는다면, 그들은 차라리 다른 일을 하는 것이 더 낫다는 것이다.

예컨대 봉사활동이나 교육에 종사하는 얼마나 많은 사람들(교육자, 사회복지사, 의사, 간호사, 물리치료사)이 타인을 돌보느라 자신은 잊은 채 신경쇠약에 걸릴 정도로 지치고 진이 빠져 쇠약해져 있는가! 그들은 더 이상 '아무것도 하지 않고는' 못 배기는 상태를 잘 '넘기기 위해' 그런 폭력을 자기 자신들에게 행사한다. 에너지와 활력은 소진되었고, 힘도 다 빠져 그들의 용수철이 끊어져버렸다. 또 때로는 그들이 받은 충격(낙망, 사고, 사망, 실직)으로 인해 그들 스스로가 그런 상황에 이르기도 한다. 하지만 자기 자신에게 귀를 기울이지 않은 부분들은 반드시 되돌아온다. 이렇듯 거의 완벽한 무의식적 상태에서 지속되는 자기 자신에게 가한 폭력은 삶에 대해 격렬한 반응을 보이며 갑작스럽게 뛰어 오른다. 만약 자기 자신과 자신의 삶에 대해 가하는 폭력 속에 살고 있다면(요구, 조절, 과로, 죄책감), 자기 손으로 직접 삶에 대한 폭력적인 반응(사고, 질병, 낙망, 초상)을 초래할 위험은 항상 있게 마련이다.

물론 남을 돕는 사람도 자신에 대한 망각으로 인해 발생하는 희생의 대가를 무의식적으로 타인들에게 떠넘기기도 한다. 이런 점에서 보면 봉사단체에서 일하는 얼마나 많은 사람들이 자신들의 자유시간, 유머 혹은 인간성을 상실할 정도로 혹사하는지 모른다. 이것은 '남에게 더 잘하려고 하는' 그들의 염려에도 불구하고 남에게 잘하기보다는 오히려 더 잘못하는 것으로 끝나는 주된 원인이기도 하다. 의학계의 관찰에 따르면 이런 경우 결국 다른 사람들에 대한 보살핌이나 주의에서 소홀함이 발생한다고 한다. 교육계에서는 다른 사람들의 요청에 지나치게 노출된 포화상태는 개별적인 주의가 필요한 학생의 요청이 있을 때 그 요청에 응할 수 없는 상태를 야기할 수 있다고 본다.

나는 십여 년 동안 마약중독, 범죄, 식욕부진, 우울증, 매춘 등과 같은 문제와 관련된 수많은 청소년들을 돌보는 자원봉사에 참여함으로써 다음과 같은 두 가지 점을 증명할 수 있게 되었다.

• 살아가면서 돌보는 일과 책임지고 부양하는 일을 분명하게 구별하는 일이 시급하다. 뒤에서 이 문제를 다시 거론할 것이다.

• 대상이 누구든지 간에 지속적이고 충분하게 돌볼 수 있는 유일한 방법은 그 일을 하면서 마음 깊이 기쁨을 느껴야 한다는 것이다. 즉 대상자를 위해 일 하나하나를 완수하는 가운데 편안함을 느껴야 한다. 만약 우리의 일부라도 '해야만' 하기 때문에 책임이나 희생으로만 이루어지는 행동에 동원된다면, 또한 그 일부가 의무감이나 강요나 죄책감을 느낀다면, 그때 우리는 그 일부로 인해 우리 자신의 에너지와 활력을 '허비하게' 될 것이다. 아울러 언젠가는 분노나 저항 또는 의기소침이라는 극단적인 반응을 보일 수도

있다.

이런 사실과 관련하여 나는 30여 명의 비행청소년들과 함께 사하라 사막을 도보로 횡단하는 연수에 대해 어떤 사람이 다음과 같이 말했던 것을 떠올린다.

"결국 당신들은 이번 여행 동안 아주 즐거운 시간을 보냈죠. 무엇을 얻었다고 생각하십니까? 아무것도 없지 않나요?"

"저희들과 함께 떠났던 청소년들이 잘 지냈는가에 대해 걱정을 많이 하신 것 같습니다."

"그렇습니다. 하지만 당신들이 그곳에 간 것은 결국 즐기러 간 것이었죠?"

"우리들 자신이 즐김과 동시에 다른 사람들도 즐겁게 해줄 수 있고, 자신이 편하게 지냄과 동시에 다른 사람의 편리도 또한 도모할 수 있다는 것을 생각해보시기는 어려운가요?"

"실제로 저는 항상 대립 상태에 있다는 것을 느꼈어요. 내 자신을 돌보든지, 아니면 나를 잊고 타인을 돌보든지 해야 했죠."

"제가 이 연수 여행을 구상하면서 저를 기쁘게 하는 것이 다음과 같은 것, 즉 미지의 것에 대한 발견, 탐험 등에 대한 저의 필요와 동시에 타인들에게 편안함을 주고 그들을 모험으로 이끌면서 내가 좋아하는 것을 그들과 나누어 갖고자 하는 필요라고 선생께 말했을 때, 선생께서는 어떤 생각을 가지셨나요?"

"저는 이 교육 과정을 그런 각도에서 보지 못했어요. 저에겐 그것은 새로운 사실이에요. 제가 느낀 대립되는 생각에서 벗어나는 것이에요."

"그런 대립에서 벗어날 뿐만 아니라 에너지가 솟구치는 일이죠. 내 존재 자체가 그 모험에 투사되고, 모든 활력을 쏟아 붓는 것이기도 해요. 그러니까 '에이, 집에서 쉬면서 책이나 읽을걸', 혹은 '친구들하고 겨울 스포츠나 즐기러 갈걸' 하는 식의 딴 생각을 하는 나의 일면은 없는 것이죠. 있을 수가 없는 것이에요. 각자가 느끼는 필요들이 서로 대립 상태에 있지 않다는 것을 자각하면서, 나는 나대로 하는 일에 완전히 몰입하게 되고, 청소년들은 그들대로 이런 내적 일치감이 주는 자유와 기쁨을 느끼게 되는 것이죠. 바로 이런 상태를 통해 그들은 화합, 활기, 참여, 삶에의 애착이라는 진정한 필요가 그들의 내부에서 깨어나는 것을 다시 느끼게 되는 것이죠."

하지만 필요에 대해 다시 한번 살펴보자. 흔히 자기의 감정과 필요와 완전히 단절되는 것을 느끼곤 한다. 즉 감정과 필요를 느끼고, 그것에 귀를 기울여 경청하는 것을 금지하고 두꺼운 '콘크리트'로 잘 발라버리곤 한다. 하지만 자기가 감정과 필요를 전혀 의식하지 못한다고 해도, 그것들을 완전히 상실하는 것은 결코 아니다. 감정과 필요의 존재에 대한 이와 같은 자각은 매우 소중하다. 왜냐하면 시간과 더불어 나는 어떤 감정과 필요를 갖고 또 그것들을 공유한다는 것은 인간의 가장 깊은 본성을 잘 가꾸는 것이라고 점점 더 믿기 때문이다. 결국 가장 내면적이고 근본적인 편안함은 자기 자신, 타인들 그리고 주변의 대상과 맺는 관계의 성질에 따라 느껴지는 것이기 때문이다.

가까운 사람들과 대화가 분명하게 이루어질 때, 우리 자신과 우리가 사랑하는 사람들과 좋은 관계를 맺었을 때, 그 관계가 존경과 신뢰 속에서 — 내가 '서로-함께-편안함'이라고 부르는 것 속에서 — 유지될 때, 가장 큰 기쁨을 느끼지 않겠는가? 이와는 반대로 우리 자신을 더 이상 분명히 알지 못할 때, 우리 자신과 차단됨을 느낄 때, 가장 좋아하는 사람과의 관계가 단절된다고 느낄 때, 우리는 가장 큰 고통을 느끼지 않겠는가? 결국 편안함과 안락함은 소유한 것이나 무엇을 하는 것에 달려 있는 것이 아니라, 다른 사람들, 활동들, 사물들과 맺는 관계를 우리가 어떻게 체험하는가에 달려 있다.

나는 여러 해 동안 삶의 어려움에 이르는 길을 이해하고 거기에서 벗어나는 길을 찾아보려고 노력했다. 그 이후 다음과 같은 결론에 이르게 되었다. 즉 진정한 안락함과 세상에 존재하는 기쁨을 내쳐버리는 사람들은 결국 활동, 소유, 만남의 증가가 아니라, 자기 자신들과 맺는 관계로부터 시작해서 다른 사람들, 대상들, 할 일들과 맺는 관계를 우선시하는 사람들이라는 것이다. 이런 부류의 사람들은 할 일들이나 만날 사람들로 삶을 채우려고 하지 않고, 그들이 맺는 관계나 그들이 하는 일과의 관계로 삶을 채우고자 한다.

따라서 진정한 부나 유산, 깊고 지속적인 기쁨의 원천은 바로 깊고 지속적인 관계를 맺고 있는 우리의 자질과 우리 자신, 주위의 타인들, 세계와 더불어 관계를 맺는 우리 자신의 능력 속에 있다는 것이 나의 소신이다. 하지만 이것은 가장 확실한 사실임과 동시에 가장 어려운 일이기도 하다! 당연히 그럴 수밖에 없다! 이렇게 해서 앞으로 해야 할 과제를 일목요연하게 정리할 수 있다.

1. 사실 우리가 있는 그대로의 현실과 제대로 연결되어 있는 경우는 드물다. 이와는 달리 대부분의 경우 스스로 그렇다고 믿는 그런 현실과 관계를 맺고 있다. 좀 더 구체적으로 말해, 그렇게 되면

안 된다고 두려워하는 그런 현실과 관계를 맺고 있다. 따라서 우리에게 필요한 것은 다음과 같은 것이다. 즉 있는 그대로인 현실을, 그러니까 주관에 사로잡혀 바라보는 현실이 아니라 가능한 한 가장 객관적인 현실을 파악하는 것이다(판단하지도 해석하지도 않으면서 관찰하기, p.92를 참조).

2. 우리는 대개 진정 개인적으로 갖는 느낌보다는 인상, 믿음, 선입견에 입각해서 반응을 보인다. 그 결과 우리 자신에게 귀를 기울이지 못한다. 따라서 어떻게 하면 우리를 우리 자신에게로 이끌고, 타인에 대한 비난, 모욕, 비판 등과 구별하게 되는 우리 자신의 감정에 대해 귀를 기울이면서 경청하는 것이 가능한가를 살펴볼 것이다(판단하지도 해석하지도 않으면서 느끼기, p.115를 참조).

3. 우리는 외부적인 기준에 따라 행동한다. 그러니까 습관, 전통, 부과된 또는 가상의 의무("나는 ……해야 한다고 생각해"), 타인의 시선에 대한 두려움(사회적인 압력), — 여기에서 타인은 부모, 배우자, 자녀, 사회적 혹은 직업적 환경 등이 될 수 있다 — 더 간단하게 말해 우리도 잘 모르는, 우리에게 익숙치 않은, 우리를 판단하고 우리에게 죄책감을 줄까 봐 겁을 먹고 있는 우리 자신의 일부 등이 그것이다. 어떻게 해야 우리의 근본적인 욕구(필요)에 대해 귀를 기울여 경청할 수 있는지, 어떻게 해야 그것을 확인하고, 구별하고, 또 어떤 것에 우선권을 주어야 할 것인지를 살펴볼 것이다(타인에게 비춰보지 않고 필요를 확인하기, p.145를 참조).

4. 마지막으로 우리 자신의 필요를 여유롭고 편안하게 이해하고

다룰 줄을 모르기 때문에, 그 결과 타인의 필요도 이해하고 다룰 줄 모르기 때문에, 흔히 타인의 마음에 들기 위해, 그들에게 '친절하게 대하려고' 우리의 필요를 포기한다. 또한 너무 오랫동안 친절하려 하던 것에 지쳐, 혹은 알고 있는 우리의 필요를 분별하지 못하는 것에 불안해져서, 타인에게 우리의 필요를 강제로 부과한다. 아니면 아직 표현도 되지 않은 또 때로는 제대로 확인도 되지 않은 우리 자신의 필요를 타인이 이해해줄 것을 기대하기도 한다. 만약 그들이 그렇게 해주지 못하면, 우리는 그들에게 비난을 퍼붓고 그들을 판단한다.

일상생활에서 타인의 필요를 완전하게 고려하면서도 우리 자신의 필요를 구체적으로 나타내는 분명하고 구체적인 요구를 어떻게 표현할 수 있는지를 살펴볼 것이다(구체적이고, 현실적이고, 긍정적이며, 타협 가능한 요구를 표현하기, p.173 참조).

이 장(章)에서는 다음의 각 단계에서 체험하게 되는 것에 대해 가능한 한 최대한의 인식을 할 수 있기를 바란다.

1. **관찰** 우리는 관찰하고, 듣고, 말하는 것에 반응한다.
2. **감정** 이런 관찰은 우리 내부에 하나 혹은 여러 개의 감정을 불러일으킨다.
3. **필요** 이런 감정들은 우리의 필요에 대한 정보를 제공해준다.
4. **요구** 우리의 필요에 대해 자각을 함으로써 우리는 요구 또는 구체적인 행동을 시작하게 된다.

이제 머리로 하는 생각이 사람을 정신없게 만드는 것이 아니라 오히려 정신을 차리게 한다는 것을 알게 되었다! 하지만 이때 생각이라고 하는 것은 우리의 뇌와 정신적 사고 과정에 대해 이렇게 말하는 생각이다.

"뇌, 당신의 훌륭한 서비스에 감사드려요. 저는 종종 당신이 필요합니다(레스토랑에서 계산서를 다시 읽거나, 세금신고서를 작성하고, 계약서를 작성하고, 상황을 분석하고, 예산을 관리하기 위해서 그렇습니다). 하지만 항상 그런 것은 아닙니다. 저는 관제탑처럼 저의 모든 선택권을 당신이 조정하여 내 인생 내내 당신이 명령하기를 원하지는 않습니다. 저는 또한 저의 직관을 믿어야 할 필요도 있답니다. 저의 감정에 귀를 기울이고, 여유롭고 존중하는 자세로 저의 필요를 느낄 필요가 있다는 말입니다. 결국 저는 일체감과 조화를 느낄 필요가 있는 겁니다. 저는 더 이상 머리와 마음 사이에서 나뉘고 찢기고 싶지 않습니다. 저는 머리에 있는 뇌로만 살고 싶지 않습니다!"

2. 판단하지도 해석하지도 않으면서 관찰하기

인도 철학자 크리슈나무르티는 하나의 사실을 관찰하는 것과 해석하는 것을 구분할 줄 아는 것이 인간 지성의 가장 높은 단계 가운데 하나라고 말한다. 분명 이것은 가장 어렵고 익숙하지 못한 것들 가운데 하나일 것이다. 우리 내부에서 일어나고 있는 감정 자체를 차별화하는 것 말이다. 흔히 우리는 사물에 대한 읽기 행위의 결과를 완벽하게 어떤 색으로 물들인다. 사물에 대한 해석은 우리 안에

92

내재한 두려움이나 희망, 투사의 색채로 그것을 물들이는 것이다. 따라서 현실, 즉 실제 현실과 진실된 관계를 맺지 못하고, 그 대신 우리의 염려, 설명 그리고 이런 현실에 대해 지어낸 다소 허구적인 거짓말과 관계를 맺는다. 또한 그 위에 우리 삶의 전부를 세울 수 있으며, 온갖 태도와 견해를 현실에 대한 주관적 해석 위에 세울 수도 있다. 하지만 이와 같은 태도로 인해 부지불식간에 비참한 착각과 오해 속에 빠질 수도 있다.

내가 바라는 것은 위와는 정반대로 독자 여러분이 사실에 대한 확인에 의해 해석과 이 해석에 몰두하는 함정으로부터 벗어나는 것이다.

핑퐁 게임에서 악순환으로

"며칠 전부터 내 친구는 나한테 화가 나 있다."

지금부터 이런 상황을 관찰해보려 한다. 이에 대해 나는 친구에게 강한 반응을 보일 우려가 있다. 약이 올라 그에게 반발하거나, 혹은 그에게 화를 내는 것 말이다. 아무튼 영문도 모르고 몹시 걱정을 할 것임엔 틀림없다. 이 경우 나는 처음부터 내가 한 해석을 토대로 시작되는 폭력의 과정에 휘말리게 된다.

그런데 그 친구가 나에게 화를 내고 있다면, 내가 그것에 대해 실제로 알고 있는 것은 무엇인가? 어쩌면 그는 전혀 다른 이유로 슬퍼하거나 걱정하고 있는지도 모른다. 또 어쩌면 심한 두통이 있었는지도 모른다. 하지만 친구의 태도에 슬퍼지기도 하고 초조해지기도 한 나는 그의 입장에서 매사를 확인해보려는 대신, 그가 나에게 화를 낸 것으로 단정짓는다. 그리고는 현실과 동떨어진 완전한 거짓말을 지어낸다. 이런 거짓 증거는 두 가지 위험 요소를 지닌다. (1) 나는 쓸데없이 있는 힘을 다해 온갖 상상을 다한다. (2) 타인을 공격하면서 내 스스로 폭력의 주인공이 될 우려가 있다.

그런데 실제로 그에게 무엇인가 말함으로써 그에게 다가갈 수도 있다.

"네가 화내는 데 질렸어."

그러면 그는 이렇게 대답할 수도 있다.

"천만에, 화난 것 아니야."
"아니야, 나한테 화가 잔뜩 나 있잖아."
"아니라니까."

아니면 흔히 벌어지듯 이렇게 대답할 수도 있다.

"너한테 정말 화가 나, 모든 게 너 때문이야."

이렇게 되면 우리는 논증이라는 핑퐁 게임을 한 판 겨루게 될 수 있다.

"넌 틀렸어. 내가 옳아."
"네가 잘못했거든."
"전혀 그렇지 않아."

이렇게 해서 친구관계가 폭력의 악순환으로 치달을 수도 있다.

따라서 문제 해결 방법의 초석은 가능한 한 중립적으로 관찰하는 것이다. 마치 카메라로 찍는 것처럼 사실을 있는 그대로 드러내는 것이다(말, 신체의 태도, 얼굴의 표현, 목소리의 톤). 이처럼 타인과의 대화 속으로 '들어가는' 방식에 많은 주의를 기울여야 한다.

해설

아래에서 그 과정의 이해를 도울 목적으로 사태를 단순화시켜 보았다.

(1) 친구가 식사 중 말을 하지 않고, 아무 말 없이 방을 떠났다는 것을 관찰한다(관찰).

(2) 이런 관찰을 통해 나에게는 어떤 감정이 생겨나게 된다. 걱정스럽고 무력감이 든다(감정).

(3) 이런 감정에 의해 나의 필요가 제시된다. 나는 뭐가 잘못되었는지를 알아야 하고, 이해해야 하며, 어쩌면 도와줄 필요가 있다고 생각한다(필요).

(4) 구체적으로 나의 요구와 행동은 그가 근심거리가 있는지, 어떻게 느끼고 있는지 확인하러 가는 것이 될 것이다. 또한 그가 걱정하는 것을 안심시켜주기 위해 무엇을 할 수 있는지 확인해보는 것이 될 것이다(요구).

따라서 다음과 같이 말하면서 그에게 다가간다.

"네가 식사 중 말없이 떠나는 것을 보고(관찰), 불안했어(감정). 또한 네가 염려하는 것이 무엇인지, 또 내가 도울 수 있을지 알고 싶어(필요+요구)."

이런 형식은 일상생활에서는 고지식하고 다소 실행하기 어려운 것으로 보일 수 있기는 하다! 따라서 이 내용을 좀 더 수긍할 수 있고 틀에 박히지 않은 일상용어로 다음과 같이 전달할 수 있다.

"너 아무 말도 하지 않던데, 무슨 안 좋은 일이라도 있니?"

어쨌든 감정을 유지하는 이런 '열린' 방법으로 관찰하며, 판단이나 해석을 하지 않고 주제에 접근해 갈 필요가 있다. 상대의 말을 경청하기 위해 최상의 마음 상태를 간직할 뿐만 아니라, 그로 하여금 비판당한다는 느낌을 갖지 않고 나에게 진정으로 속마음을 털어놓을 수 있도록 최상의 마음 상태를 간직할 필요가 있다.

너는 항상 모든 것을 내팽개쳐 놓는다

학교에서 아이들과 함께 자주 테스트해보는 다른 예가 있다. 독자 여러분이 오후 4시에 학교에서 돌아오는 12세의 아이라고 가정하자. 비는 내리고, 버스는 늦게 왔는데, 엄마가 당신을 이렇게 맞이한다고 해보자.

"조심해! 너는 왜 항상 계단에 신발을 내던져놓니! 잠바는 또 소파 위에 던져놓고, 가방은 거실 한복판에 버려두고! 집에 꼭 너 혼자만 사는 것처럼 구는구나! 이것들 모두 당장 치워! 네 방은 또 이게 뭐니, 전쟁터나 다름없구나! 당장 가서 네 방을 정리해!"

이때 당신의 느낌과 마음 상태가 어떨지 한번 자문해보라. 아이들에게서 대개 다음과 같은 두 가지 반응을 얻게 된다.

• "음, 엄마가 그렇게 화를 내시면, 저는 분명 하라는 것을 하지 않을 거예요. 저도 화를 낼 것이고, 저녁 내내 둘 다 씩씩대며 화를 내겠죠."

• "음, 별수없겠죠. 제 물건들을 정리하긴 하겠지만 문이란 문은 쾅쾅 닫을 테고, 제 방까지 걸음을 쿵쾅거리며 걸어갈 거예요. 그리고는 제 방에서 반항하는 뜻으로 음악을 크게 틀어놓겠죠(엄마가 가장 싫어하는 것인데……)."

이제 그들에게 다음과 같은 내용을 제안해본다. 상황은 똑같다. 오후 4시이고, 비가 내리며, 버스는 늦게 왔고, 엄마는 이렇게 당신을 맞이한다.

"엄마는 계단 위의 네 신발, 소파 위의 네 잠바, 거실에 던진 네 가방을 보면(관찰), 마음이 상하고 힘이 빠진단다(감정). 왜냐하면 내가 집 안을 잘 치워놓은 상태이니 그것을 그대로 유지해주면 좋겠고, 집 안이 깨끗하도록 협력해주면 좋겠다고 생각하거든(필요). 네 물건들을 지금 정리해주면 좋겠는데, 정리하겠니(구체적이고 타협 가능한 요구)?"

이에 대해 보통 다음의 두 가지의 반응을 얻게 된다.

• "음, 우리 엄마가 항상 이렇게 대해주신다면 당장 하라는 것을 하죠."

"왜 그렇지?"

"음, 왜냐하면 이유 없이 누군가가 제게 강요하는 것은 정말 싫거든요. 제게 왜 그래야 하는지 일러주고, 그리고 제가 선택할 수 있도록 해준다면 기꺼이 그것을 하겠어요. 저도 집이 깨끗하고, 제가 돌아왔을 때 정돈되어 있는 것이 좋거든요."

• "음, 처음 말했을 때 듣는 것이 더 낫겠죠. 집이 깨끗해야 좋잖아요. 저는 정말 도와드리고 싶어요. 하지만 학교에서 막 돌아왔을 때는 먼저 간식을 먹도록 잠시 조용히 내버려두면 좋겠어요."

그래서 우리는 역할놀이를 했고, 나는 엄마 역을 맡았다.

"네가 잘 정리하겠지만, 피곤한 하루를 보냈으니(감정), 우선 숨을 좀 돌리고 싶겠지(필요)?"

"맞아요. 간식 좀 먹고, 그 다음에 정리할게요."

"그런데, 먹고 나서 네가 이 약속을 지킬지 믿을 수 있으면 좋겠구나(감정). 집 안은 나만 정리하는 것이 아니라 같이하는 것일 테니까(필요). 이해하겠니?"

"네, 그럼요."

"네가 '네, 그럼요' 하고 말하면서 벌써 부엌으로 가니까, 네가 엄마의 필요 사항을 알아들었는지 믿을 수가 없구나(감정). 그것이 무엇인지 네게 다시 알려줘야 할 것 같구나(요구)."

"알아요, 제 물건들을 모두 정리할 것을 잊지 말고, 엄마만 집 안을 정리하는 건 아니라는 것을 잊지 말라는 말씀이죠?"

"그래, 바로 그거야. 고마워."

해설

1. 아이들은 종종 대화를 풀어나가는 방법에 특히 예민하다. 그들은 아직 통상적인 인간관계에서 나타나는 갑작스러움에 준비가 되어 있지 않다. 그래서 첫 번째 형식에서처럼 엄마가 "너는 항상 계단에 신발을 벗어 던져놓고, 또다시 잠바는 소파 위에 던져놓고……" 식으로 말하면, 아이들은 이렇게 대답하고 싶어지는 것이다. "거짓말, 이틀 전에 제가 신발이랑 잠바를 정리했잖아요. 전에는 절대 거기다가 벗어놓지 않았다고요!" 이렇듯 또다시 우리는 "맞아", "아니야"라는 식을 되풀이하게 되고, 논증의 핑퐁 게임을 하게 될 우려가 있다("너랑은 항상 이런 식이야", "너는 나한테 늘 반대야", "우리 누나는 뭐든 다해주는데", "너는 뭐가 문제인지도 정말 몰라!").

두 번째 형식에서 볼 수 있는 중립적인 관찰("계단에 있는 네 신발을 보거나, 소파 위의 네 잠바를 보면……"), 즉 얼굴 표정이나 목소리의 톤에서(조심해야 한다! 비언어적 표현의 효과는 대단히 강하다) 아무런 판단, 해석, 비난, 비판이 개입되는 않은 관찰에서 출발하여 다음과 같은 방식으로 대화를 열어갈 수 있다.

• 우리의 감정이나 필요를 타인에게 들을 수 있도록 분명하게 표현하는 방식이 그것이다.

• 타인이 우리의 말을 들어주고 이해하는 방식이 그것이다. 그렇게 되면 대화의 두 당사자인 우리가 각자 만족할 수 있는 해결책을 향해 함께 나아갈 수 있게 된다. 물론 이것은 엄마만을 위한 것도 아이만을 위한 것도 아니다. 만약 엄마가 휴식을 취할 필요가 있는 아이의 상태를 이해하지 못하고 명령을 내렸을 경우, 또한 '상냥한' 엄마가 되려고 정리와 협력의 필요성을 아이에게 말하지 않았을 경우에는 정반대의 상황이 발생했을 것이다.

따라서 중립적 관찰 방법은 결코 감정을 거스르라는 뜻이 아니다. 이것이 의미하는 바는 실제로 타인이 품고 있는(우리의 감정과 사뭇 다를 수도 있을) 현실과 비전을 존중하는 방법으로 대화를 풀어나가라는 것이다. 또한 이 대화 방법을 사용하면 먼저 판단하거나 화를 내지 않고 힘닿는 대로 자신의 감정을 타인에게 이야기해 줄 수 있다.

2. 아이들과 더불어 실험을 해본 결과 강제에 대한 그들의 대답은 거의 같은 것으로 나타났다. 사실 어른이건 아이이건 인간은 의무로 뭔가를 한다는 것을 좋아하지 않는다. 인간이 필요로 하는 것은, (1) 의미를 이해하고, (2) 자기 행동에서 자유로워지는 것이다. 여기에서 의미는 필요 사항을 정확히 표현하는 것에 의해 주어진다. 예컨대 "나는 집에서 정리정돈에 힘썼다. 그러니 내가 한 일을 존중해줘야 할 필요가 있다."

자유란 항상 타협 가능한 방법으로 표현되는 요구에 의해 보장된다(만약 그렇지 않으면 그것은 더 이상 요구가 아니라 주장이 되고 만다. 그 결과 우리는 맺고자 하는 인간관계의 장점에서 멀어지게 된다).

"지금 네 물건들을 정리하는 것에 네가 동의하는지 알고 싶은데
어떠니?"

그런데 이것이 가장 힘든 일이다. 즉 동의하지 않는 것을 타인
으로 하여금 받아들이게끔 하는 것 말이다! 흔히 필요가 조금이라
도 인정받지 못하게 되면, 그것을 남에게 강요한다는 것을 상기해
보라.

"당장 가서 네 방을 정리해!"

이것은 개방적인 요구가 아니라 오히려 타인의 자유를 앗아가는 주
장이다. 타인은 물론 복종하거나 거부할 것이다. 하지만 그는 분명 마
음이 끌리거나 혹은 우리에게 편안함을 주는 즐거운 마음에서 그렇게
하는 것은 아닐 것이다. 아마 독자 여러분은 이렇게 말할 수도 있다.

"하지만 가끔은 강요를 해야 해요. 제한도 하고요. 모든 것을 마
냥 내버려둘 수는 없어요."

독자 여러분이 생각하는 이런 단호한 기준과 그에 맞는 행동의
필요성에 대해서는 나도 잘 알고 있다. 이 문제에 대해서는 뒤에서
더 자세히 다뤄보도록 하자.

하지만 우선 이 단계에서 어른이든 아이든 근본적으로 타인의 편
리를 배려해줄 애정이 없는 사람을 나는 이제까지 만나본 적이 없

다. 비록 이런 애정이 때로는 깊이 감춰져 있거나, 마음 한쪽에 숨겨져 있거나, 고통으로 거부한다고 할지라도 말이다. 가령 사람을 폭행한, 특히 노인들을 폭행한 청소년들이 눈물을 흘리면서 편찮거나 어려운 상황에 계신 자신들의 부모님이나 조부모님의 아픔에 대해서 말하는 것을 나는 종종 목격하곤 한다. 그 결과 나는 변치 않는 하나의 믿음을 갖게 되었다. 즉 우리 모두는 타자의 편안함에 기여하는 것과 같은 필요에 적응할 수 있는 능력을 가지고 있다는 믿음이 그것이다. 또한 경험을 통해서 이런 필요는 방해받거나 뒷전으로 밀려날 수도 있다는 사실도 알게 되었다. 특히 문제가 되는 개인에게 훨씬 더 중요한 다른 필요들이 우선적으로 만족되는 경우에 그러하다. 예컨대 인정받는 것, 환영받고 환대받는 것, 자기 자리를 차지하는 것, 우리가 무엇을 해서가 아니라 우리 자체로 사랑받는 것, 존중받는 것, 우리가 대등한 인간으로 대접받는 것 등과 같은 필요들이 그 좋은 예다. 거절하는 태도의 상당 부분은 필요들 가운데 어떤 것이 충족되지 못했다는 사실의 표현이다. 예컨대 아이가 자기 물건들을 정리하기 싫어한다고 하자. 이것은 그가 그런 태도를 통해 자기를 표현하고, 자기의 차이점과 정체성을 표현하며, 관심을 끌고 싶고, 여동생이나 형보다 인정을 더 많이 받고 싶음을 표현하는 유일한 방법일 수도 있는 것이다. 「착한 소년과 착한 소녀의 드라마」라는 제목의 강연회에서 기 코르노는 이렇게 말한 적이 있다.[4]

"내가 선의의 주먹 한 방을 날릴 줄 모르거나 혹은 내가 그런 능

---

4) 기 코르노는 융(Jung)을 따르는 정신분석학자로서 『아버지의 부재와 욕구불만인 아들 (Père manquant, fils manqué)』, 『전쟁 중인 사랑』(『행복한 사랑은 없는가?』), 『마음의 치료(La guérison du coeur)』 등의 저서를 가지고 있다.

력이 있는 것으로 인정받지 못한다면, 나는 못된 주먹 한 방을 날린다."

3. 어머니들과 더불어 실험을 해보면서 거의 대부분의 어머니들이 정리를 하기 전에 조금 쉬고 간식을 먹으려는 아이의 필요를 들어주고 존중해줄 마음의 준비를 항상 하고 있다는 것을 확인할 수 있었다. 이와 마찬가지로 어머니들은 정리정돈에 대한 필요성 역시 아이들에 의해 인정되고, 공유되고, 구체적으로 고려의 대상이 되었으면 하고 바라고 있는 것도 사실이다. 물론 어머니들이 진정으로 바라는 것은 당장 아이들이 정리하는 것이 아니다. 어머니들이 진정으로 바라는 것은 그보다는 오히려 신발, 공책, 장난감 등을 주워 정돈해야 할 사람이 자기뿐이라는 사실, 정리해야겠다고 느끼는 사람이 자기뿐이라는 사실에서 오는 피곤함을 아이들이 이해해주었으면 하는 것이다. 하지만 문제는 대부분 엄마들이 원하는 것을 강요 이외의 다른 방법을 통해서 얻지 못한다는 점이다.

나는 이렇게 해서 각자가 존중해야 할 각자의 필요를 명확하게 살펴 타인을 환대하면서도, 타인이 그들의 필요를 이해했을 것으로 믿음으로써 자기 자신을 신뢰하게 될 때, 가족이나 부부라는 관계의 정립과 그 원활한 기능 속에서 근본적인 변화가 나타남을 관찰하게 된다.

4. "너는 항상 모든 것을 내팽개쳐 놓지"라는 말을 듣게 되면, 대부분의 사람들은 자기가 말하는 사람의 객관적인 관찰 대상이 되었다고 생각한다. 위의 표현에서 '너는'이라는 말을 빼고는 객관적인 단어가 하나도 없다. 게다가 고발하는 말투이기도 하다.

• '내팽개치다'라는 단어를 통해 타인의 반응을 관찰하는 대신 태도를 판단한다. 다른 것이 있었으면 하는 자리에 타인의 물건이 놓여 있는 것을 보는 것 때문에 나는 피곤하다. 타인은 그 위치에 대해 매우 만족스러울 것인 데 반해, 나는 그가 그 물건들을 거기에 내팽개치듯 던져놓았다고 생각한다.

• '항상'이라는 단어도 마찬가지로 피곤해 보인다. 물론 항상 그렇게 하지는 않을 것이다. 당연히 아이도 다음과 같이 대답할 기회를 놓치지 않는다. "아니에요, 어제는 제가 모두 정리했다구요." 그는 부당한 판단과 전날 그가 했던 수고를 인정해주지 않는 것에 화를 내게 된다.

• 여기서는 '모든 것'이라는 단어가 부정확하게 사용되었다. 물론 모든 것을 그렇게 해놓지는 않았을 것이다. 따라서 아이의 반박은 당연하다. "아니에요, 어제 저는 만화책을 전부 정리했어요." 그는 내가 이런 행동을 평가해주지 않아서 화를 내게 될 것이다. 비록 집안 여기저기에는 장난감, 신발, 운동도구 등이 어지럽게 널려 있겠지만 말이다.

• '내팽개쳐 놓는다'라는 말도 너무 강하다. 아마도 아이가 격렬하게 항의하게 될 것이다. "저는 살아 있고, 놀기도 하고, 뭘 만들기도 해요. 그래요, 살아 있다고요. 그런데 엄마는 무조건 '내팽개쳐 놓는 것'으로 생각하는 것 같아요. 어른들은 앞뒤가 꽉 막혔어요!"

비록 짧지만 위의 표현에서 볼 수 있는 각 단어로 인해 타인은 저항하기도 하고, 거스르기도 하며, 거부하게 되기도 한다는 것을 알게 되었을 것이다. 이런 방법으로 대화를 풀어나가면 타인과의 불화는 불을 보듯 뻔하다. 왜냐하면 단번에 판단과 비판의 대상이 되었다고 느끼게 되면 그는 있는 힘을 다해 자기 합리화를 하려 들기 때문이다. 그리고 그는 오히려 우리 자신의 필요에나 귀를 기울이도록 다그칠 것이다. 실제로 종종 타인의 인정을 간절히 바라는 가운데 의견이 대립되는 경우에, 논증이나 지배 혹은 복종 등을 통해서 재빨리 이 대립을 정상으로 되돌려놓으려는 경향이 있다.

이와는 정반대로 우리가 염려하는 대상을 중립적인 태도로 참고하는 방식으로 대화를 풀어나간다면(중립적인 관찰 : "네 만화책을 거실에서, 네 신발을 계단에서, 네 장난감을 주방에서 보게 되는구나"), 우리 자신의 필요에 대해 타인이 정확한 정보를 얻을 기회를 제공해주는 것이다. 그리고 그가 이것을 비난이나 행동의 자유를 앗아가는 구속으로 듣지 않도록 하기 위해, 다음과 같은 열려 있고 협상 가능한 요구를 하게 될 것이다.

"나는 집 안을 정리해야 하고 도움도 필요하기 때문에 서글프고 맥이 빠진다(감정+필요). 네 물건들을 네 방에 가져다놓는 것에 동의하는지 알고 싶구나(요구)."

이 과정에서 사태를 중립적으로 파악하기 위해 사고하는 두뇌는 지성과 더불어 아주 소중한 역할을 한다. 또한 냉정한 이성적 판단을 통해 다음과 같은 것을 가능케 하는 데에도 아주 중요한 역할을 한다. 즉 사고를 통해 우리 자신이 최대한의 노력을 기울이면서 타인의 화를 자초하지 않도록 각별히 조심한다는 것에 대해 그의 주의를 환기시킬 수도 있다. 또는 사고를 통해 지나친 해석으로 다소 '편집광' — 이 표현을 용서한다면 — 으로 몰리지 않으면서 타인으로 하여금 물건들을 제자리에 가져다놓게 할 수 있는 기회를 가질 수도 있다.

있는 그대로의 사실을 가장 객관적으로 드러낸다는 단순한 사실로 인해 우리는 사물을 다른 눈으로 볼 수 있다. 또한 그렇게 함으로써 정신적 공간과 대화를 점령하려는 경향이 있는 선입관, 신념, 선험적인 것 등에 대한 환상을 깰 수 있다. 단순한 가정에 근거한 상황이나 예측을 대개 부정적인 방식으로 해설하고 얘기하면서 우리는 과거의 토론, 회의, 식사에서 확인되지 않은 사실을 얼마나 많이 부풀리고 왜곡시켰던가! 염려하고 확인하지 않았던 것을 확인해 보는 것에 더 많은 노력을 기울였더라면 아마도 더 많은 염려와 에너지를 절약할 수 있었을 것이다.

훈련

이제 독자 여러분을 다음과 같은 훈련에 초대하고자 한다. 훈련의 주제는 "판단하지 말고 관찰하라"이다. 그런 후에 여러분의 마음속에 나타나는 감정과 필요의 용어를 잘 들어보길 바란다.

이렇게 말하지 말라

"너는 지각했다. 너는 항상 똑같아! 너는 정말 믿을 수 없어."

대신 이렇게 말하라

"우리는 8시에 약속했는데, 지금은 10시 30분이다(관찰).
· 나는 화가 나고 불안하다(감정).
· 나는 무슨 일이 있었는지 알고 싶고, 앞으로 너를 믿을 수 있도록 안심하고 싶다(필요).
· 지금 내게 그것에 대해 말해줄

수 있겠니(요구)?"

"나는 최악의 상태다. 제대로 되는 것이 하나도 없다. 내 생애에서 최악의 시간이다. 기차 밑으로 몸을 던져버리는 게 나을 지경이다."

"나는 막 실직했으며, 배우자는 나와 헤어질 것을 통보해 온다(관찰).
· 나는 마치 이런 꼴이 되리라곤 상상도 못했던 것처럼 불안하고, 무기력해지며, 반발감도 솟는다(감정).
· 나는 이 상황을 더 정확히 파악하기 위해 정말로 시간이 필요하다. 그리고 내 자신을 굉장히 신뢰해야 하며, 이 시련을 잘 극복해야 한다(필요).
· 나는 어찌해야 할지를 결정하기 전에 이 모든 것을 종합해볼 시간을 가질 것이다(요구)."

"나는 바보다. 나는 정말 제대로 된 구석이 없다. 실수 연발이다. 나는 결코 잘하지 못할 것이다!"

"나는 시험에 합격하기 위해 꼭 받아야 할 점수를 받지 못했다(관찰).
· 나는 실망감과 동시에 울화가 치민다(감정).
· 한편으로는 나의 노력을 인정받기 위해, 또 다른 한편으로는 비록 아직은 잘 모르지만 나의 가치에 자신감을 갖기 위해서라도 꼭 시험에 합격해야 한다(필요).
· 내 스스로 자문할 시간을 갖도록 하겠다. 진정으로 내게 맞는 공부를 한 것인지, 또 재능을 개발시켜주는 공부를 한 것인지 알아보아야겠다(요구)."

"너는 바보야! 너는 결코 제대로 하지 못할 거야. 네가 잘하는 거라곤 하나도 없어. 넌 이제 끝장이야!"

"네 성적표를 보고 50점인 수학과 60점인 화학 성적을 볼 때(관찰),
· 정말이지 굉장히 염려스럽구나(감정).
· 나는 안심하고 싶고, 알고 싶구나. 네가 교과목들 중 더 공부해야 할 것이 있다는 것을 아는지, 배움에 기쁨을 느끼는지, 학교에서 잘 적응하고 있는지를 알고 싶다(필요).
· 네 느낌을 들어볼 시간을 좀 가져보려는 데 네가 동의하는지 알고 싶다(요구)."

"나는 지금 매우 예민한 상태에 있다."

"나는 감동을 크게 받을 때면(관찰),
· 나는 당황스럽고 불편하다(감정).
· 내 자신을 더 잘 조절할 수 있도록 내 감정을 더 잘 이해할 필요가 있다(필요).
· 다음번에 내가 강한 감정을 느끼면, 그것을 내적으로 수용하는 시간을 가질 것이다. 또한 이 감정에 실리는 내 자신의 속마음과 필요가 무엇인지를 들어볼 것이다(요구)."

판단하지 않고 관찰하기의 중요성을 살펴본 이 부분에 대한 결론으로 다음과 같은 세 가지 견해를 제시한다.

1. 사실에 대한 기술(記述)과 해석을 구분하는 것은 경찰 수사나 사법 절차에서 종종 사용된다. 그들의 입장에서는 시급한 것이 바로 사실을 제대로 이해하는 것이다. 군대의 경우도 마찬가지이다. 군복무를 하면서 나는 이른바 순찰 보고 — 즉 관찰해서 보고하다 (Observe and Report) — 라는 무선 이용법에 대한 교육을 받은 적이 있다. 있는 그대로의 사실을 분명하게 기술하려면 절대로 감정에 좌우되어서는 안 된다!

전쟁 중에 한 순찰병이 다음과 같은 보고를 했다고 상상해보자.

"우리 부대는 지금 사방에서 공격을 당하고 있다. 적군은 막강한 세력을 과시하며 돌격해 오고 있다. 침략이다."

이 보고에 대해 적절한 반응을 하기란 쉽지 않을 것이다. 이와는 달리 순찰병이 상황을 사실 그대로 보고한다면("15대의 탱크가 줄을 지어 10km 전방에서 북쪽에서 남쪽을 향하고 있으며, 몇몇 군부대가 강 왼편으로 올라오고 있고, XY유형의 비행기 3대가 동쪽 연안 부근으로 떠오르고 있다.") 그때는 틀림없이 적절한 방어 자세를 갖출 기회를 조금이라도 더 갖게 될 것이다! 군대를 예찬하려는 뜻은 조금도 없다. 단지 효과적인 행동을 위한 근본적인 안전성과 명확성의 원칙을 상기시키려는 것뿐이다. 사실을 확정하고, 해석이나 반응을 하기 전에 정확히 말해야 할 것을 파악하기 위해 사실의 전개를 잘 살펴야 한다.

안전성과 효율성에 중요한 가치를 부여하고 있는 우리에게도 관찰 방법을 생각해보는 것은 대단히 유용하다. 감정이나 필요를 차단하려는 것이 아니라 그것들에 대해 최대한의 효력을 주기 위해서 말이다.

2. 판단은 타인을 가두고, 현실은 자기 자신을 가둔다. 판단으로 인해 우리는 타인과 현실로부터, 그리고 우리 자신으로부터 차단된다. 판단의 대상을 비닐로 감싸고 작은 꾸러미로 만든다. 그러고 나서 그것을 기존의 사고, 믿음, 선입견 등이 들어 있는 냉장고에 넣을 준비를 마치는 것이다. 판단할 때면 우리 자신에 대해서도 타인에 대해서도 질문하지 않는다. 이와는 반대로 우리는 이성의 공간에 머무르면서 우리 자신과 타인에게서 분리된다. 판단은 현실을 고착시키고 얼려버린다. 판단은 현실을 판단의 양상들 가운데 하나 속으로 가둬버린다. 판단의 흐름 속에서 현실은 정지해버린다.

그런데 삶은 운동이다. 유성들과 우주의 운동에서 미립자들과 전자들의 운동에 이르기까지 운동이 지속된 이래로 만물은 항상 움직인다. 이 지구상에 고정되어 있는 유일한 존재는 인간뿐이다. 인간만이 고정된 사고를 만들어낸다! 자연에는 고정된 것이라곤 아무것도 없다. 결정적인 판단을 만들어내는 것도 인간이다! 자연에서는 결정적이라는 것이라곤 아무것도 없다.

실제로 계속해서 이루어지는 유일한 것은 변화다. 나머지 전체는 잠정적이고, 일시적이며, 계절에 따른다. 모든 것은 과정이다. 모든 것은 움직인다. 초승달/상현달/보름달/하현달, 밀물/썰물, 봄/여름/가을/겨울, 탄생/삶/죽음, 서론/본론/결론, 어린이/청소년/성년/장년, 초보/아마추어/전문가/대가/노벨상, 씨앗/새싹/모종/식물/

개화/성숙/과실/씨앗/새싹/모종/식물/개화/성숙/과실/씨앗…… 이렇게 끊임없이 순환한다.

가끔은 큰소리로 이렇게 반복해서 외쳐보자.

"씨앗/새싹/모종/식물!"

그러면 독자 여러분은 재미있는 화술 훈련을 넘어서 회전, 연속 등과 같은 운동이 나타나는 것을 뚜렷하게 느낄 수 있을 것이다. 또한 삶 자체의 짜임새가 형성되고, 싹을 틔우기 위한 씨앗의 도약, 뿌리를 내리기 위한 새싹의 움직임 등이 나타나는 것을 느끼게 될 것이다. 활력소가 작동되기 시작하는 것처럼, 활기에 찬 과정이 진행되는 것처럼 큰소리로 말해보라. 앞에서 든 예에서 제시한 두 가지 지문("나는 최악의 상태다. 그저 기차 밑으로 몸을 던져버리는 게 나을 지경이다"와 "나는 무엇이든 결정하기 전에 무슨 일이 일어났는지를 종합해보는 시간을 가질 것이다") 사이에는 불이 꺼진 것과 켜진 것, 마취 상태와 깨어난 상태, 파괴와 창조, 죽음과 삶 같은 차이가 있지 않은가!

3. 결국 의식을 가진 존재로서의 인간은 사물과 존재와의 관계를 통해 자리를 잡을 필요성과 분별력을 신장시킬 필요성을 절감한다. "사물과의 관계를 통해 자리를 잡는다"는 말이 의미하는 바는 이렇다. 즉 우리가 어디에 있는지, 우리가 제대로 평가를 받고 있는지 그렇지 못한지, 우리가 겪는 것이나 보는 것이 세계에 대한 우리의 가치관과 비전에 잘 부합하는지, 우리가 하고 있는 일을 계속해야 할지 변화를 주어야 할지 등을 알아야 한다는 것이다. 인간들은 가치관을 공유할 필요성을 절감하며, 특히 원칙적으로 의미를 공유하고 싶어한다. 요컨대 삶이 어떤 의미를 가져야 한다는 필요를 절감

한다.

그런데 이 두 가지 필요를 만족시키기 위해 우리는 과거에 가슴으로 대상을 환대하기보다는 정신으로 판단해버리는 낡고 좋지 않은 습관을 키워왔다.

이 책에서 피력된 내 소망은 어떻게 해야 판단하지 않고 자리를 잡고, 또 비판하지 않고, 화내지 않고, 강요하지 않고 문제점, 가치관, 우선권을 분별할 수 있는가를 보여주는 것이다. 또한 어떻게 강요하지 않고 거부하지 않으면서 의미를 찾고 공유할 수 있는가 하는 것이다. 결론적으로 이 과정의 첫 단계는 발생한 일을 확인하는 것이다. 현실은 무엇이고, 사실은 무엇인가?

중국 우화

인간이 판단을 내리는 경우 어느 정도까지 실수를 하는가를 분명하게 보여주기 위해 중국 우화 하나를 읽어보도록 권한다. 이 우화는 교육 과정의 첫 단계를 잘 보여준다. 그 첫 단계가 관찰이든 혹은 내가 염려하고 또 생각하는 대로가 아니라 있는 그대로의 현실에 대한 인식이든 상관이 없다. 하지만 이 우화는 판단하지 않고 사물이나 사건과 비교해서 인간의 자리를 정하는 법과 연결된 감정, 필요, 요구 등을 고려하지 않고 있다. 사실 이 우화를 쓴 사람은 냉담하고 감정도 없는 사람처럼 보일 수 있다. 하지만 이 우화를 여기에 소개하는 까닭은 바로 이 사람이 경직된 견해와 현실에 대한 고루하고 폐쇄된 세계관 속에서 갇혀 지내고자 하지 않았기 때문이다. 이 사람은 항상 역동적이었고, 당면한 일을 받아들이는 자세를 취했다. 소란스럽던 마을 사람들에 비해 그는 조용하면서도 아주 평화롭고 확신에 차 있었다. 자 이제 노자(老子)라는 이름을 가진 이 중국 사람이 들려주는 우화를 들어보자.[5]

　한 가난한 중국인 노인 농부가 마을 부자들의 시기심을 유발시켰다. 왜냐하면 그가 특이한 흰색 말을 가지고 있기 때문이었다. 사람들이 이 동물을 팔라고 큰 돈을 제시할 때마다 그 노인은 이렇게 대답했다. "내게 이 말은 동물 이상의 것이라오. 이 말은 내 친구나 다름없소. 그러니 이 말을 팔 수가 없소."
　어느 날 말이 사라져버렸다. 마을 사람들이 비어 있는 축사 앞에 모여 저마다 의견을 내놓았다. "어리석은 바보 양반 같으니라구. 자네가 이 짐승을 도둑맞는 건 예견된 일이었어. 왜 그 짐승을 팔지 않았어? 쯧쯧, 안됐구먼!" 하지만 노인은 조심스럽게 자기 의견을 제시한다. "과장일랑 하지 말게나. 말이 더 이상 축사에 없다는 것, 그건 사실이지. 하지만 나머지 모든 것은 당신네들 입장에서의 평가일 따름일세. 이것이 행운일지 불행일지 어떻게 알겠나? 우리는 돌아가는 사태의 일부만 알고 있을 따름이네. 어떻게 될지 누가 알겠나?"
　사람들은 노인을 비웃었다. 그들은 노인을 오래 전부터 생각이 단순한 사람으로 여겨왔다. 두 주가 지난 다음 흰 말이 돌아왔다. 누가 말을 훔쳐간 것이 아니었다. 그 말은 단지 초원에서 바람을 쐬고 온 것이었다. 그리고 그 말은 12마리의 야생마들과 함께 돌아왔다. 마을 사람들은 또다시 모여들었다. "자네 말이 맞았구먼. 불행이 아니라 축복이야."

5) 라즈네쉬(Rajnesh)가 번역한 『도덕경』에서 발췌함.

농부가 말한다.

"나는 그렇게까지 말하지는 않았네. 흰 말이 돌아와서 기쁘다고만 말하세. 이것이 행운인지 불행인지 어떻게 알겠나? 이것도 한 단면일 뿐이잖나. 겨우 한 줄 읽고 책의 내용을 알 수 있겠는가?"

마을 사람들은 노인이 헛소리를 한다고 여기며 제각기 흩어졌다. 12마리의 멋진 말들을 갖게 된 것은 확실히 하늘이 내린 선물이었다. 누가 그것을 부인할 수 있겠는가? 농부의 아들은 야생마들을 길들일 계획을 세웠다. 그런데 그는 한 마리에 올라탔다가 땅바닥에 곤두박질 쳐졌고, 말에 짓밟혀 불구가 되어버렸다. 마을 사람들이 참견하려 또 몰려왔다.

"가엾은 친구 같으니라고! 자네 말이 옳았구먼. 야생마들이 자네에게 행운을 가져다주질 않았구먼. 이렇게 자네의 외아들이 불구가 되다니. 누가 자네의 여생 동안 자넬 돕겠나? 정말 통탄할 노릇이구먼."

농부가 대꾸했다.

"이것 보게, 너무 앞서지 말게. 아들이 두 다리를 사용할 수 없게 되었을 뿐이네. 그게 전부야. 어떻게 될 거라는 말을 누가 할 수 있겠나? 그 무엇도 미래를 예측할 수 없어."

얼마 후 전쟁이 났다. 마을의 모든 젊은이들은 군에 징집되었다. 불구자만 제외하고 말이다.

마을 사람들은 울상이 되어 말했다.

"자네 얘기가 옳았네. 자네 아들은 걷지는 못하지만, 우리 아들들이 죽음의 전쟁터로 가는 동안 자네 아들은 자네 곁에 머무는구먼."

농부가 대답했다.

"부탁이네만, 성급히 판단하지 말게. 우리가 말할 수 있는 것은 그저 당신네 아들들은 군에 징집되었고, 우리 아들은 집에 머물러 있다는 것뿐이지. 신만이 이것이 길조인지 흉조인지 아실 것이네."

3. 판단하지도 해석하지도 않으면서 느끼기

대부분의 경우 누군가에게 걱정스러운 상황에 대해 "당신은 어떻게 느끼세요?" 하고 묻는다면, 그 사람은 이렇게 대답할 것이다. "내 생각으로는 꼭 이렇게 아니면 저렇게 해야 할 것 같은데요", "내 생각으로는 이것 혹은 저것에 책임이 있다고 밝혀야 할 것 같은데요", "내 생각으로는 분명히 뭔가 잘못된 것 같은데요"라고 말이다.

이때 이 사람은 감정에 따라 답을 한 것이 아니라, 생각, 관념, 설명으로 답을 한 것이다. 그가 받은 질문에는 그의 감정을 정리해주길 바라는 요청이 포함되어 있음에도 불구하고 그렇게 한 것이다. 그는 답을 "내 생각으로는"이라는 말로 시작했기 때문에 분명 자신의 느낌을 알렸다고 확신할 것이다.

하지만 이 대답은 감정을 먼저 내세우기보다는 낡은 습관대로 머리를 써서 생각한 끝에 나온 것이다. 따라서 그것은 낡은 반응에 불과하다.

만약 어떤 상황에서 체험하고 있는 것이 무엇인지를 파악할 목적으로 우리 자신에 대해 더 많은 정보를 얻으려 한다면, 우리는 다음과 같은 방식으로 감정을 표현하면서 거기에 귀를 기울여야 할 것이다. "나는 불안해, 슬퍼, 실망했어 등등." 그러면 우리 자신의 필요를 확인하면서 이런 감정들로부터 도움을 받을 수 있을 것이다.

또한 그 과정에서 어떤 상황이나 사람에 대해 판단하거나 비판하지 않고, 직접 체험하는 것에 대해 책임을 전가하지도 않으면서, 우리 자신의 입장을 결정하는 데 도움을 받을 수도 있을 것이다. 삶의 책임을 타인에게 전가하는 동안 우리 자신이 책임에서 벗어나는 것은 사실이다. 하지만 우리 자신의 행복(혹은 불행)의 열쇠를 타인에게 맡기는 동안, 우리는 함정에 빠지는 것도 또한 사실이다. 따라서 타인의 말이나 행동과, 타인이 어떤 존재인가에 대한 해석과 판단이 내포하는 감정의 어휘를 잘 구별할 필요가 있다.

사실 자신의 감정에 책임을 지면서 흔히 '일인칭' — "나는 ……"이라는 형식 — 으로 말한다고 생각하면서도, "나는 배반당하고, 무시당하고, 조정당하고, 내쳐진 느낌이다"와 같이 보통 감정의 토로라고 간주되는 그런 어휘들을 주로 사용한다. 물론 이 어휘들은 감정을 잘 표현한다. 하지만 동시에 이 어휘들을 통해 타인에 대한 이미지, 해석, 판단 등이 전달되기도 한다. 나는 그런 식으로 말을 함으로써 암암리에 "너는 배반자이고, 조작자야. 너는 나를 무시하고, 나를 내쳐버렸어"라는 것을 내비친다.

이 책의 말미에서 독자 여러분은 감정을 표현하는 데 사용되는 어휘들과 타인에 대한 판단을 내포하고 있는 어휘들의 목록을 볼 수 있다. 이런 어휘 구별의 유용성은 어디에 있는가? 그 유용성은 해석을 포함하는 감정과 진짜 감정을 구별하는 방법을 찾는 데 있다. 그것은 다음과 같은 두 가지 이유에서다.

> 해석을 포함하는 감정과 진짜 감정을 구별함으로써
> 두 가지의 유익함을 얻을 수 있다.

1. 첫 번째 유익한 점은 희생이나 원망의 시나리오를 포기함으로써 가능한 한 확실하게 자기 자신을 향해 나아가기를 바라는 희망과 관련이 있다. 우리가 사용하는 언어 — 따라서 이 언어를 통해서 표현되는 우리의 의식 — 가 실제로 타인이 하는 것이나 하지 않는 것에 대한 종속성에서 벗어나면 벗어날수록, 우리 자신의 필요와 감정을 자각할 수 있는 기회와 그것들에 가치를 부여할 수 있는 기회는 그만큼 더 많아질 수 있다.

한 예를 보자. 상담을 하러 온 36세의 피에르(Pierre)는 직장 동료와의 관계에 대해 많은 불평불만을 늘어놓았다.

"나는 항상 동료에 의해 조정당한다는 느낌을 가지고 있습니다."

"당신을 조정하고 있다는 느낌을 준 동료에 대해 관찰한 바를 알려주시겠어요?"

"그녀는 내게 항상 이렇게 말합니다. '너는 나를 전혀 이해하지 못해. 우린 서로를 이해 못해' 라고 말입니다."

"조정당하고 있다는 느낌 배후에 있는 당신의 내적 감정에 귀를 기울일 때 스스로 어떤 기분을 느끼시나요?"

"화가 나고 피곤하죠. 그녀를 이해해야 하는 건 항상 저이고, 제가 그녀를 항상 이해해줘야만 한다는 느낌입니다. 그렇지 않으면 저는 아무 쓸모가 없다는 느낌이에요. 사실 그녀 생각에 제가 약간의 가치라도 있다면, 그것은 항상 제가 그녀를 이해해줄 때뿐이니까요."

"이러한 분노와 피곤함을 통해 나타나는 필요를 살펴보면, 어떤 것들이 있죠?"

"나 자신을 존중해야 할 필요, 내가 어떠해야 한다는 그녀의 바람대로가 아닌 내 존재 자체로의 필요죠."

"지금까지 살아오면서 진정한 당신의 모습으로는 타인에게 환영받지 못하는 존재라는 느낌을 전에도 받은 적이 있나요?"

"물론이죠. 제가 어머니 앞에 있는 것처럼 여겨졌습니다. 그러니까 판사 앞에 있는 것 같고, 부당하게 고발당하는 것처럼 여겨졌습니다. 또한 내 고유의 정체성은 인정해서도 안 되고 가치를 부여할 수도 없다는 분노도 치밀었습니다."

"당신이 그런 것을 떠올릴 때의 느낌은 어떤가요?"

"피곤하고 실망스럽습니다."

"이처럼 피곤하고 실망스러운 감정들은 당신 자신이 더 많이 환영받았으면 하는 필요를 뜻하는 것인가요? 자기 자신에게 더 많은 자리를 만들어주고, 자기 정체성을 더 많이 느끼며 살고 싶은 그런 필요 말이에요?"

"(감동한 듯) 네, 정확히 그렇습니다."

"만약 이런 필요가 당신에게 정당한 것이라면, 이미 당신 내면에 자리 잡고 있는 필요에 기회를 주고, 그 필요를 적용할 기회를 더 많이 갖도록 큰소리로 그것을 반복해보세요."

"(잠시 침묵의 시간이 흐른 후에) 좋아요. 제 자신을 더 받아들이고, 제 자신에 더 많은 자리를 제공하고, 저의 정체성을 더 많이 누리며 살고 싶어요."

주의할 점

나는 사람들에게 종종 큰 목소리로 자신들의 필요를 표현하는 것을 권한다. 실제 경험을 통해서 보면 자기가 체험한 것에 잘 들어맞는 필요를 말로 표현할 줄 아는 사람은 다음과 같은 두 가지 방식으로 말한다.

"그래. 내가 필요로 하는 것, 교육을 받은 후에도 계속 이것을 생각해야지. 메모해놔야겠어."

이렇게 되면 필요는 항상 잠재적 상태로 있게 된다. 마치 경험해보지 못했지만 책이나 신문에서 읽었던 치료 방법처럼 말이다.
또한 곧장 말을 받아서 이렇게 말할 수도 있다.

"아무튼 항상 그렇지 뭐, 상황이 어떻게 변할지 모르겠어. 해결책도 없는데 내 필요를 확인하는 게 무슨 소용이 있겠어?"

이렇게 말하는 사람은 그렇게 하면서 의식의 표면 위로 떠오르려하는 필요를 부정적인 생각 밑으로 구겨 넣어 자신을 그 안에 묻어버린다. 이런 부류의 사람은 이미 묻혀버린 필요에 그것이 존재하거나 확인될 수 있는 여유조차 주지 않는다.
이런 두 가지 위험에 주의를 기울이면서 나는 사람들에게 여유를 갖도록 종종 권하곤 한다. 아주 천천히 자신들만을 위한 신호가 온 것을 확인한 후에 큰 소리로 자신들의 필요를 말로 표현하는 것을 권하는 것이다.
어떤 사람들에게는 이런 훈련이 쉽고 재미있을 것이다. 이런 사람들은 자발적으로 참여하면서 결국에 가서는 자신들의 필요를 분명하게 확인하고 표현하는 기쁨을 맛본다. 그들이 공통으로 경험하는 감정은 대개 안도와 편안함이다. 충족된 필요는 문제의 해결 과정에서 명확함, 이해, 개방으로 나타난다. 반면에 또 다른 사람들에게는 이 단계가 매우 어려운 것으로 드러난다. 필요한 것이 무엇인지를 알고자 하는 노력을 짓누르고, 또 누군가의 앞에서 그것을 표현하는 노력을 짓누르는 금지가 분명 있다. 따라서 "나는 내 정체성을 존중해야 해"와 같은 아주 간단한 문장조차도 쉽게 반복해서 표현하지 못하는 상태에 이르고 만다. 뭔가를 표현하는 것 자체가 불가능하다. 말이 나오지 않는다. 이 경우에 필요한 것은 몇 차례의 훈련을 하는 것이다. 편안한 상태에서 자신의 필요를 표현하고, 그것에 대해 말하고, 부연 설명 및 세심한 표현을 할 수 있을 때까지, 그러니까 그것을 이해할 때까지 말이다.

'이해한다'는 것은 곧 '자기의 것'으로 만드는 것이다.

이것이 쉽든 그렇지 않든 간에 나는 타인들과 더불어 이 순간들을 항상 소중한 순간들로 체험해왔다. 사람들이 자신의 삶에 다시 적응하고, 다시 중심을 잡고 집중하며, 깊이 생각하게 되는 그런 순간들을 말이다. 삶과 욕망을 되찾고, 자기에게 활력을 불어넣어주는 삶을 자기 눈으로 확인하고, 속마음을 경청할 수 있고, 그렇게 해서 그런 삶에 자기를 내맡기면서 살아가게 된다면, 이것은 그 사람에게 있어서는 아주 소중한 일이 아니겠는가!

뒤에서 우리는 필요를 확인한 후에 이것을 어떻게 구체적인 행동과 요구와 연결해나갈지를 살펴볼 것이다. 하지만 지금은 앞에서 살펴본 피에르의 예로 돌아가자. 진짜 감정과 해석으로 덧입혀진 감정 사이의 중요한 구별로 말이다. 피에르의 의식이 "내가 조정당하는 느낌이다"라는 말로 표현되는 한, 그는 여전히 타인의 탓으로 돌리는 태도에 종속되고 의존되어 있다. 그는 자기 불행의 책임이 타인에게 있다고 생각하는 것이다. 사실 '조정당하는'이라는 단어를 해석하면, 거기에는 '타인이 조정한다'는 뜻이 포함되어 있다. 분명 타인의 태도가 그에게는 조정당하는 느낌을 갖게 만들 것이다. 하지만 문제는 거기에 있지 않다.

흥미로운 것은 오히려 이것이다. 즉 피에르가 자신의 진짜 감정("나는 슬프고 화났어")과 자신의 필요("나는 내 정체성을 존중해야 해")를 확인하게 되었을 때, 불평("그녀가 나를 조정해", "나는 그녀의 희생자야")으로부터 벗어나기 시작했다는 사실이다. 그가 자기 자신에 대해 — 진실을 — 진지하게 말하기 시작했을 때 비로소 치유 작업은 시작된다. 자기 동료가 한 행동이나 하지 않은 행동에 대해 에둘러 말하는 한, 그를 치유하는 데 진전은 없다. 자기 자신에 대해 진실하게 말하는 순간부터 비로소 진전이 있는 것이다. 라캉(J. Lacan)은 환자에게 이렇게 말했다. "당신 자신에 대해 나에게 진실하게 한마디라도 했더라면 당신은 치유되었을 것입니다."

동반 치유 작업, 즉 의식과 무의식 사이에 나타나는 충돌을 해결하기 위한 시도로 여길 수 있는 이 치유 작업에서 함께 노력해서 찾고자 하는 것은 다름아닌 '언어'다. 물론 이것은 언어 그 자체를 위해서만이 아니다. 궁극적 목표는 의식을 자유롭게 하기 위한 언어를 찾아내는 것이다. 결국 피에르는 자신에 대해 진실되게 말함으로써 그 자신이 겪어온 것에 대해 더 많이 자각할 수 있게 되었다. 그렇게 함으로써 그는 부정적인 모성 컴플렉스로부터 벗어나는데 필요한 노력을 시작할 수 있게 되었다. 또한 그는 그 과정에서 자신을 받아들이고 존중하기 시작할 수 있게 되었다. 2년간 계속된 동반 치유 과정에서 그가 피해의식과 알코올 중독에서 벗어나 여성들과도 잘 지내게 되는 과정, 직장생활에서도 자율적이면서도 책임감 있는 사람으로 되는 과정을 쭉 지켜볼 수 있었다.

매일매일의 충돌을 해결하기 위한 일상적인 시도 속에서 '진실한 말'을 찾는다는 것은 항상 다음과 같은 이점을 보여준다. 즉 외관상의 문제 밑에 놓여 있는 진짜 문제에 대해 우리가 어떤 의식을 가지고 있는가를 분명하게 밝혀주고, 그렇게 함으로써 우리 자신의 책임감을 고취시켜주는 이점이 그것이다.

2. 해석이 내포된 감정과 진짜 감정을 구별하는 행위를 통해 얻게 되는 두 번째 유익한 점은 '말의 도움으로' 타인을 통해 자기 자신을 더 잘 이해하게 된다는 것이다. 물론 여기에서 '말의 도움으로'란 표현은 불편함, 두려움, 거부감, 반대, 모순, 논증, 도망 등을 최소화시키는 그런 말을 일컫는다. 말하고자 하는 의도는 타인과의 만남의 질(質)을 결정한다는 것을 떠올리자. 우리는 단지 타인이 우리의 말을 잘 들어주는 것만을 바라지 않는다. 타인이 우리 내면에서 일어나고 있는 것을 들어주기를 원하기도 한다. 입장이 바뀌어 우리가 타인의 말을 들을 때도 그렇다. 우리는 그의 말만이 아니라 그의 내면에서 일어나고 있는 것에 진정으로 귀를 기울이고 싶은 것이다.

반대, 분열, 분리를 조장하는 언어와 의식을 정화하라.

따라서 동반 치유를 하면서 언어와 의식에 주의를 기울여 해야 하는 작업은 다음과 같은 것이다. 즉 언어와 의식을 반대, 분열, 분리 등을 야기하는 모든 것으로부터 정화시키는 것이 그것이다. 또한 언어와 의식을 판단, 해석, 비난, 비판, 선입견, 상투적 표현, 우열관계 혹은 비교 등과 같은 모든 것들로부터 — 혹은 그렇게 생각할 수 있는 것들로부터 — 정화시키는 것이다. 왜냐하면 만약 타인이 어떻든 간에 그에게 가한 판단, 비판, 비난, 그에 대해 가지고 있는 고정관념 등을 듣게 된다면, 그는 더 이상 우리 얘기를 듣지 않을 것임을 경험으로 알 수 있기 때문이다. 그는 귀를 막아버릴 것이며, 가끔은 예의를 갖춰 재빨리 답을 준비할 것이다. 그렇게 해서 그는 우리와 정상적인 관계, 우리 속에서 일어나고 있는 것과 관계를 맺는 것이 아니라, 반격이나 자기 방어 태세를 갖출 것이다.

피에르의 예

만약 피에르가 고전적인 대화법으로 여자 동료 직원에게 이렇게 말했다고 하자.

"네가 그렇게 말할 때 나는 조정당하는 느낌이 들어."

그러면 그 동료는 이렇게 대답할 수 있다.

"천만에, 나는 너를 조정하지 않아. 너는 항상 조정당한다고 생각하나 본데, 정말 피곤한데."

그녀의 반응은 어떤 것인가? 그녀는 자기를 정당화하고, 한술 더 떠서 반박하지 않는가? 따라서 그녀는 피에르의 말을 들어주지 않으며, 자기 자신에도 귀 기울이지 않는다. 그녀는 자신만의 정신적 공간에 머물러 있는 것이다.

또한 그녀는 이렇게도 반응할 수 있다.

"오히려 네가 나를 조정하지. 네가 어떻게 반응하는지 너는 못 보니까."

그녀의 반응은 어떤 것인가? 그녀는 피에르의 태도를 공격으로 여겼기 때문에, 반격을 가하며 대꾸한다. 결국 그녀는 피에르의 말을 더 들어주지 못하게 되고, 그녀 자신에 대해서도 마찬가지다.

이 책에서 권장하는 방법을 적용하면서 피에르는 이렇게 말할 수 있다.

"네가 나를 전혀 이해하지 못하겠다고 할 때, 그리고 우리가 서로 이해하지 못한다고 할 때면(관찰), 나는 피곤하고 화가 나(감정). 왜냐하면 나는 있는 그대로 있고 싶어. 그게 필요해. 네가 바라는 대로의 내가 아니야. 내가 너를 이해하는 것에 대한 인정도 필요해. 결국 우리의 관계는 안정될 필요가 있어. 물론 너를 항상 이해하지 못할 수도 있고, 네가 원하는 것만큼 빨리 이해하지 못할 수도 있다는 사실을 알아주었으면 좋겠어. 내가 전적으로 네 것이 아니고, 너도 나를 전적으로 신뢰하지 않는다는 사실을 인정할 필요가 있다고 생각해(필요). 이런 말을 들으면 네 느낌은 어떤지 알고 싶어(구체적이고 타협 가능한 요구)."

피에르가 이렇게 말하면 여자 동료 직원은 충족되지 못한 세 가지 필요로 인해 그가 피곤하고 화가 났다는 것을 알게 될 것이다. 또한 아무런 판단이나 반감 없이 자유로이 자신에 대해 입장을 표명해달라는 요구를 이해하게 될 것이다. 따라서 이 경우 첫 번째 경우와는 달리 그녀는 자신이 '조정하는 사람'이라는 꼬리표를 그다지 위협적으로는 생각하지 않게 될 것이다. 게다가 첫 번째 경우에 그들은 자신들의 관계에 대해 아무것도 분명하게 밝힐 수가 없었다. 하지만 피에르가 취한 이 태도는 분명 첫 번째 경우보다 그들 관계의 중요한 요소에 대해 마음으로부터의 대화가 이루어질 가능성이 더 크다. 예컨대 각자의 정체성에 대한 존중, 각자가 상대방에게 갖는 관심을 내보이는 방법에 대한 상호적 인정, 외부적으로 나타나는 동의를 구하는 표식에 덜 의존하는 마음속 깊은 곳에 있는 감정적인 안정감 등이 그것이다.

훈련

형식적으로 예의를 갖춘 감정 뒤에 있는 독자 여러분의 진짜 감정의 코드를 해독해보도록 하자. 몇 가지 제안을 해보겠다.

• "나는 버려진 느낌이다(달리 말해, 너는 나를 포기한다)."

이렇게 말하는 것이 더 명확하고 더 진실한 것이 아닐까?

• "나는 외롭고 슬프다. 비록 네가 당장은 나와 함께하지 않지만, 네 마음속에 내가 자리하고 있다는 사실을 믿고 싶다. 정말로 그럴 필요가 있다."

- "나는 배반당한 느낌이다(달리 말해, 너는 나를 배반한다)."

이렇게 말하는 것이 더 명확하고 더 진실한 것이 아닐까?

- "나는 두렵다. 정말 두렵다. 나는 우리 사이에 솔직함과 신뢰가 있음을 믿고, 상황과 행동이 일치하는지를 알아볼 필요성이 절실하다. 그렇지 않은 경우에는 그것에 대해 솔직하게 이야기할 수 있을지를 알아볼 필요가 있다."

- "나는 거부당하는 느낌이다(달리 말해, 너는 나를 거부한다)."

이렇게 말하는 것이 더 명확하고, 이것을 듣는 타인은 물론 자신을 위해서도 정보를 더 얻게 되지 않을까?

- "나는 불행하고, 낙심천만이며, 피곤하다(감정). 나는 내 자리를 잡아야 한다(부부, 가족, 그룹, 사회, 직장). 또한 내 스스로에게 자리를 허용해야 한다. 또한 이것이 내겐 어려운 일이라는 것과 그들의 도움과 격려가 내겐 소중하다는 것을 타인이 이해해줘야 한다(필요). 이와 같은 필요를 충족시키려면 나는 구체적으로 어떤 말과 행동을 해야 하는가(요구에 대한 연구)? 내가 원하는 변화를 얻기 위해 나는 내 자신의 자리를 어떻게 정리할 수 있을까?"

뒤에서 요구에 대한 장(章)에서 다시 살펴볼 것이지만, 이런 유형의 자각을 통해 '항상 거부되는 희생자'라는 시나리오로부터 벗어날 수 있다. 왜냐하면 타인의 지지를 받기 위해 구체적으로 우리가 할 수 있는 것을 분명하게 밝힐 필요가 있기 때문이다. 또 우리가 변화하기 위해 어떤 구체적인 시도(요구, 행동)를 할 수 있는가를 분명하게 밝혀야 하기 때문이다.

- "나는 소외된 느낌이다(달리 말해, 너는 나를 소외시킨다)."

다음과 같은 감정과 필요를 갖는 것이 오히려 더 강한 책임감을 느끼게 하고 또 더 효과적이 아닐까?

- "나는 외롭고, 무력감이 들고, 슬프다. 나는 다른 동료들 속으로 통합되고, 그들과 교류하고, 그렇게 해서 소속감을 가질 필요성을 절실하게 느낀다. 내가 이런 필요를 충족시키는 방향으로 나아가려면 구체적으로 무엇을 해야 할까? 이런 필요를 충족시킬 수 있기 위해서는 내 스스로 무엇을 어떻게 변화시켜 나갈 수 있을까?"

마음속 내부에서 발생하는 것을 솔직하게 가르쳐주는 진짜 감정을 이용함으로써 다시 중심을 잡고 바짝 자기 자신을 긴장시킬 수 있는 기회를 더 많이 갖게 된다는 것을 알게 된다. 또한 그렇게 함으로써 타인에게 자기 자신에 관계된 것과 자신의 삶에 대해 집중할 수 있는 더 많은 기회를 주게 된다는 것도 알 수 있다. 결국 '진실을 말하는' 능력은 타인으로 하여금 '진실하게 듣는' 능력을 키워주게 되는 것이다.

진실을 말하고, 진실하게 듣기

사회, 직장, 초대 모임 등에서 통상적인 대화를 관찰해보자. 우리가 서로 진실하게 듣는 경우는 드물다. 오히려 차례가 되어 대화에 끼어들 말을 준비하면서 얌전하게 기다리는 편이다. 이것은 대화가 아니라 그저 연속되는 독백에 불과하다. 만남이 없다. 이것이 풍부하면서도 자극적이며 힘 있는 대화가 극히 적은 주된 이유다. 진실을 말하지도 진실하게 듣지도 않는다. 서로 엇갈리는 것이다. 서로 아쉬워할 따름이다.

모두가 그토록 힘들어하는 근본적인 결핍이 바로 거기에 있다는 생각을 나는 점점 더 하게 된다. 진실한 만남에서 유래하는 정신적 교류가 부족하다. 자신과의 만남이 부족함과 동시에 타인과의 만남도 부족하다.

우리가 찾고자 하는 것이 거기에 있음을 알지 못하는 한, 온갖 수단을 동원해 이런 결핍을 더 증대시키기만 할 것이다. 일에 매달리거나, 사랑에 집착하고, 과도한 활동에 매달리게 될 것이다. 소비, 소유, 유혹 등에 현혹될 것이다. 술, 마약, 섹스, 도박 등에 빠지게 될 것이다. 책임, 의무, 개념, 생각 등을 인정하지 않게 될 것이다. 또 때로는 세상 끝까지 가보는 여행, 정신적 경험이라는 기적을 절망적으로 기다리게 될 것이다. 파울로 코엘뇨(Paolo Coelho)[6]의 연금술사처럼 우리 모두가 보물 위에 앉아 있다는 것을 발견하기 전에는 말이다. 이제 보물은 우리 자신과의 만남 속에, 우리 속에

---

6) Paolo Coelho, 「연금술사(L'alchimiste)」, Paris, Anne Carrière, 1994.

있으며, 타인 속에 있다는 것을 알게 된다. 또한 만남을 제외하면 소유해야 할 다른 행복도, 취해야 할 다른 권력도, 맛보아야 할 다른 도취도 존재하지 않는다는 것도 알게 된다. 아울러 만남을 통해 자기 자신, 타자, 세계와 연결된다는 것도 발견하게 된다. 결국 분열을 조장하는 생각에 의해서가 아니라면 우리 자신은 그 어떤 것으로부터도 배제되거나 분리되지 않는다는 것을 발견하게 된다.

세계의 모든 것은 순환하며 서로 만난다. 이것이 창조적인 운동이다.

이원론적 분리 의식("나는 나와 함께하려고 너를 떠나거나 혹은 나는 너와 함께하려고 나를 떠난다") 속에서 사는 한, 우리는 분리와 분열을 겪게 될 것이다. 결국 결핍을 경험하게 될 것이다. 서로 보완한다는 의식과 단결 의식을 강화함으로써 다양성을 통한 일치감을 점점 더 강하게 체험하게 되며, 나아가서는 개성을 토대로 한 보편성을 얻게 될 것이다.

감정으로 되돌아가 보자. 감정 사용에서 독자 여러분에게 의도에 대해 세심한 주의를 기울일 것을 권유한다. 내 의도는 무엇인가? 타인을 내가 의도하는 쪽으로 요령 있게 유도하는가, 아니면 서로 호의적으로 일을 진전시키는가? 감정적인 조정에 유의하자!

종종 타인을 조정하거나 그에게 영향을 미칠 목적으로 감정을 사용하게끔 하는 낡고 불행한 또 하나의 습관이 있다. 이 습관은 다음과 같은 표현에 잘 나타나 있다.

"네가 학교에서 점수를 엉망으로 받아오면 나는 슬프다", "네 방 청소를 하지 않으면 나는 화가 난다", "당신의 보고서를 보니 실망스럽다."

혹은 더 강한 표현도 있다.

"너 나를 정말 실망시키는구나", "너는 나를 완전히 절망하게 만든다", "너 때문에 완전히 지쳤다."

이런 식으로 행동하는 것은 우리의 필요에 도움을 주지 못하며, 타인에 대한 우리 감정의 무게를 가중시킨다. 그러니까 항상 현재 우리 마음 상태에 책임이 있는 자, 절대적으로 책임이 있는 자는 바로 타인이라는 생각을 가진다. 따라서 타인에게 대가를 원한다. 우리 자신의 행복이 타인에 달려 있게 만들고, 그가 우리의 행복에 책임을 지고 있다는 것을 알게끔 하며, 나아가서는 우리가 느끼는 불행에 죄책감을 느끼기를 원한다.

이렇게 함으로써 우리는 삶에 대한 책임을 회피하며, 우리의 행복과 불행을 결정짓는 지나치게 큰 능력을 타인에게 부여한다. 결국 우리를 조정하는 사람은 타인이며, 우리는 그의 의견에 따라 이런 감정에서 저런 감정으로 왔다갔다한다.

엄마와 아이의 대화

1. 고전적인 방식

"네 물건들을 정리하지 않으면 나는 슬프다."

엄마 입장에서 보면 이것은 다음과 같은 것을 의미한다.

• 다른 사람이 정리하면 나는 기쁘다.
• 다른 사람이 정리하지 않으면 나는 슬프다.

따라서 나를 슬프게 하거나 기쁘게 하는 능력을 다른 사람에게 준다. 하지만 다른 일을 하거나 달리 행할 자유는 주지 않는다. 달리 말하자면 나는 타인과 더불어 자유가 빠진 힘의 관계를 맺고, 감정적인 능력 놀이를 한다.

아이가 그 순간에 엄마와 같은 명령과 필요를 이해하거나 공유하지 못한다면, 그는 이렇게 혼잣말을 할 따름이다.

"맙소사, 엄마가 슬프대. 이렇게 계속하다간 큰일 날 거야. 내가 그래야 하는 이유를 제대로 이해하지는 못하지만, 또 솔직히 말하자면 안 내키지만, 엄마가 기쁘시면 좋겠어. 그래서 엄마가 명령하는 것을 하는 거야."

이처럼 계속해서 조건을 나열한 끝에 아이는 자기 자신을 무시하면서 타인의 욕구에 적응하고, 또 어떤 때는 지나치게 잘 적응하는 것을 배우게 된다.

아이는 또 이렇게 혼잣말을 할 수도 있다.

"내 일 외엔 하지 않을 거야. 내가 하고 싶은 것만 할래. 나한테 강요하면 절대 정리하지 않을 거야."

이처럼 계속해서 조건을 늘어놓은 끝에 그는 모든 명령에 대한 철저한 반항과 자동적인 항의를 배우게 되는 것이다.

2. 비폭력적인 방식

"식탁 위의 네 공책들과 바닥에 있는 네 옷들을 보면(우리가 말하는 것을 타인에게 아무런 판단 없이 알려주는 중립적인 관찰), 나는 마음이 언짢다(감정). 왜냐하면 식탁에 음식을 놓아야 하지 때문이다. 그러려면 네 도움이 필요해(필요). 그것들을 정리하는 것에 동의하는지 알고 싶구나(구체적이고 타협 가능한 요구)."

엄마는 마음이 언짢다. 필요가 충족되지 않아서이기는 하지만, 아이 때문은 아니다. 엄마는 이런 필요를 아이에게 알려준다. 그리고 아이에게 부담스럽지 않도록 엄마의 언짢은 마음의 뜻을 일러준다. 그 후에 아이에게 자유를 주는 타협 가능한 요구를 표현한다.
아이는 엄마에 의해 표현된 요구와 비교해서 자기 입장을 정하는 기회나 자유를 갖게 되고, 이렇게 말할 수 있다.

"네, 정리할게요."
"싫어요, 조금 있다가 하고 싶으니까 동의하지 않을래요." 혹은
"싫어요, 안 할래요. 형한테 물어보세요."

어쩌면 독자 여러분은 이와 같은 대화의 효과를 의심하면서 이렇게 말할지도 모른다.

"어머! 우리 아이하고는 불가능해요. 내가 억지로 시키지 않으면 아무것도 도와주지 않을걸요."

만약 이 경우라면 다시 한번 내면적으로 확인해보라.

(1) 당신의 감정. 이런 상황이 피곤하지 않은가?

(2) 당신의 필요. 당신은 당신의 가치들(예컨대, 명령)과 필요들을 공유하면서 타인의 저항을 일으키지 않고, 그에게 강제성을 부여하지 않는 것을 좋아하는가?

만약 독자 여러분이 이런 피로감과 필요를 느끼고 있다면, 당신이 좋은 책을 읽고 있다는 것에 기뻐하라! 타인을 복종시키거나 자기가 복종하지 않으면서 우리 자신의 가치관을 공유하고, 전달하고, 교류하는 것은 여러분께 소개해주고 있는 대화 방법의 실천에서 오는 유익한 점들 가운데 하나이다.

> **복종하는 것과 책임감을 느끼는 것은**
> **같은 것이 아니다.**

필요에 이름을 붙이면서 한편으로 우리 자신에 대해 명확히 했고, 또한 체험한 것에 대한 책임을 전적으로 지게 되었다. 다른 한편으로 타인의 자유와 책임을 존중하면서 우리 속에서 발생하는 것을 그에게 더 잘 알려줄 수 있었다. 타인을 복종시키기 위해서가 아니라 스스로 책임을 지도록 권유한다. 타인에게 우리와 교류하면서 자기 자신과도 교류하도록 권유한다.

내가 얼마나 진지하게 진짜 감정을 표현하는 것, 자신의 필요를 확인하는 것 그리고 강요적이지 않은 형태의 요구로 이 필요를 타인에게 알리는 것을 강조하고 있는지를 옆에서 지켜보면서, 연수에 참가했던 한 여성이 이렇게 말했다.

"사실 저는 간접적인 언어만 생각했어요. 내 해석과 논쟁거리를 '일인칭'으로 표현했던 것이죠. 이렇게 해서 제가 '당신'(이인칭으로)보다는 '나'(일인칭으로)라고 말했기 때문에 단순하게 저에 대해서 말할 줄 안다고 생각했던 것이죠. 하지만 이런 '나'(일인칭)는 멀쩡한 정신으로 저의 온갖 욕구불만이라는 쓰레기를 타인의 얼굴에 던지는 데 알맞았던 거예요. 예컨대 저는 남편에게 이렇게 퍼부었어요. '당신이 애들을 돌봐주지 않기 때문에 나는 녹초가 됐어, 당신이 나를 도와주지 않아서 미치겠어, 당신이 항상 없으니 지긋지긋해.'

그러면 남편은 똑같은 해석으로 내게 말합니다. '하지만, 여보, 일인칭으로 말해요. 당신에 대해서 말해봐요. 당신이 느끼는 것과 당신이 원하는 것을.'

그러면 저는 이렇게 말하게 됩니다.

'다 말했잖아요. 당신 출장이 너무 잦다고 생각한다는 것, 당신이 좀 더 많이 도와주어야 한다는 것, 그리고 좀 바뀔 때도 됐다는 것 등을요.'

그러면 그는 이렇게 말합니다.

'그래도 내가 도와주잖아. 그리고 회사 일 때문에 어쩔 수 없어. 당신은 늘 투정이야.'

이렇게 옥신각신하다가(대화는 거의 할 수 없고, 나는 불평을 털어놓고, 그는 어쩔 수 없다는 논지를 펴고, 나는 반박하는 식이죠), 서로 진전이 없어요. 자기 자신에게로만 답답하게 상대방을 끌어들이려고 하는 거죠. 저는 지금 분명하고 책임감 있는 감정과 필요를 서로 얼마나 표현했는지를 돌이켜봅니다."

부모와 아이의 대화

1. 고전적인 방식

"이번 달에 네 학교 성적을 보니 정말 맥이 빠지고 실망스럽구나. 계속 이렇게 하다간 올해는 엉망이 될 거야. 그러면 나중에 직장도 못 구하게 되는 거야. 누나를 좀 봐라. 얼마나 열심히 하니."

나는 타인을 두렵게 만들고, 죄책감이 들게 하며, 창피하게 만드는 감정을 사용해보았다. 위의 대화를 독자 여러분이 아이라고 가정하고 읽어보라. 당신이 느끼는 마음 상태가 어떠한지 스스로 확인해보라. 당신의 부모님이 이처럼 표현하는 것을 들은 후에 당신 내면에서는 삶에 대해 어떤 생각이 들겠는가?

2. 비폭력적인 방식

"이번 달 네 학교 성적을 보니, 특히 60점인 수학과 50점인 통계학 성적은(내 반응이 어떤지를 타인에게 알려주는 세부적이고도 중립적인 관찰) 걱정이 되는구나(감정). 나는 다음의 두 가지 점에 대해 안심할 필요가 있다(필요). (1) 네가 이 과목들의 의미를 이해하고, 미래에 네게 유용할 이 과목들을 어떻게 공부해야 할지 깨닫길 바란다. (2) 반에서 선생님과는 잘 지내는지, 네가 환영받고 있다고 느끼는지, 그래서 너에게 문제가 생겼을 때 그것을 편안하게 얘기할 수 있는지 궁금하구나. 여기에 대해 너는 어떻게 느끼는지 내게 말해줄 수 있겠니(요구)?"

다시 한번 독자 여러분이 아이인데 부모님이 이렇게 말했다면 어떻게 느낄지 자문해보라. 당신에게는 어떤 힘이 생기며, 삶에 대해 어떤 생각이 드는가?

아이들과 실험해보았을 때 반응은 분명했다. 첫 번째 대화에서 그들은 판단되고, 이해되지 못했다는 느낌을 받는다. 그리고 이런 감정으로 인해 야기된 불편함을 없애기 위해 화를 내거나 구실("선생님과 학교가 형편없어요" 혹은 "친구 때문에 망쳤어요")을 댄다. 아니면 무관심한 척("고작 쪽지 시험인데요 뭐", "별로 중요하지도 않은데요")하거나 솔직하게 이 상황에 대한 그들의 혼란한 마음을 드러낸다("어차피 일자리도 못 찾을 건데, 학교가 무슨 소용이 있나요, 뭐").

두 번째 대화에서 아이들은 어려운 상황을 헤쳐 나가는 가운데 인정받고 환영받는다는 느낌을 받는다. 판단하지 않고 이해하는 부모들의 마음이 그들의 마음에 와 닿는다. 자기 자신에 대해 자유롭게 말해보라는 제안은(구속에 대한 염려, 충족시켜야 할 기대감에 대한 염려, 얻어야 할 결과에 대한 염려가 없이) 그들에게 자유롭게 표현하도록 하는 자유를 준다. 이어지는 '대화를 하는 것은 의미를 전달하는 것이기도 하다'와 '판단하지 않고 듣기'라는 두 부분에서 나는 독자 여러분에게 부모와 아이가 주고받는 두 번째 방식의 대화를 통해 나타나는 장(Jean)과 이자벨(Isabelle)이라는 두 청소년들의 반응을 관찰하고 분석해볼 것이다.

대화를 하는 것은 의미를 전달하는 것이기도 하다

14세 학생의 반응을 보자.

"저는 수학을 어찌해야 할지 모르겠다고 부모님께 말씀드리고 싶어요. 왜 수학을 공부해야 하는지 설명해주시면 좋겠는데, 제게 해주시는 대답은 항상 '교과목에 들어 있기 때문에', 아니면 '무조건 그냥 해야 돼', 그것도 아니면 한술 더 떠서 '인생에서 하고 싶은 것만 할 수는 없다' 라고만 답해주세요. 하지만 저는 그것에 대해 답을 듣고, 왜 그런지 알 필요가 있어요."

"그러니까 네가 수학 공부의 의미를 이해하고 싶고, 만약 네가 이해할 수 없다면 너는 그것이 하기 싫거나, 잘못할 수밖에 없다는 그런 뜻이니?"

"그렇죠, 바로 그런 뜻이죠. 제가 의미를 잘 모르면, 누군가가 제게 그것을 설명해줄 필요가 있다는 것이죠."

해설

여기에서 문제가 되는 것은 대화에서 볼 수 있는 근본적인 측면이다. 즉 내가 하는 것이나 하고 싶은 것에 대해 의미를 부여하는 것이 그것이다. 분명 기성세대나 나와 같은 세대는 아직도 "원래 그러니까 어쩔 수 없어", "질문 좀 그만해라", "나중에 커서 이해하게 될 거야", "싫든 좋든 꼭 해야 할 일이 있는 거야"와 같은 말을 할 수 있다. 여기에 더해 "네가 편하게 살도록"이라는 말을 덧붙일 수 있다. 하지만 정신분석학자 알리스 밀러(Alice Miller)는 한 권의 저서[7]에서 이 말로 인해 아이들에게 엄청난 비극이 나타나게 된

---

7) Alice Miller, 『네가 편하게 살도록(*C'est ton bien*)』, Vendôme, Le fil rouge, PUF.

다는 사실을 조목조목 밝히고 있다. 『네가 편하게 살도록』이라는 제목이 붙은 이 저서를 통해 어린이에게서부터 폭력이 나타나는 아주 미묘한 메커니즘을 잘 알게 된다. 그것도 이 폭력이 좋은 의도로 치장되어 더 무의식적으로 나타나는 메커니즘에 대해서 말이다. 다행스럽게도 이런 방식으로 말하는 태도는 점점 줄어드는 추세다. 젊은 세대들은 의미를 요구한다. 그들은 제대로 의미가 드러나지 않으면 매사를 거부하는 경향이 있다. 이것은 새로운 경향이다. 수많은 젊은이들이 기성세대에게 의미에 대한 설명을 요구한다. 그들은 기성세대의 명령, 습관, 무의식적 자동성을 맹목적으로 따르기를 거부한다. 이와 같은 태도는 자기가 하는 일에 더욱 책임감을 가질 수 있게 되는 아주 좋은 기회로 보인다. 왜 행동해야 하는지에 대한 답을 더 잘 자각하게 때문이다. 물론 이런 변화가 충돌이나 고충 없이 이뤄지지는 않는다. 부모나 어른의 입장에 있다고 하더라도 당신은 항상 당신이 하는 일의 의미를 분명하게 알고 있는가? 행동 전반에서 당신을 안내하는 가치나 필요를 항상 명확하게 설명할 수 있는가? 우리 각자는 언젠가는 한 번 자신의 삶의 의미, 하는 일의 우선 순위의 결정 등에 대해 생각한다. 많은 부모님, 선생님, 또는 교육자들은 젊은이들과의 관계에서 현재 불편함을 느낀다. 그 주된 원인은 젊은이들이 직접 또는 간접적으로 그들에게 그 자신들의 행동이나 삶에서 중요하다고 생각해왔던 것들의 우선 순위를 다시 평가하고 또다시 정의해줄 것을 요청하기 때문이다. 다음의 일화는 그 좋은 예를 보여준다.

사업가인 한 아버지가 들려준 이야기이다. 하루는 12세 된 아들이 자기에게 왜 하루에 10시간씩 일을 하며, 매일같이 집에 없는지 그 이유를 묻더라는 것이다.

아버지가 대답한다.

"돈을 벌기 위해서지."

"네, 알아요. 그런데 왜죠?"

"우리 식구의 안전과 안락함을 위해서란다."

"저의 안전과 안락함을 위해서라면, 아빠가 매일 오후 4시에 학교로 저를 데리러 오시고, 함께 운동하러 가면 좋겠어요."

"……"

대화를 나눈 후에 아버지는 자신의 일의 우선 순위를 되돌아보고 아들과 협의한 후, 주중에 하루를 함께 보내고 방과 후에 운동도 하러 가게 되었다.

삶이 우리를 변화와 새로운 것으로 초대하는 것을 보라.

판단하지 않고 듣기

15세 학생인 이자벨의 반응을 보자.

"부모님께 말씀드리고 싶은 것이 있어요. 부모님께서 이런 제의를 해주신다면 저는 더 편하게 말씀드릴 수 있을 텐데요."

"그게 뭔지 내게 얘기해주겠니?"

"네. 이 반에 전혀 적응이 안돼요. 교과 과목과 수업 배치 때문이에요. 우리 반에서 저만 다른 그룹의 학생들과 수학 수업을 듣는데, 그들은 대부분 이미 서로 아는 사이거든요. 저는 정말 이 그룹에 합류하기 어렵고, 질문을 편하게 하지도 못해요. 제가 이해하지 못한다는 말을 하자마자, 모두들 놀려대며 제 흉을 봐요. 그래서 아무 말도 하지 않고, 특히 질문을 못하게 되었어요."

"너는 이런 상황에서 혼자라는 느낌이 들고(감정), 네가 환영받으면 좋겠고 다른 학생들이 이해해주면 좋겠지(필요)?"

"네, 그래요."

"또 이해를 구하기 위해 부모님들께도 이야기하고 싶을 테고, 어쩌면 부모님의 도움도 받고 싶겠지(필요)?"

"네. 하지만 부모님은 저를 믿지 않으세요. 제가 공부를 안 한다고 생각하세요. 그리고 이게 핑계이고, 제가 더 열심히 공부해야 한다고만 하시는데……."

"그러면 너는 실망스럽고 화도 나겠지(감정). 왜냐하면 너는 정말 이것이 공부 문제만이 아니라 교실 분위기 문제라는 것을 부모님이 이해해주실 필요가 있다고 생각하기 때문이지(필요)."

"바로 그거예요."

"아마 네가 열심히 노력한 것에 대한 피곤함도 느낄 거야(감정). 네 수고를 부모님이 그냥 인정해주시면 좋을 텐데."

"네(눈에 눈물이 고인다). 사실 저는 단지 부모님이 제 얘길 들어주시고, 제 생활을 표현할 수 있게 도와주는 정도만을 바랄 뿐이에요. 저는 정말로 그분들이 저를 돕거나 뭔가를 해주시길 바라는 것도 아니에요. 그저 부모님이 저를 판단하지 않고 들어주시기를 바라는 정도예요."

'나를 판단하지 말고 내 말을 들어주는 것', 이런 단순한 필요성을 강조하는 아이들을 자주 목격한다. 부모들이 아이들의 말을 들어주는 것이 그렇게 어려운 것은 왜일까? 대부분의 경우 내가 확인해본 바에 따르면, 그 까닭은 부모들이 가능한 한 빨리 결과나 해결책을 얻어야 하고, 따라서 뭔가를 해야 하며, 그것도 잘해야 한다는 생각을 가지고 있기 때문이다. 그런데 실제로 해결책이 무엇인지를 알 수 없어 그들은 무력함을 느낀다. 또는 그런 해결책을 모색하는 것이 피곤하다고 여기기도 한다. 따라서 두려워서든 피곤해서든 무력감을 유발하는 긴장을 없애기 위해 그들은 아이들의 문제를 부인함으로써 회피하려 든다("뭐 그렇게 심각하진 않아, 얘깃거리도 많이 만들어내는구나, 좀 더 노력해봐, 인생이란 게 항상 쉬운 것은 아니다"). 또는 아이들에게 공격적인 태도도 보인다("열심히 듣지 않은 네 잘못이야", "너 만일 이번 시험도 잘 치르지 못하면……"). 물론 아이들은 이런 부모들의 태도보다는 그저 조금만 시간을 내서 자신들의 말을 들어주기를 원하는데도 말이다.

하지만 아이도 똑같은 태도를 취할 수 있다는 것에 주의하라. 공격적 태도를 취하기("우리 부모님은 도무지 이해하지 못해", "엉터리야", "아주 미치겠어"), 또는 진정한 대화의 시간을 갖지 못하기 때문에 회피하기("더 이상 부모님한테는 말도 하지 않을 거야", "몰래 빠져나가야지", "조용히 달아나버릴 거야") 등이 그것이다. 물론 다행스러운 것은 남의 말을 경청하는 것은 배워나갈 수 있다는 점이다.

서로 화내기, 서로 피하기, 서로 만나기

1999년 몬트리올에서 보았던 어떤 연극에서 다음과 같은 대사를 들은 적이 있다.

"이웃 부족이 당신네 부족에 맞서 무기를 들었다는 소식을 들었을 때, 당신네 부족은 세 가지 가능성을, 오직 다음의 세 가지 가능성만을 가지고 있었다. 최대한 빨리 도망친다, 당신네 부족도 똑같이 맞서 싸우기 위해 무기를 든다, 아니면 무기 없이 상대 진영으로 서로 부둥켜안게 되기를 바라며 걸어 나간다."

부부, 가족 또는 학교에서의 다툼에 윤리적, 종교적, 정치경제적 분쟁에서와 마찬가지로 위의 세 가지 선택의 가능성이 있다. 화내기, 달아나기, 타인과 만나기가 그것이다.

앞에서 장과 이자벨에게서 볼 수 있는 두 유형의 반응에서 문제가 되는 학교 성적이 얼마나 부수적인 현상에 불과한 것인지를 보았다. 진정한 필요는 그 현상 배후에 있거나 아니면 오히려 그 이전으로 거슬러 올라가야 볼 수 있다. 원인을 밝혀내지 못한 채 문제의 징후만을 공격하는 것은 아무것도 얻어내지 못하거나, 기껏해야 근본적으로 문제를 해결하지 못한 채("내가 한 행동의 의미를 어떻게 찾는담?", "어려울 때 어떻게 해야 그룹에 합류할까?") 외적인 태도의 변화만을("모든 것이 잘되고 있다고 말할 것이다", "이제 나는 보상받기 위해 미친 듯이 공부할 것이다"), 그리고 최악의 경우에는 다음과 같은 생각을 더 악화시킬 뿐이다.

"아! 부모님은 이해 못해. 부모님이 나를 이해할 수 있게끔 하기 위해 어떻게 해야 할까? 우선 수업을 빼먹고, 그런 다음 완전히 포기하자."

이렇게 되면 대화에 폭력의 역학이 작동되기 시작한다.

내 진실한 생각을 너에게 말하지는 않겠다. 내가 정말 느끼는 것을 네가 들어주지 않으니까. 나는 불평한다. 너는 겁을 먹는다. 나는 나무란다. 너는 자제한다. 나는 더 심하게 나무란다. 너는 더욱 더 자제한다. 내가 폭발한다. 너는 억제한다……. 말해봐, 오래 전부터 해온 이런 놀이가 넌 피곤하지도 않니? 서로의 말을 들어주면 어떨까? 아무리 해도 안 되겠지?"

물론 서로의 말을 경청하거나 서로 진정으로 만나는 것은 결코 쉬운 일이 아니다. 이것은 꾸준한 훈련을 필요로 하는, 마치 새로운 언어나 새로운 예술을 배우는 것과도 같은 실천이다.

감정에 대하여

독자 여러분은 이 저서의 말미에서 감정을 나타내는 어휘들의 목록을 보게 될 것이다. 이 목록은 완벽하지는 않다. 하지만 그것은 상담소에서 일상적으로 확인된 감정의 관찰 결과이다. 긍정적인 감정과 부정적인 감정에 대한 고전적 구분은 의식적이고 비폭력적인 대화에는 존재하지 않는다. 왜냐하면 그런 구분이 유효하지 않기 때문이다. 기쁨과 마찬가지로 슬픔도 자기 자신에 대한 정보를 준다. 분노 또한 아주 소중한 신호이다. 왜냐하면 분노는 그 자체로 자기 자신과 타인의 내부에 있는 활력을 보여주기 때문이다. 긍정적이거나 부정적으로 나타나는 것은 감정의 결과로 나타나는 것이지, 감정 자체가 그런 것은 결코 아니다. 따라서 감정들을 더 유효한 다음과 같은 기준에 따라 구분해보자.

• 사는 것이 안락하다는 감정들과 우리에게 필요가 충족되었다고 알려주는 감정들.

• 사는 것이 엉망이라는 감정들과 우리에게 필요가 충족되지 못했다고 알려주는 감정들.

이 저서의 말미에서 독자 여러분은 또한 평가가 가미된 감정들을 나타내는 어휘들의 목록도 보게 될 것이다. 이때의 평가란 감정을 감정으로서가 아니라 오히려 인상, 이미지, 감각 등으로 받아들이는 것을 더 소중하게 생각하는 평가다. 하지만 목록을 작성한 것은 인상, 이미지, 감각 등의 배후에 있는 진실한 감정, 즉 타인에 대한 태도에 부수적으로 따르는 것이 아닌 우리 내부에 있는 진정한 감정에 대해 진실로 귀를 기울이기 위함이다.

진실한 감정을 나타내는 언어와 해석으로 채색된 감정을 나타내는 언어 사이에 항상 선명하고 완전한 구분이 있는 것은 결코 아니다. 다시 한번 자기 자신의 의도를 분명히 하자. 우리의 의도는 타인이 한 것이나 하지 않은 것을 해석하려고 하는 중인지, 그렇지 않으면 그것을 이해하려고 하는 중인지를 우리 자신에게 알려주는 것이다.

4. 타인에게 비춰보지 않고 필요를 확인하기

두려움, 죄책감, 부끄러움은 원하는 것을 얻기 위한 도구인가?

착한 소년, 소녀였던 우리 모두는 자기 자신이 갖는 필요를 제외하고 특히 아빠, 엄마, 할머니, 남동생, 이웃, 선생님 등을 포함한 모든 사람들의 필요를 경청해야 한다는 것을 배워왔다. 그 결과 다음과 같이 생각하는 습관이 몸에 배었다. 즉 거의 항상, 거의 전적으로 자기 자신이 타인의 행복에 대해 책임을 지고 있다는 생각이 그것이다. 이렇게 함으로써 각자 자신의 책임에 대한 분명한 의미보다 타인과의 관계에서 거의 항상 갖게 되는 죄책감이라는 분명치 못한 인상을 더 많이 갖게 된다.

이와 동시에 타인이 거의 항상, 거의 전적으로 자신의 행복에 책임이 있다는 생각을 하는 습관 역시 몸에 배었다. 이렇게 함으로써 우리 자신의 책임에 대한 분명한 의미보다 우리와의 관계에서 타인이 갖게 되는 죄책감과 빚에 대한 거의 고정적이며 분명치 못한 인상을 더 많이 갖게 된다.

> 우리는 우리 자신의 책임에 대한 분명한 의미보다
> 우리와의 관계에서 타인이 갖게 되는
> 죄책감과 빚에 대한 거의 고정적이며 분명치 못한
> 인상을 더 많이 갖게 된다.

이렇게 해서 자기 자신도 확인하는 노력을 기울이지 못한 필요를 종종 타인이 헤아려주기를 기대한다. 또한 우리 자신의 필요가 무엇인지를 타인에게 이야기해주지도 않은 채 타인에게 우리 자신의 필요를 요구로 바꿔 표현하기도 한다. 게다가 우리는 여전히 '타인을 강제하는' 필요를 가지고 있기도 하다. 예를 들면 다음과 같다.

"나는

• 네가 이렇게 저렇게 해주는 것이,

• 네가 바뀌는 것이,

• 네가 이렇게 저렇게 되는 것이,

필요하다."

우리가 원하는 방향으로 타인이 반응을 하지 않으면, 우리는 그에게 비판, 비난, 판단을 가한다.

"어쨌든 네가 힘을 써볼 수 있잖아. 내가 너를 위해 한 이 모든 것을 고려하면서 말이야. 너는 정말 구닥다리 이기주의자야. 너 계속 그렇게 하면 나는 가버릴 거야."

이런 표현들은 우리 자신에 대해 아무것도 알려주지 않으며, 타인에 대해서도 알려주는 바가 없다. 이런 표현들로 인해 우리는 타인이 하는 것이나 하지 않은 것에 종속된다. 우리가 말한 것을 타인이 행하게 되면 우리는 만족하게 되고, 그렇지 않으면 불만족스러운 것이다.

그렇다!

흔히 자기 자신의 필요를 제대로 알지 못하고, 타협 가능한 방법의 표현을 잘 못하는 것이 사실이다. 그래서 원하는 것을 얻기 위해 두려움, 죄책감, 또는 부끄러움을 이용하는 수가 있다.

어떤 상황에서든, 어떤 사람과 함께 있든 간에, 우리의 필요를 자각한다는 사실은 이 필요가 실제로 존재한다는 사실을 이해하는데 큰 도움을 준다. 주위 상황과 함께 있는 사람들은 자기 자신의 필요에 대한 의식을 더 강화시킬 따름이며, 또한 자기에게 필요를 만족시킬 수 있는 하나의 기회(많은 다른 기회들 가운데)를 제공해준다. 사실 인간의 필요는 모든 상황 이전에 존재한다. 비록 혼자 산이나 바다를 거닌다 해도 그에게는 인정과 이해에 대한 필요가 있다. 물론 혼자 있는 이 순간이 어쩌면 자기가 필요로 하는 인정과 이해를 의식적으로나 무의식적으로 자각할 수 있는 좋은 기회일 수 있다. 하지만 분명 이런 종류의 필요는 혼자 있는 순간에 그렇게 강하게 나타나지 않는다. 어쨌든 필요는 각 개인의 일부이며, 그가 집단, 가족, 사회로 재통합될 때 이 필요는 더욱 더 명백하게 나타난다.

어렸을 때 내가 가졌던 애정에 대한 필요는 분명 부모님의 관심으로 충족되었을 것이다. 성장 과정에서는 이런 애정의 필요를 형제자매나 학교 친구들과의 관계를 통해 충족시킬 수 있었다. 커서는 첫사랑, 좋아하는 사람들, 친구들과의 관계를 통해서 충족시킬 수 있었다. 애정 면에서 외로움을 겪었던 여러 해 동안 나는 비록 충족되지는 않더라도 애정의 필요가 항상 존재한다는 사실을 경험했다. 두말할 나위 없이 지금은 이런 필요를 제일 먼저 아내와 아이들과의 관계를 통해 충족시켜야 한다는 사실을 깨닫고 있다. 하지만 그것을 다른 사람들과의 관계를 통해서도 역시 충족시켜야 한다는 사실도 잘 알고 있다. 예컨대 가족, 친구, 직장 동료, 동반자들과의 관계를 통해서 말이다. 또한 좋아하는 음악에 몰입하고, 나뭇잎들이 살랑대는 숲속을 거닐고, 저녁나절의 풍경이나 봄꽃이 만발한 아름다운 풍경을 바라보면서도 필요를 충족시킬 수 있다는 것도 알고 있다.

따라서 아내와 아이들이 나의 모든 애정의 필요를 완벽하게 채워주기를 기대하지 않는다.

이런 태도에는 두 가지 장점이 따른다. 첫 번째 장점은, 라이너 마리아 릴케(Riner Maria Rilke)[8]의 다음과 같은 시구에서 볼 수 있는 것과 같이, 세계에 대한 사랑의 엄청난 잠재력에 자기 자신을 활짝 열어놓는 것이다.

"선(善)은 깨어 있는 사물들 하나하나 위로 날아오를 준비가 되어 있다."

세계의 도처에서 수많은 형태로 나타나는 사랑을 맛볼 준비가 되어 있는 경우 각자는 더없이 평화로울 것이라고 생각한다. 하지만 불행하게도 미셸 들로네(Michèle Delaunay)[9]가 환기시키고 있는 바와 같이 각자는 "비관주의로 인해 보는 것만을 보게 되고, 부주의로 인해 경이(驚異)를 보지 못한다."

두 번째 장점은 타인을 그냥 내버려두는 것이다. 내 아내의 경우를 예로 들면, 그녀가 자유롭게 나에게 주고 싶은 것을 주도록 내버려두는 것이다. 아내는 내 애정 필요의 배출구가 아니다. 아내는 나를 위로해주러 오는 나의 반쪽에 불과한 존재가 아니다. 또한 아내는 나에게 결핍된 무조건적인 모성애의 투영도 아니다. 아내는 여성임과 동시에 아내로도 엄마로도 완전히 그녀 자신이다. 전체적으로 보아 우리가 원하는 것은 각자의 역할 놀이를 하는 것이 아니다. 오히려 자유로운 동시에 책임감 있는 사람들 사이의 진실한 관계

8) Riner Maria Rilke, 『시간들의 책(Le Livre d'heures)』, Bruxelles, Le Cri, 1989.
9) Michèle Delaunay, 『애매함은 마지막 즐거움이다(L'Ambiguïté est le dernier plaisir)』, Arles, Actes du Sud, 1987.

맺음을 원한다.

그 결과 다음과 같은 관찰이 가능하다. 자기 자신의 필요를 타인에 대한 어느 정도 분명한 기대감들과 구별해서 표현함으로써 여러 해결책들에 대한 가능성의 문을 열어놓게 된다는 관찰이 그것이다. 물론 이 해결책에는 타인의 개입도 포함될 수 있다. 하지만 그것만이 전부가 아니다. 이런 방식으로 자기 자신의 필요를 표현함으로써 타인에게 자유의 공간을 주기도 한다. 즉 타인이 이렇게 말할 수 있는 가능성을 보장해주기도 한다.

> "네가 뭘 필요로 하는지 알아. 하지만 나 역시 다른 것이 필요해.
> 두 사람의 필요를 다 충족시키기 위해 뭘 할 수 있을까? 내 것이나
> 네 것을 희생시키지 않으면서 말이야."

결국 이런 자유를 통해서 사람들 사이의 진정한 만남이 이루어진다.

주고받는 자유가 서로를 연결시킨다

타인의 존재이유가 우리의 필요를 충족시켜주기 위한 것만이 아니라는 것을 보여주기 위해 ─ 물론 타인의 역할은 긍정적일 수 있다 ─ 다음의 두 가지 이유로 우리 부부관계를 예로 들었다. 첫 번째 이유는 이성(異性)과의 사랑으로 인해 내가 아주 힘든 독신생활을 꽤 오랫동안 해왔다는 것이다. 특히 나 자신을 완전히 망각하면서 오직 애인이 갖는 필요들을 완벽하게 충족시켜주어야 한다는 두려움을 가지고 있었다. 사랑을 하면서 애인과의 관계가 '위태롭게'

되면 그 즉시 나는 몸을 사렸다. 게다가 애인이 내 곁을 떠날 결심을 하더라도 그대로 방치하곤 했다. 사랑의 관계를 계속 유지하려는 강한 결심도 하지 않았고, 그렇다고 몸을 사리면서 헤어져야겠다는 각오도 하지 않았다. 하지만 과거를 되돌아보면서 그 당시에 느꼈던 두려움이 다음과 같은 의미를 담고 있다는 것을 이제 알게 되었다.

- 그녀와 같이 있으면서도 따로따로가 아니라, 함께 있음과 동시에 나 자신을 유지하면서 안심할 필요.
- 따로따로 뿐만 아니라 함께 그녀를 향해 나감과 동시에 나를 향해 계속해서 나아갈 수 있는 필요.
- 그녀에 대한 책임을 지지 않음과 동시에 나에 대한 책임을 그녀에게('모성적인' 태도에) 일임하지 않으면서도 사랑, 이해, 지지를 서로 교환할 수 있는 필요.
- 결국 자율적이고도 책임감 있는 존재가 되기에 충분할 정도로 자기를 존중하고 내면적인 힘을 가진 여성과 관계를 맺을 필요. 이런 여성은 있는 그대로의 나를 사랑하는 것이지, 그녀가 원하는 대로 존재하는 나를 사랑하는 것이 아니라는 점. 나 역시 있는 그대로의 그녀를 사랑하는 것이지, 내가 꿈꾸는 대로 존재하는 그녀를 사랑하는 것이 아니라는 점.

타인의 애정, 안전, 인정에 대한 필요를 완벽하게 충족시켜주기 위해 내 인생 전체를 보내고 싶지는 않다. 타인 또한 내게 결핍된 것들을 완벽하게 채워주기 위해 살고 있지 않다. 따라서 각자가 이런 필요(애정, 안전, 인정)를 잘 확인하고 경험할 필요가 있다는 것이 나의 소신이다. 그 과정에서 타인이 혼자서 자신의 여러 필요들을 충족시킬 수 있는지를 확인해보기를 바란다. 그가 혼자서 그것들을 충족시키는 것은 결코 아니다. 결국 사랑의 관계에 동참하려는 나에게는 이런 자유와 신뢰의 공간이 필수적인 요소였다. 지금은 아내와 더불어 상호 이해를 공유하면서 행복을 맛보고 있다. 지금은 서로 주고받는 자유를 통해 우리 부부가 단단하게 맺어져 있다는 것을 확신하고 있다.

우리 부부의 관계를 예로 들었던 두 번째 이유는 여러 차례의 동반 면담 기회를 통해 많은 사람들이나 부부들이 정확히 다음과 같은 생각과 관련된 어려움을 겪고 있음을 관찰할 수 있었기 때문이었다.

"그(그녀)가 존재할 수 있도록, 그(그녀)가 두려워하지 않고 버려졌다고 느끼지 않도록 내가 자제해야 한다", "그(그녀)를 방해하지 않고 불안하게 만들지 않으려면 내 자신으로 존재하는 것은 금물이다(더군다나 나는 내 자신으로 존재할 수 있다는 것조차 모른다)", "나는 집, 집안일, 직업, 상황 등을 유지해야만 한다. 나는 이런 상황에 대한 그(그녀)의 반응, 불안정, 인정에 대한 필요, 사회와 가정에서의 통합에 대한 필요 등이 너무 걱정된다", "나는 그(그녀)를 위해 모든 것을 했다. 나는 그(그녀) 때문에 질식할 것 같다"[10], "타인과 관계를 맺을 때 나 자신으로 있을 엄두가 나지 않는다.

---

10) 이 점에 대해서는 기 코르노의 『행복한 사랑은 없는가?』(p.142 이하)라는 저서에서 같은 제목을 달고 있는 한 장(章)을 읽어볼 것을 권한다.

타인이 내게 기대하는 존재(혹은 타인이 내게 기대한다고 생각하는 존재)가 되거나, 아니면 혼자 있거나 멀찌감치 떨어져 있게 된다."

인간관계에서 볼 수 있는 이런 어려움들은 다음의 질문으로 요약된다.

"어떻게 하면 타인과 함께하면서도 나 자신으로 머물 수 있으며, 어떻게 하면 끊임없이 나 자신으로 존재하면서 타인과 함께할 수 있는가?"

이 질문은 인간들에게 나타나는 근본적인 쟁점들 가운데 하나를 잘 보여주는 것이다.

어떻게 하면 타인과 함께하면서도 나 자신으로 머물 수 있는가?
어떻게 하면 끊임없이 나 자신으로 존재하면서 타인과 함께할 수 있는가?

이 질문은 종종 폭력으로 해결된다. 외부적으로 드러난 폭력으로든지 — 내가 타인에게 무엇을 하도록 강요하거나 타인으로 하여금 내가 원하는 대로 존재하도록 강요하는 것 —, 혹은 내면적인 폭력으로 — 내가 이원론적인 사고에 빠질 수 있기 때문에 타인이 원하는 것을 내가 하거나 타인이 원하는 존재나 사물로 내가 있는 것으로 — 나타나게 된다. 내가 첫 장(章)에서 인용했던 폭력을 발생시키는 네 가지 메커니즘을 상기해보라.

(1) 판단, 꼬리표, 범주, 신념.

(2) 선험적인 신념, 선입견.

(3) 이원론적인 체계나 사고, 즉 이러든지 아니면 저러든지, 이것 또는 저것.

(4) 책임 회피성 언어.

가장 널리 퍼져 있는 이원론적 사고로 인해 발생하는 폭력의 형태는 다음과 같은 신념으로 나타난다. 즉 타인을 배려하기 위해서는 자기 자신과 단절되어야 한다는 비극적인 신념이 그것이다. 그로부터 다음의 두 가지 결과가 도출된다.

1. 자기 자신을 돌보는 것은 곧 타인과의 관계를 끊는다는 것을 뜻한다. 이로 인해 우리는 굉장한 죄책감에 사로잡히게 된다. 왜냐하면 비록 최선을 다했지만 '타인에게 충분한 도움을 주지 못했기' 때문이다. 또한 타인을 돌보는 것을 중단하자마자(몇 분 동안의 늦잠이나 낮잠, 일주일에 몇 시간을 자기를 위해 사용하는 것, 며칠간의 휴가) 곧 심기가 불편해진다.

2. 죄책감이 들더라도 자신을 보살피고자 한다면 우리는 타인과 단절해야만 한다고 생각한다. 이로 인해 많은 단절, 별거, 이혼, 가출, 은둔 등이 파생한다. 그도 그럴 것이 "타인과 함께 잘 지내면서도 나 자신이 되지 못하기 때문이다. 즉 타인과 떨어져 있기 때문이다."

이런 상황은 마치 완벽하게 자신을 돌볼 능력이 없으면 타인도 완벽하게 돌볼 수 없는 것과 같다. 또한 마치 잠깐이라도 자신의 필요를 경청하고 이해하지 못한다면 타인의 필요를 완벽하게 경청하고 이해할 수 없는 것과도 같다. 마지막으로 자신에게 존경심과 환대를 보여주지 못한다면, 다양하면서도 모순된 모습을 보여주는 타인에게 존경심과 환대를 보여주지 못하는 것과도 같다. 다시 한번 강조하지만 타인에게로 향함과 동시에 자기 자신에게로 향해야 한다.

이원론적 사고에서 벗어나기

'그리고'로 연결되는 사고의 세계로 들어가기 위해 '이러든지 아니면 저러든지' 혹은 '이것 또는 저것'으로 나타나는 이원론적 사고로부터 벗어날 것을 권유한다. 예컨대 나는 '나' 또는 '타인'과 관계를 맺어야 하는 것이 아니라, '나'와 '타인'과 함께 관계를 맺어야 한다. 결국 나는 '타인'과 관계를 맺는 것도 필요하고, 또한 '나' 자신과 관계를 맺는 것도 필요하다.

타인에게로 향함과 동시에 자기 자신에게로 향해야 한다.

이렇게 해서 단절, 별거, 분열 속에 머물도록 만드는 이원론적 사고의 폭력을 피하기 위해 자기 자신의 여러 필요들을 잘 이해하고, 나아가서는 이것들을 서로 비교함으로써 그 정체를 잘 파악하는 데 관심을 가져야 할 것이다. 또한 점점 더 타인의 필요들을 이해하고,

그의 필요들의 우선권을 받아들이고, 나아가서는 그와 이 문제를 유연한 태도로 해결하는 방법을 우선적으로 끌어내는 데 관심을 두어야 할 것이다.

자기 자신이 필요로 하는 것이 무엇인지를 알지 못하는 한, 그것에 대해 말한다는 것은 쉬운 일이 아니다. 또한 그것을 타인과 더불어 같이 조정한다는 것은 더 어려운 일이다. 그 결과 재빨리 자기의 해결책을 타인에게 강요하거나 아니면 자기가 타인의 해결책에 복종하게 되는 것이다. 그것도 아니면 여전히 군림과 복종이라는 두 극단 사이에서 모든 종류의 타협을 한다.

이렇게 해서 다음과 같은 관계들이 나타날 수 있다.

- 유혹의 관계 : 타인에 대해 절반의 권력을 가짐과 동시에 그의 평가에 절반이 종속되어 있다.
- 논증의 관계 : 누가 그르고, 누가 옳은가. 나는 마지막 판단에 집착한다.
- 비교의 관계 : 누가 더 잘했나, 누가 더 못했나. 나는 좋은지 나쁜지를 결정할 권리를 타인에게 위임한다. 혹은 내 자신이 그렇게 결정하고, 나의 존재 방식과 행동 방식에 그를 복종시킨다. 아니면 반대로 내가 타인의 존재 방식과 행동 방식에 복종한다.
- 계산의 관계 : 그 또는 그녀는 나보다 조금이라도 더 가졌다, 돈을 더 번다. 나 또는 너는 너 또는 나보다 조금이라도 더 많이 활동한다 등등.

이런 유형의 관계에서 각자는 자유롭고 책임성 있는 존재가 못 되며, 따라서 여전히 종속 상태에 있다. 아직도 완전히 주고, 헌신하고, 공유하는 애정으로 행동하지 못한다. 그 대신 결핍, 승리, 패배 등에 대한 두려움으로 행동한다.

이렇듯 자신과의 관계를 위시해 모든 인간관계 속에서 상호간의 필요에 대한 올바른 이해를 전제로 하는 자유와 책임감이 점점 더 요구된다.

필요는 욕망도 갈망도 아니다

정확히 이 단계에서 중요한 새로운 구별이 이루어진다. 필요는 욕망도, 갈망도, 순간적인 충동도 아니라는 것이 그것이다. 기본적인 필요를 갈망이나 욕망으로 여김으로써 종종 함정에 빠지곤 한다. 여기에서 문제가 되는 것은 이것들 사이의 구별이다. 이 구별이 중요한 것은 제1장의 앙드레와 티에리 부부의 예를 통해서 보았던 다음의 두 가지 이유 때문이다.

첫 번째 이유는 함정으로부터 빠져나와야 하는 것과 관련이 있다. 남편이 자신의 기본 욕구들 가운데 하나를 충족시키기 위해 레스토랑에 가고 싶어하는 한, 그는 함정에 빠져 있다. 부인이 함정에 빠진 것이 아니다. 마찬가지로 부인이 자신의 기본 욕구들 가운데 하나를 위해 집에 머물러 비디오를 보고자 하는 한, 그녀도 함정에 빠져 있다. 남편이 함정에 빠진 것이 아니다. 남편이 부인에게 "당신은 내 필요를 전혀 이해하지 못해"라고 말하는 한, 그가 실제로 비난하는 것은 그 자신인 셈이다. 부인이 "하지만 내 필요를 전혀 이해하지 못하는 사람은 당신이야"라고 말하는 한, 그녀 역시 이 비난을 자기 자신에게 하는 셈이다.

만약 그날 저녁에 이들 부부 각자가 자신에게로 타인이 와주기를 기대하는 길로 반만 갔더라면, 상황은 호전될 수 있었을 것이다. 그리고 다음과 같은 내용을 담은 대화를 할 수도 있었을 것이다.

- 남편은 강요하지 않고 부인에게 자신의 필요를 표현한다(요구는 타협이 가능하다).
- 부인은 그것에 동의하는 것이 복종하는 것이라고 느끼지 않으면서 남성의 필요를 경청한다.
- 부인은 강요하지 않고 남편에게 자신의 필요를 표현한다(요구는 타협이 가능하다).
- 남편은 그것에 동의하는 것이 복종하는 것이라고 느끼지 않으면서 부인의 필요를 경청한다.

> 나는 ~ 이 필요하다 ≠
> 나를 위해 네가 ~ 해주는 것이 필요하다

대화 내용의 표현과 수용에서 누릴 수 있는 이런 자유 덕택으로 이들 부부는 모두 만족할 수 있는 해결책을 찾아 아무런 반감이나 저항 없이 나아갈 수 있었다.

두 번째 이유는 해결책이 더 창의적이어야 한다는 점과 연관되어 있다. 이들 부부가 각자의 욕망의 기저에 있는 필요를 확인하지 않고 절망적으로 각자의 필요에 집착하는 한, 그들이 찾아낸 해결책(레스토랑에 가든지 비디오를 보든지)은 그들이 비폭력 대화 후에 찾아낸 해결책 — 호숫가로 소풍을 가기로 한 해결책 — 에 비해 덜 창의적이며, 따라서 각자의 욕구를 완전하게 충족시켜주지도 못한다. 합의를 통해 호숫가로 소풍을 가기로 한 해결책이 레스토랑에 가든지 집에서 비디오를 보는 해결책보다 훨씬 더 새롭고 창의적으로 보인다.

결국 모든 종류의 해결책을 생각해볼 수 있게 하는 것은 바로 의견의 일치이다.

그렇다고 해서 이상주의로는 나아가서는 안 된다!

현실주의자가 되어야 한다!

분명 이들 부부가 어떤 해결책에 완전히 '만족하지' 못하는 경우가 있다. 그것이 오히려 다반사이다. 감수성, 성격, 리듬, 기대감, 우선권, 유머감각(특히 자신에 대한 유머)의 다양성을 인정하고, 각각의 사태가 여러 의미를 가졌다는 것을 인정한다고 할지라도, 나는 각자의 모든 필요를 항상 완벽하게 고려하는 해결책을 찾아낼 수 있다는 공상에 빠져 있지 않다. 하지만 경험을 통해서 보면 존경심과 경청이라는 장점은 다름 아닌 호의적인 분위기 속에서 서로 해결책을 모색하는 태도로부터 도출되곤 한다. 곧 서로가 만족할 수 있는 구체적인 해결책이란 진실한 관계의 부속품이지, 결코 그 반대가 아니다!

> **진실한 관계가 우선이다! 그 외의 문제는 부수적이다.**

일상생활에서 부딪치는 구체적인 문제들과 비교해볼 때 인간관계의 진실성은 얼마나 자주 경시되어 왔던가!

집안일의 관리, 물질적 문제 등을 우선 해결하고, 항상 그 다음에 시간이 나면 서로 경청하는 것에 마음을 쏟고······.

많은 아이들처럼 나도 이유를 모르면서 어른들이 집안일에 우선권을 부여하는 것 때문에 마음고생을 하곤 했다.

"그래, 그래, 금방 해줄게. 하지만 정리해야 할 옷가지들이 있잖니", "안 돼. 지금은 안 돼. 정리하고 있잖니", "너도 잘 알다시피 나는 바빠!", "정말 일이 많아서 지금은 시간이 없어. 그건 나중에 얘기하자", "빨리, 빨리, 바쁘다고", "시간이 없어."

어머니가 일주일에 3분 이상 소파에 앉아 계신 것을 어린 나는 본 기억이 없다. 점심식사를 하기 전의 어느 일요일이었다. 어머니는 소파 귀퉁이에(편안하게 앉아 있을 시간이 없으므로) 앉으셔서 약간의 간식을 드시면서 말씀하셨다.

"잠깐이나마 앉으니 좋구나."

그리고는 휙! 3~4분도 채 못 되어 식사를 준비하기 위해 이미 부엌에 가 계셨다. 수많은 일을 처리하기 위해 다른 일을 재빨리 처리해야 하셨던 것이다. 어머니하고만 있는 시간을 마련하려면 나는 눈치껏 행동해야 했다. 빨래 개기, 부엌 정리하기, 방 정리 등과 같은 일을 도와드려야 했다. 좀 더 많은 시간을 가질 수 있었던 것은 차 안에서였다. 따라서 어머니와의 진정한 관계는 부수적으로만 맺어졌던 것이다.

이렇듯 끔찍했던 과정을 다시 돌아보며 다음과 같은 사실을 확인한다. 즉 과거에 나는 존재하는 것보다는 행동하는 것을 더 배웠고, 진정한 관계를 맺는 것보다는 일하는 것을 더 많이 배웠다는 것이다. 그 이후 나는 자연스럽게 행동 위주의 삶을 살아왔다. 한마디로 내 수첩에 너무 많은 일들이 메모되었던 것이다.

나는 그것을 잘 알고 있다!

발레리와 내가 네덜란드에서 치르기로 했던 결혼식을 준비할 때 생긴 일이다. 나는 그때도 진실한 관계보다 결혼식의 진행에 더 마음을 썼다. 결혼식이 있기 며칠 전에 나는 벨기에에 머물고 있었다. 몇 가지 급한 문제와 집안일을 해결하기 위해 그녀가 네덜란드에서 전화를 걸어왔다. 나는 약속 때문에 차를 몰고 있는 중이었고, 따라서 차 안에서 통화를 했다. 나는 현지에 없었고, 서로 잘 이해하지 못했다는 느낌을 받았기 때문에, 그리고 결혼식이 원하는 대로 원만히 치러지지 않을지도 모른다는 생각 때문에 신경질이 났다. 마음과는 달리 그녀에게 무뚝뚝하게 대답하고 신경질적으로 전화를 끊어버렸다. 그 순간 내가 정확하게 과거의 시나리오에 따라 행동했음을 깨달았다. 진실한 관계보다 일에 더 우선권을 부여한 것이다. 우선권이 새로운 부부로서의 진실한 관계보다 결혼식을 어떻게 올릴 것인가에 주어졌던 것이다!

나는 곧바로 그녀에게 전화를 걸었다. 그런 태도로 통화를 한 나에 대해 나 자신도 놀랍고 유감스럽다는 뜻(감정)을 전달하기 위해서였다. 또한 그녀의 염려(첫 번째 필요)를 최대한 진정으로 수용하려는 마음이었으며, 일보다는 서로의 진실한 이해(두 번째 필요)에 우선권을 두고 싶다는 사실 또한 전달하기 위해서였다. 구체적으로 그녀와 함께 문제를 해결하기 위해 나는 그날 밤 좀 더 시간을 가져보자는 제안을 하게 되었다(구체적인 요구).

다시 어머니 얘기로 돌아오자. 어머니께서 어린 나의 얘기를 경청해주길 바랐던 그 순간으로 돌아오자. 만약 어머니와 내가 조금이라도 의식적이고 비폭력적인 대화에 대한 기본적인 생각을 가졌더라면, 우리 사이에는 아마도 다음과 같은 대화가 이루어졌을 것이다.[11]

"엄마, 저에게 잠시 관심을 갖고 얘기를 좀 들어주세요(필요). 5분 정도 저랑 함께 앉아 계실 수 있으세요(요구)?"

"네가 엄마한테 무슨 말을 하고 싶다니 가슴이 뭉클하구나(감정). 왜냐하면 나도 너희들 각자의 얘기를 경청해주고 싶단다(필요). 그런데 걱정이 되기도 하는구나(감정). 하루가 다가기 전에 내가 끝냈으면 하는 일들이 많기 때문이란다(필요). 나를 도와주면서 얘기하면 어떻겠니?"

"엄마가 저희들 각자의 얘기를 들어주고 싶다고 말씀하시니 정말 기뻐요(감정). 그렇게 말씀하시니 마음이 놓여요(감정적 안정의 필요). 그런데 엄마의 제안을 들으면서(관찰) 별로 안심이 안 되는데요. 엄마가 다른 일을 하면서(유동성 있게 행할 필요) 제 얘길 들어주시는 것이 정말 가능한지 불안해져요(감정). 제가 5분만 시간을 내달라고 하면, 그것이 30분이 아니라 정말로 5분만이라는 것을 확신하고 싶으신 거죠? 그래야 엄마가 해야 할 일들을 하실 수 있을 테니까요?"

---

11) 이 대화의 내용은 상담소에서 실시되는 비폭력 대화의 텍스트에 담긴 것이다. 조금만 훈련한다면 일상생활에서 일상적인 언어로 여러 다른 감정과 필요를 분명하게 표현할 수 있을 것이다.

"그래. 내가 끝내야 할 일들을 위해 시간 활용을 잘 해야 하거든 (필요). 내가 시간에 신경 쓰는 것을 네가 헤아려주니 고맙다. 그럼 이제 내가 이 일만 끝내고, 네가 제안한 대로 5분 동안 너와 있어주면 되겠지?"

"네, 엄마. 고맙습니다."

해설

1. "시간이 없다", 혹은 더 구체적으로 "너희들이 다섯이나 된다 (암시된 의미: 다섯 명의 아이들), 그리고 시간이 없다(암시된 의미: 각자의 얘기를 경청해줄)." 이렇게 말씀하시는 어머니는 분명 이원 론적 체계의 함정이 빠져 있다. 아마도 어머니는 다음과 같이 말하고자 했을 것이다. "나는 우리 아이들 각자의 얘기를 들어주고 싶고, 동시에 집안일도 잘하길 바란다. 그런데 나는 이 두 가지 필요를 잘해내려면 어떻게 해야 할지 모르겠다." 하지만 여러 가지의 일이 있을 때 다른 필요들을 확인하는 일이란 얼마나 어려운가! 특히 그것을 어떻게 충족시켜야 할지 모른다면 그 어려움은 배가된다. 어머니는 실제로 다른 필요들을 지적하지 않으면서 단지 더 급하고, 더 확실해 보이는 필요만을 떠올릴 뿐이다.

2. 비록 당장 그 어떤 해결책도 생각할 수 없을 것 같다 해도, 원인이 되고 문제가 되는 여러 필요들을 확인하고 지적해야 한다. 왜 그런가?

첫째, 그렇게 함으로써 무의식에 의해 조정되어 행동하기보다는 그 명령의 내용을 알고 행동할 수 있기 때문이다. 그렇게 함으로써 불가피해진 변화에 대처하기 위해 여러 일들의 우선권을 새롭게 재편성하는 기회를 갖게 되기 때문이다. 여러 가지 필요에 대해 잘 알고 있지 못한다고 해도, 나는 그 가운데 하나 정도는 충족시킬 수 있을 것이다. 하지만 나머지 다른 필요들을 내팽개쳐버리는 태도를 취하면서 고개를 들지 못할 그런 위험성도 항상 있을 수 있다. 살아가면서 이런 위험성으로 인해 우리는 굳어지게 되며, 결국은 무감각하게 되기도 한다.

> 성장한다는 것은 우선 순위를
> 새롭게 규정하는 기회를 갖는 것이기도 하다.

둘째, 필요를 분명하게 확인하는 것은 곧 해결책을 찾는 가능성을 생각하는 것이기 때문이다. 필요가 확인되지 않는 한, 실제로 해결책들이 드러날 기회가 아예 없는 경우도 없지 않다. 이것은 또한 앞에서 살펴보았던 좀 더 창의적인 해결책 모색으로의 초대이기도 하다.

앞의 예에서 어머니가 이른바 집안일(명령, 효과, 가족 전원의 조화로운 상황)만을 확인하고 아이들의 말을 공평하게 들어주고 싶다는 필요를 언급하지 않는 한, 아이들을 위해 할애할 수 있는 시간을 갖는 기회는 훨씬 더 줄어들 수밖에 없을 것이다. 물론 어머니가 집안일과 아이들과의 대화라는 두 가지 필요에 고루 시간을 할애한다면, 그 기회가 더 커질 것이라는 점은 말할 나위가 없다. 특히 후자의 경우 비록 어머니가 완전히 흡족한 해결책을 즉시 발견하지 못한다고 할지라도 그런 해결책을 찾아낼 기회를 늘려갈 것이다. 적어도 이렇게 말할 수 있다. 예컨대 어머니가 아이들의 말을 몇 시간 동안 들어준다고 해서 반드시 이 아이들이 자신들의 정체성을 안심하고 찾아가는 것은 아니라는 사실이 그것이다. 그러기 위해서는 오히려 특별히 아이에게 할애되는 개인적인 몇 분의 시간이 훨씬 더 효과적일 수 있다.

셋째, 자신의 필요를 명확하게 하는 것은 중요하다. 왜냐하면 그로부터 당장 효과적인 해결책이 나오는 것은 아니지만, 그렇게 해야 한다는 의식을 갖게 되면 적어도 존재의 필요성을 깨닫게 될 수 있기 때문이다. 비록 유보되고 있지만 우리 자신의 일부로 하여금 생기를 되찾도록 해주기 때문이다.

> 미미한 자신의 일부에 생기를 줌으로써
> 그것을 완전히 없애지 말고 일단 보류시키자.

종종 많은 부모들이 자신들의 예술적이고 창의적인 기질을 억압하고 발휘하지 못하는 것을 목격한다.

"그렇게 할 시간이 없어요. 아이들, 배우자, 가족이 우선이라서
말이죠."

물론 일의 우선 순위를 재조정함으로써 나중에 재능을 연마할 기회를 가질 수 있다. 하지만 지금 급하고 중요한 것은 이런 필요가

그 자체로 존재하게끔 하고, 또한 그것을 충족시키는 것이 일시적으로 불가능할 수도 있다는 사실을 인정하면서 그것을 수용하는 자세를 갖는 것이다.

이처럼 방금 지적한 것과 같은 태도("시간이 없었어")를 취하면서 필요를 억압하기보다는 그것에 생기를 주면서 일단 보류시키는 것이 더 중요하다.

> "나는 정말 이런 예술적 기질을 개발하고, 창의력을 지속해 나가고 싶고, 이것을 위해 시간을 마련하고 싶다. 하지만 당장은 아이들과 남편을 포함해 우리 가족에게 쏟는 시간과 에너지에 우선권을 부여하고 싶다."

어떤 한 부분을 짓누르기보다는 자기 자신의 모든 부분이 존재하도록 하는 것, 이것이 바로 산다는 것이 아니겠는가!

만약 자신의 일부를 수용하는 대신 완전히 억압한다면 어떤 일이 발생할까? 아마도 완전히 보류시키지 못했기 때문에, 따라서 나중에 살아날 기회를 주지 않았기 때문에, 자기 내부에서 죽은 채 내버려진 자신의 일부가 떠돌아다니는 것을 느낄 것이다. 또한 이렇게 죽은 것으로 내버려둔 부분은 결국 활동하고 있는 다른 부분들을 짓누르는 결과를 낳을 수도 있다. 그렇게 되면 각자의 역동적인 도약 전체가 위태로워질 수 있다.

두 가지 중요한 표현

1. '지금 당장에는'

위에서 예로 든 문장 — "하지만 지금 당장에는 아이들과 남편을 포함해 우리 가족에게 쏟는 시간과 에너지에 우선권을 부여하고 싶다" — 라는 문장에서 숨 쉴 공간을 제공하는 것은 시간 개념이다. 각자는 살아가면서 모든 것이 항상 움직인다는 생각을 갖는다. 따라서 자신의 재능에 문을 열며, 그렇게 해서 나중에 이 재능에 합당한 자리를 마련해줄 수도 있다.

예컨대 현재 당신이 할 줄 모르는 것에 대해 이렇게 말한다고 생각해보라.

"나는 컴퓨터를 잘 다루지 못하고, 노래도 잘하지 못하며, 대중 앞에서 말할 줄도 모른다."

그러고 나서 당신 내면의 활력이 어떤지 자문해보라. 이제 그저 단순히 '지금 당장에는'이라는 표현을 덧붙여보라.

"지금 당장에는 컴퓨터를 잘 다루지 못한다. 지금 당장에는 노래를 잘할 줄 모른다. 지금 당장에는 대중 앞에서 말을 할 줄 모른다."

이렇게 말하고 난 지금 당신 내면의 활력은 어떤가?
자신을 폐쇄적이게도 하고 개방적이게도 하는 언어와 의식 사용에 대한 선택권을 가지고 있다는 것을 알게 될 것이다.

2. '그렇지만'보다는 '동시에'

실현 가능한 필요와 그렇지 못한 필요는 대립하지 않고 병존한다. '그렇지만'이라는 표현을 사용하게 되면 앞의 내용을 취소하거나 축소시키면서 의식과 사고를 분리시킨다. 이와는 반대로 '동시에'라는 표현을 사용하게 되면 앞의 내용과 뒤의 내용을 모두 포괄할 수 있다. 예컨대 다음과 같은 두 가지 표현 가운데 하나를 직접 선택해보라. "나는 네 의견에 동의해. 그렇지만……." 이번에는 '그렇지만' 대신에 '동시에'를 넣어보자. "나는 네 의견에 동의해. 동시에……." 이런 표현의 차이로 어떤 변화가 마음속에서 일어나는지 생각해보라.

인간의 필요는 충족되는 것보다 인정받는 것을 더 필요로 한다

한 은행원 친구가 연수에 참가했다. 몇 주가 지난 후 그는 저녁 8시에 사무실에서 돌아와 아이들과 함께 있어야 하는 것이 얼마나 힘든 일인가를 털어놓았다.

"그때 나는 아무것도 하지 않고, 신문을 보거나 텔레비전을 보고 싶었네. 그렇지만 세 명의 아이들이 공격해 오는 거야. 버텨낼 힘도 없지. 물론 아이들을 매일 조금씩이라도 더 보고 싶고, 또 더 놀아주려고 노력도 하네. 그러나 내가 그럴 수 없다는 것을 느끼게 되고 또 금방 화가 난다네."

그의 말을 잘 이해했는가를 확인해보고, 어떤 필요가 문제되고 있는지를 확인하기 위해 상황을 다시 정리해보았다.

"그러니까 자네는 두 부분으로 나누어진 느낌을 받는가? 한편으로는 피곤해서 하루의 이 순간만큼은 편안하고 조용하게 지내고자 하고, 다른 한편으로는 아이들이 뛰어드는 것에 감동되고, 그들과 같이 놀아줄 에너지를 찾으려고 하지 않는가?"

"그래, 바로 그거야. 나 자신을 위한 시간이 필요하기는 한데, 그게 잘 안 돼. 매일 저녁 집 앞에 도착해 차에서 내리는 순간 늘 같은 긴장감을 느끼게 되고 지치게 되네."

"차에서 내리기 전에 자네만을 위해 더도 말고 딱 3분만 가져보게. 아니면 자네가 뭘 필요로 하는지를 경청해보고, 자네의 다양한 부분을 수용하기 위해 딱 1분만 가져보게. 그러면 다음과 같은 두 가지 사실을 알게 될걸세. 우선 편안하고 싶고, 긴장을 풀고 싶고, 자네만을 위한 시간을 가지고 싶고 그러겠지. 그 다음으로는 시간을 자유롭게 사용하고 아이들의 응석도 받아들이고 싶고 그럴걸세. 간단하게 마음속으로 자신에게 말하는 시간을 가져보게. 그것도 아니면 속으로 그것이 분명해지도록 큰소리로 외쳐보게나. '나는 지금 정말로 소파에 다리를 얹고 신문을 읽거나 텔레비전을 보고 싶다. 다른 것은 아무것도 하지 않고 싶다. 나는 스트레스 쌓인 하루를 뒤로 하고 그저 편안히 쉬고 싶다.' 이런 관점에서 오는 행복을 맛볼 여유를 가져보게나. 자네 마음속에 이 행복이 잠깐이라도 머물도록 가만 있어보게나. 그러면 자네는 마음속 다른 곳에서 이렇게 말하는 자네의 또 다른 부분을 수용할 수 있는 여유를 갖게 될걸세. '그와 동시에 아이들의 응석도 받아들이고, 그들에게 시간도 할애하고 싶다.' 자네는 이때 그저 집 안으로 들어가면 되네."

며칠 후 친구가 내게 고맙다는 전화를 걸어왔다.

"자네 제안이 도움이 되리라고 생각하기 어려웠네. 그런데 한 부분을 강제하지도 않고 다른 부분을 억제하지도 않으면서 내가 의식하는 대로 행동했는데 안정감을 느낄 수 있다는 것을 확인하면서 아주 많이 놀랐네. 예전에는 마치 나의 한 부분을 차에 두고 내리는 것 같았네. 그와는 반대로 요즘은 내 전체가 집에 돌아가는 느낌이네."

문제아들을 위한 교육센터에서 근무하던 한 교육자가 며칠 간격으로 여러 날 계속되었던 상담 중에 이렇게 말한 적이 있다.

"동료 선생들에게 피치 못할 문제가 생겨 아무런 준비 없이 대리근무를 하면서 항상 '웃는 표정'을 지으려면 피곤해요. 항상 마지막 순간에 저에게 부탁을 합니다. 특히 저녁 때 아이들을 데리고 수영장에 가는 일을 부탁합니다. 제가 싫다는 말을 전혀 하지 않는다는 것을 사람들이 알기 때문이죠. 아이들과 함께 외출할 누군가가 필요하기 때문에 물론 저는 그곳에 가긴 합니다. 제가 가지 않으면 외출이 취소될 우려가 있으니까요. 하지만 실제로 저는 자유롭게 시간 활용을 못하게 돼요. 저녁 내내 화가 치밀고, 아이들에게 쉽게 화를 내는 경우도 있어요. 아이들에게 화풀이를 하는 셈이죠."

"마음의 일부가 피곤하기 때문에 불쾌하신 거죠(감정)? 곤란한 일이 생길 때마다 선생께 도움을 청하니까 말이죠. 선생만을 위한 저녁 시간을 보내고 싶었으니까 싫다고 말할 필요가 있는데도요. 그러면서도 다른 동료 선생들이 자유로운 시간을 가질 수 있기를 바라기도 하시는 거죠(필요)? 선생의 마음의 다른 부분에서는 아이들이 그렇게 하고 싶어하는 외출(필요)을 하지 못하게 될까 봐 걱정도 되고요?"

"예, 그렇게 마음이 나누어져 있습니다. 그로 인해 저는 제가 있고 싶은 곳에 있지 못하게 되는 거죠."

"만약 선생께서 다음과 같은 여러 가지 필요들을 경청한다고 가정해보죠. 동료들 사이에 업무를 균형 있게 분배해야 하는 필요, 선생의 자유와 사생활을 존중받을 필요, 여기에 더해 선생께서 돌보는 아이들에게 가능한 한 최대의 행복을 베풀어주어야 할 필요 등을 말입니다. 이때 어떤 느낌을 갖게 되는지요?"

"감동됩니다. 왜냐하면 대리 근무를 수락하면서 저는 아이들을 도와줘야 한다는 필요를 최우선으로 택한다고 생각하기 때문이죠. 다른 선택을 할 날도 있겠죠."

"선생께는 이런 제안을 하고 싶습니다. 다음번에 그런 요구가 있을 때 여러 가지 다양한 필요에 귀를 기울여보는 여유를 가지시라고 말입니다. 그렇게 해서 선생 스스로 결정한 일에 정말로 자유로이 시간을 활용할 수 있도록 말입니다."

일주일 후 그는 아이들을 데리고 저녁에 수영장에 가는 대리 근무를 다시 수락했다는 이야기를 내게 들려주었다.

"당신의 제안처럼 제 자신을 경청하는 시간을 가져보았습니다.

제 마음에서 아이들에게 우선권을 주어야 한다는 생각이 자리를 잡게 되었고, 따라서 아주 즐거움 마음으로 그곳에 갔습니다. 그날 저녁 집에서 해야 할 여러 가지 일들이 떠올랐음에도 불구하고 그 일을 하기로 수락할 수 있었고, 또한 아이들을 위해 시간을 한껏 자유로이 사용한다는 느낌을 받았습니다."

이 문제를 이해하려고 나는 거듭 생각해보았다. 대부분의 경우 다음의 사실들이 밝혀졌다. 필요한 것이 무엇인지를 정확히 파악하지 못하는 한, 어떤 일을 습관이나 의무감으로 하는 한 ─ "해야만 하기 때문에, 또는 다른 선택의 여지가 없어서" ─, 타인이나 다른 일로 인해 우리가 우리 자신이 되는 데 방해가 된다고 여기거나 혹은 우리 자신의 삶을 살아가는 데 방해가 된다고 여기게 된다는 점이다. 또한 공공연하게 아니면 교묘하게 다른 사람들로 하여금 그 대가를 지불하게 하거나, 그것도 아니면 우리 자신이 직접 그 대가를 지불하게 된다는 점이다. 폭력이 공공연하게 혹은 교묘하게 고개를 들기 시작한다. 우리 자신과 모든 것을 확인하는 시간적 여유를 가질 수 있다면 우리는 우리 자신의 행동과 존재가 완전히 일치하는 그런 기회를 갖게 될 것이다.

> **마음속에 있는 것을**
> **부인하거나 부정하지 말고 선택하라.**

자신을 위해 휴식을 취하고, 약간의 시간을 가지며, 저녁 시간을 이용할 수 있는 필요 등을 확인하는 것이 반드시 이런 욕구를 충족시켜야 한다는 것을 의미하지 않는다. 단지 자기의 내부에 있는 것을 부인하거나 부정하지 않으면서 그것을 자각하게 되는 것을 바랄 뿐이다. 바로 이런 자각에서 활기찬 선택이 도출될 수 있기 때문에, 각자는 자신의 10~15% 정도가 아니라 전체를 충만한 활기 속으로 끌어들이는 것이 가능하다.

필요에 대하여

이 책의 말미에서 독자 여러분은 필요의 목록을 보게 될 것이다. 이 목록은 감정의 목록과 마찬가지로 완전하지는 않다. 하지만 이 목록은 상담을 하면서 실제로 파악한 필요에 대한 관찰의 결과다. 이 목록에 소개된 것은 간단한 제안 정도다. 생리적 욕구(먹고, 마시고, 자는 것)를 비롯해 개별적이고도 개인적인 질서의 필요(의미, 공간, 정체성, 자율성, 개발), 사회 및 개인 상호간의 질서의 필요(분담, 인정, 기부, 수용), 정신적인 질서의 필요(의미, 사랑, 신뢰, 선함, 기쁨), 그리고 인생의 여러 의식(감사, 단체, 장례) 등을 제시해보았다.

5. 구체적이고, 현실적이고, 긍정적이며, 타협 가능한 요구를 표현하기

앞에서 살펴보았듯이, 충족되기보다는 인정받기를 더 원하는 필요들이 존재한다. 하지만 흔히 상당수의 필요가 충족되는 것에 관심을 갖는 것이 일반적이다. 하지만 구체적으로 어떻게 충족시키는가를 알지 못한 채 그저 필요를 자각하는 데 그치는 것은 자기 자신을 일시적으로나마 만족스럽지 못한 세계에 방치하는 위험을 초래할 수도 있다. 일종의 만족할 줄 모르는 끝없는 탐색이라고 할 수 있다!

> "나는 사랑이 필요하고, 인정받고 싶고, 이해받고 싶다. 하지만 그렇게 되기 위해 정작 내 자신은 아무것도 하지 않는다. '누군가가' 나를 보살펴주는 것만을 기대한다."

지금, 이곳에서의 필요를 실현하라

아래에서 구체적이고, 현실적이고, 긍정적이며, 타협 가능한 요구나 행동 제안에 대한 표현으로부터 파생되는 장점들을 볼 수 있다.

1. 요구는 구체적이다

살아가면서 각자는 사상, 이상, 멋진 생각들을 한껏 펼친다. 하지만 문제는 그렇게 함으로써 현실과는 완전히 동떨어지거나 지금, 이곳에서 자기 자신을 완전하게 실현해내지 못할 우려가 있다는 점이다. 다음과 같이 요약할 수 있는 피터팬 컴플렉스에서 개인적으로는 내 자신의 모습을 본다.

> "창문의 사각형 너머로 현실을 바라보는 것은 좋다. 하지만 그 속으로 들어가는 것은 정말로 두렵다. 실패, 불완전함, 어둠, 무력감 등이 두렵다. 따라서 선택을 나중으로 미룬다."

그러니까 나는 전형적으로 모든 것이 가능하다는 꿈을 꾼 것이다. 한 사람의 인생에서 엄청나게 많은 일들이 발생할 수 있다는 것과 동시에 오직 '한 가지 가능성'만이 존재할 뿐이라는 것을 의식하기 전에, 나는 모든 가능성의 문을 오랫동안 개방해놓고자 했다. 하지만 그 어떤 문으로도 통과하는 것을 원치는 않았던 것이다.

필요에 '가능성'을 주는 것이 바로 '요구'이다. 즉 요구를 통해 필요는 더 이상 창문 뒤에 머물러 있지 않게 된다. 필요는 요구를 통해 실현될 기회를 포착한다. 수많은 동반 치유에서 나는 요구나 구체적인 행동을 충족시키는 어려움이 다음과 같은 어려움과 밀접하게 연결되어 있음을 관찰할 수 있었다. 즉 존재의 권리와 타인의 시선이나 기대와는 독립적으로 자신의 삶의 진정한 실현을 결정할 수 있는 권리를 자기 자신에게 부여하는 어려움이 그것이다.

예컨대 나는 상담을 하러 온 한 명의 60대 남자를 생각한다. 유산 분배 문제로 두 명의 누이들과 분쟁에 휩싸인 사람이었다. 누이들의 제안을 받아들일 수가 없었던 것이다. 그는 일찍부터 유산이 공평하게 분배될 필요가 있다는 의사를 분명히 밝혔다. 그에게 유산의 분배에서 '구체적으로' 어떻게 공평성을 확보할 생각이었는지를 물었다. 그러나 그는 재산의 실질적인 분배에 대한 효과적인 제안을 하지 못했다. 그는 줄곧 자신의 요구와 필요만을 피력할 뿐이었다.

> "이것은 정당해야 합니다. 다른 사람들의 제안은 정당하지 않아
> 요."

하지만 그는 누이들의 제안에 대해 그 어떤 다른 제안도 표명하

지 못했던 것이다. 그래서 결국 누이들은 그에 대해 좋지 않은 감정을 가졌고, 그 결과 합의가 쉽지 않았던 것이다.

> 명확하게 정의하는 것,
> 그것이 끝을 맺는 것이고,
> 또 한계를 수용하는 것이다.

사실 그에게 있어서는 요구를 구체적으로 표명하는 것이 아주 힘든 일이었을 것이다. 왜냐하면 명확하게 정의하는 것, 그것이 끝을 맺는 것이고, 또 한계를 수용하는 것이기 때문이다. 이 문장으로 인해 그는 충격을 받았다. 자신이 추구하는 공정성에 구체적인 한계와 정확한 범위를 준다는 생각 때문에 그는 화가 났던 것이다. 앞에서 보았던 다양한 이유로 정당성에 대한 그의 필요는 결코 충족되지 못했다. 그는 항상 비교했고, 모든 제안에서 자신의 요구에 비춰볼 때 만족할 수 없는 한계를 보았다. 실제로 그가 요구하는 공정성에 대한 필요의 배후에는 충족되지 못한 인정, 정체성, 평가에 대한 필요가 자리 잡고 있었다. 중요한 것은 결국 요구가 가진 구체적인 특성과 때로는 이 요구의 실천적 특성을 연구함으로써 우리는 이 요구의 유한성을 수용하면서 현실 속으로의 통합 가능성을 찾아내는 것이다.

2. 요구는 현실적이다

요구에는 보통 우려하는 현실이나 꿈꾸는 현실이 아니라 있는 그대로의 현실이 반영되어야 한다. 예컨대 변화를 필요로 하는 사람들은 급진적인 변화를 목표로 삼은 나머지 결코 변화시킬 수 없는 가장 큰 이유를 대곤 한다. "그것은 너무 힘들고, 부담스러워요. 너무 많은 일들이 포함되어 있고, 너무 많은 사람이나 내 삶의 너무 많은 측면과 연관됩니다. 그러니까 아무것도 변화시키지 못하는 것입니다!"

> 먼저 할 수 있는 가장 사소한 일을 찾아라.
> 그러면 변화가 뒤따르리라.

바로 이런 이유로 타인이나 자기 자신에 대해 이렇게 자문하도록 유도하는 것은 매우 소중하다.

> "내가 할 수 있거나 말할 수 있는 일들 가운데 어떤 것이 사소하지만 가장 즐거운 일인가? 어떤 일이 원하는 변화의 방향과 일치하는가? 또한 어떤 일이 이미 확인했던 필요의 방향과도 일치하는가?"

거창한 일이 아니라 가장 사소한 일부터, 제일 힘든 것이 아니라 제일 손쉬운 것부터 하는 것이다!

이런 제안은 대개 사람들을 놀라게 한다. 왜냐하면 성과에 길들여 있고, 결과에 휩쓸려 왔던 마음은 항상 자기 자신의 능력을 평가할 수 있는 시험을 치르기를 바라며, 거창한 일에 도전하고자 하기 때문이다. 그러니까 마치 현실이 아주 사소한 일들의 합으로 된 것이 아닌 것처럼 생각한다. 또한 아주 사소한 일들이 모여 거대한 일들을 이뤄낼 수 없는 것처럼 생각한다.

요구가 가진 이런 평범하고도 현실적인 양상은 종종 전화, 텔레비전, 가전제품, 자동차, 센서에 의해 작동하는 자동장치 등에 의해 지배되는 이 시대에 의심을 야기하곤 한다. 지금은 간단한 기계 작동으로 무대, 프로그램, 대화 상대자, 속도 등을 바꾸는 그런 시대이다! 이런 시대를 사는 사람들은 느린 기계 장치를 용인하는 데 익숙하지 못하다. 그 결과 그런 태도는 아주 자연스럽지 못한 것이 되고 있다.

하지만!

남편의 사망으로 괴로워하는 한 여성이 동반 치유를 위해 왔다. 여러 차례의 상담 끝에 그녀는 마음속에 있는 주된 감정이 두려움이라는 것을 확인하게 되었다. 그리고 이 두려움은 자신을 신뢰해야 할 필요와 연결되어 있음을 깨닫게 되었다. 다음과 같은 말로 미루어 보면 그녀는 이와 같은 확인으로 인해 놀란 것 같다.

"자기 자신을 신뢰한다는 말은 전혀 생각해본 적이 없어요. 그런 단어들은 내 머릿속에 존재하지 않았거든요. 저는 항상 부모님, 남편, 우리 가족을 신뢰했어요. 이제 저는 진심으로 제 자신을 신뢰해야 할 필요를 느낍니다. 하지만 제 나이엔 절대 그렇게 못하겠죠?"

나는 그녀에게 구체적인 행동을 권유했다. 우선 부정적인 믿음이나 "내 나이로는 절대 그렇게 못할 것이다"와 같은 유형의 해로운 생각을 낳는 자기 파괴를 멀리할 것을 권유했다. 그 다음으로는 필요를 큰소리로 표현해볼 것을 권유했다. 이 필요에게 그저 존재할 권리를 줄 목적으로 말이다. 그녀는 주저하면서도 반복했다.

"내 자신을 신뢰해야 한다. 내 자신을 신뢰할 수 있다고 생각한다."

한동안의 침묵이 흐르고 난 다음에 그녀에게 말했다.

"앞으로 며칠 동안에 나타날 결과를 염려하지 마시고, 그저 이런 필요가 당신 안에 머물러 있도록 할 것을 제안합니다. 그것에만 주의를 기울이십시오. 해결책을 찾으려 하지 마십시오. 단지 필요의 반향이 당신 마음속에 자리 잡도록 하십시오."

일주일 후에 있었던 다음 치유 과정에서 그녀는 이렇게 말하기 시작했다.

"단순히 제 자신을 신뢰하도록 할 것을 알려주셔서 감사합니다. 제가 아무것도 하지 않는다, 혹은 아무것도 찾지 않는다는 생각을 하니 이상하더군요. 단지 제 안에 있어야 할 신뢰감이 마음에 와 닿는 것을 느끼도록 그냥 있었죠. 여전히 저의 내면은 아주 유약했지만, 이미 뭔가가 달랐습니다. 그리고 이것은 제 자신을 더욱 신뢰하는 생각을 할 수 있도록 안심하게 만들더군요."

몇 주 후 실제로 그녀는 자기 삶을 구체적으로 재구성하기 시작했다. 이 예에서는 다음과 같은 현실적인 원칙이 기본적이었다는 것을 알 수 있다.

　"먼저 필요라는 단순한 개념을 수용하라. 그러면 반드시 해결책
　을 찾을 수 있을 것이다."

3. 요구는 긍정적이다

　배우자가 일하고 있는 동안 당신이 음악을 듣고 있다고 상상해보
자. 그가 이렇게 말한다. "일을 하고 있는데 음악 좀 꺼주지 않겠
어?" 이런 상황에서 당신의 기분은 어떤가? 이번에는 그가 당신에
게 이렇게 말한다. "아직 한 시간은 더 일을 해야 하니 조용하면 좋
겠는데. 한 시간 후에 음악을 다시 듣거나, 아니면 다른 방에서 음
악을 계속 들으면 좋겠는데. 당신 동의할 수 있어?" 이 경우 당신
기분은 어떤가?
　단체로 훈련을 하다 보면 "두 번째 대화가 더 좋아요"라고 말하
는 것을 자주 듣게 된다. 왜 그럴까? "하는 일을 방해받고 싶지 않
거든요. 두 번째 대화에는 나중에든, 다른 곳에서든 자기가 하는 일
을 계속하라는 제안이 담겨 있다고 생각해요. 하지 말라는 것보다
더 부드럽잖아요." 어떤 행동을 하다가 멈춰야 하는 것을 좋아하는
사람은 드물다. 분명 살아가면서 "이렇게 움직이지 말라, 이렇게
하지 말라, 그렇게 소리 내지 말라, 그렇게 놀지 말라" 등의 말을
너무 많이 들었을 것이다. 자기가 하는 행동에서 방해받는 것을 좋
아하는 사람은 없을 것이다. 누구나 하던 일을 계속하도록 권유받
는 것을 더 좋아한다.
　이것은 까다로운 문제라고 할 수도 있다. 그렇기는 하다. 하지만

바로 거기에 독자 여러분께 제안하는 대화의 예민한 본질이 자리한다. 그 본질이란 이런 것들이다.

(1) 상대방에게 말하는 언어나 상대방에 대해 갖게 되는 의식 속에서 서로를 나누고, 비교하고, 분리하고, 억제하고, 감금시키고, 강박관념을 갖고, 복잡하게 하는 것을 피하라.
(2) 개방하고, 결합하고, 연결하고, 허용하고, 초대하고, 격려하며, 도울 것을 더 마련하라.

하지만 이 책의 제목을 진실하게 대화하기에 앞서 "점잔 빼지 말라"라고 붙이면서 내가 여전히 낡은 방식에 의지하고 있다는 점을 주목해주기 바란다.

4. 요구는 타협 가능한 것이다

아무리 사태를 잘 관찰한다고 해도 타인이 그것에 대해 아무런 판단도 하지 못하고, 아무런 비난도 할 수 없다면, 그런 관찰은 아무 소용이 없을 것이다(앞에서 인용했던 엄마와 아이의 예를 참조하자. "계단에 있는 네 신발들을 보고, 소파 위의 책가방을 볼 때면……"). 또한 모든 해석이나 판단을 피하기 위해 자기 자신의 감정 표현에 신경을 쓰는 것도 아무런 소용이 없을 것이다(나는 슬프고, 맥이 빠진다). 게다가 타인이 관심을 갖지 않은 상태에서 자기 자신의 필요에 대한 근본적인 인정을 확인한다는 것 역시 아무 소용이 없을 것이다("내가 해놓은 일들을 정돈하고 존중해주길 바란다"). 마지막 단계에 가면 요구는 다음과 같은 표현을 통해 이루어지게 될 것이다. "이 모든 것들을 지금 당장 정리해!"

만남의 공간을 만들어라

타인과의 만남이 가능한 공간을 창출해내는 것은 바로 이런 실현 가능한 타협의 특징이다. 잘 들여다보면 모든 것은 다음과 같은 방식으로 이루어진다. 그러니까 만약 자기 자신의 요구를 잘 표현하지 못한다면, 그로 인해 각자는 존재의 권리를 갖지 못할 수 있다. 각자는 그저 잠재적이고 정신적인 필요 속에만 머물러 있다. 타인과의 관계 속에서 진정으로 자기 자신의 자리를 차지하지 못한다. 이와는 반대로 만약 각자가 명령이나 주장만을 표현한다면, 이번에는 타인이 존재 권리를 갖지 못하게 될 수도 있다.

타협 가능한 요구를 표현하는 능력, 즉 진심으로 만남의 공간을 마련하는 능력을 통해서 직접적으로 안전과 힘을 발휘하고, 나아가서 스스로 신뢰감을 갖는 결과를 낳을 수 있다. 이런 요구가 이루어지기 위해서는 다음과 같은 전제 조건이 따른다. 즉 두려움 없이 자기 자신을 포기할 수도 있다는 생각을 하면서도 타인의 이견(異見)을 수용할 수 있다는 것을 마음속으로 인정해야 한다는 조건이 그것이다. 방금 '마음속으로'라고 말했다. 물론 정신적으로 그래야 한다. 하지만 이 조건을 자기에 대해 갖는 감정적인 지식 속에 통합시키는 것은 결코 쉬운 일이 아니다. 만약 이 조건을 충족시키기 못한다면, 그때는 타인들의 차이에 대해 거리를 두는 입장을 취하며, 결국 진심으로 끝까지 이 차이를 수용하는 경우는 극히 드물다.

어쨌든 비폭력 대화 방법을 적용하고 실행하는 과정에서 나는 내면적 경험을 통해 다음의 두 가지 확신을 갖게 되었다. 첫째, 타자가 그의 필요를 포기하기 때문에 우리 자신의 필요와 요구를 표현할 수 있는 기회를 더 많이 포착하는 것은 아니라는 확신이 그것이다. 둘째, 역으로 타자가 그의 필요를 만족시키게 되는 것은 우리의 것과는 다른 그만의 필요가 잘 표현되도록 기회를 주었기 때문도 아니고, 또한 그를 위해 우리의 필요와 요구를 포기해서도 아니라는 확신이 그것이다. 결국 대화에 가담하는 쌍방인 '나'와 '타인'은 둘 다 만족할 수 있는 해결책을 함께 찾도록 노력해야 한다는 사실, 아니면 적어도 둘 다 동의하지 않는 사실에 대해 함께 동의할 수 있다는 사실을 인정하도록 노력해야 한다는 것을 알게 되었다.

게다가 특히 우리 자신의 진정한 행복이, 제시되는 많은 해결책에서보다는 이런 해결책에 대한 진정한 탐구를 통해 이루어질 '만남의 진실성'에서 나올 수 있다는 사실을 알게 되었다.

제3장

타인이 진정으로 체험하는 것을 의식하기

서로 절반의 말만 주고받으면,
서로 절반만 이해할 뿐이다.

격언

1. 대화, 그것은 메시지를 표현하고 수용하는 것이다

모든 것을 말하고, 모든 것을 듣기

매일의 경험을 통해 알게 되는 것은 많은 사람들에게 있어서 대화란 자신을 표현하는 것임과 동시에 타인도 역시 자신을 표현하도록 해주는 것이라는 점이다. 보통 각자가 자신의 의견을 표현하게 되면 대화가 이루어졌다고 생각하기 쉽다. 하지만 얼마나 많은 사람들이 다음과 같이 말하면서 서로 관계를 맺는다는 것이 어렵다는 것을 토로하고 있는가!

"남편과 저, 또 아이들과 저는 대화를 많이 하긴 합니다. 서로 모든 것을 이야기합니다. 하지만 서로가 서로를 점점 더 잘 이해하지 못하는 이유가 뭔지 잘 모르겠습니다."

우리는 서로 모든 것을 말한다!

그렇다고 하자.

그렇다고 모든 것을 듣는가?

문제의 핵심은 대개의 경우 거기에 있다. 자신의 속마음을 경청하지 않기 때문에 우리는 서로를 잘 이해하지 못하게 되는 것이다. 자크 살로메는 『내 속마음을 경청한다면 잘 이해할 텐데』[12]라는 책에서 이 주제를 설득력 있게 다룬다. 예컨대 학교에서 타인들을 관찰하면서 자기 자신을 표현하는 것을 배웠다고 — 조금이라도 — 해도, 아무것도 하지 않고, 아무 말도 하지 않으면서 그저 단순히 듣는 것을 배운 경우는 극히 드물다.

"저는 남편과 아이들하고 대화를 자주 합니다"라고 말하는 사람들에게조차도 하고 싶은 모든 말을 하고, 타인의 사기를 올려주고 또 그에게 충고를 해주면서 편안함을 느끼는 것은 결코 쉬운 일이 아니다. 하지만 그런 그들도 타인의 마음속 말을 그저 들어주는 행위 — 물론 모든 말을 들어주는 것은 불가능하다 —, 그의 필요와 감정이 뭔지를 자문하는 행위, 그리고 그들이 아무 판단 없이 자신들의 감정과 필요를 표현하는 행위에서 더 큰 불편함을 느낄 수 있다.

대화를 한다는 것은 표현함과 동시에 듣는 것이다. 대화를 하는 것은 자신을 표현함과 동시에 타인도 그 자신을 표현하도록 하는

---

12) Jacques Salomé, 『내 속마음을 경청한다면 잘 이해할 텐데(*Si je m'ecoutais je m'entendrais*)』, Montréal, Les Éditions de l'Homme, 1990.

것이다. 대화를 하는 것은 자기의 속마음을 들어줌과 동시에 타인의 생각을 듣는 것이다. 대화를 하는 것은 종종 상호적으로 잘 이해했다는 것을 확인하는 것이다. 진정한 인간관계를 맺지 못하는 어려움은 서로가 각자의 말을 잘 들었다는 것을 확신하지 못하는 데서 온다. 필요에 따라 타인이 말한 것을 반복하거나 다시 표현함으로써 그의 말을 잘 이해했는지를 확인할 수 있다. 이와 마찬가지로 타인으로 하여금 우리가 말한 것을 반복하고 명확하게 다시 표현해 보도록 함으로써 종종 우리 자신이 타인에 의해 잘 이해되었는가를 확인할 수 있다.

인간들 사이에 이루어지는 대화를 도표로 표시하면 다음과 같다.

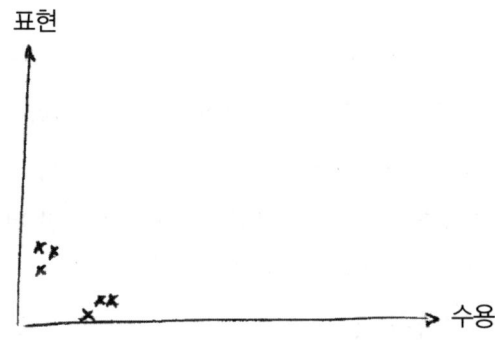

결국 메시지의 교환은 '발화'와 '수용'이라는 두 가지 면을 포함한다. 너무 시끄럽게 굴지 않고, 방해하지 않고, 너무 자리를 많이 차지하지 않고, '자신의 사소한 문제로 타인을 불편하게 하지 않는' 훌륭한 소년 소녀가 되도록 각자가 교육을 받은 것처럼, 대부분의 경우 자기 자신을 어느 정도 표현하는 것은 사실이기는 하다. 하지만 그렇다고 해서 너무 많이 표현하지는 않는다. 물론 자기 자신에 대해 많이 드러내지 않는 것은 비판받지 않기 위해서, 공격 대상이 되지 않기 위해서, 어느 정도까지 예민하고 미묘한가를 타인에게 보이지 않기 위해서라는 것은 말할 나위가 없다. 이 경우 위의 도표에서 각자는 왼쪽 아래에 위치하고 있는 셈이다.

다른 한편, 타인의 말을 들어주고, 그의 메시지를 수용하는 것이 문제가 될 때에는 다음과 같이 생각하는 경향이 있다.

> "너의 말을 어느 정도까지는 들어주고 싶다. 하지만 너무 많이는
> 아니다. 그 이유는 항상 타인들의 말을 들어주다 보면 신경이 날카
> 로워지기 때문이다. 나는 그보다 더 중요한 일을 해야 한다."

물론 이렇게 생각하는 것은 이유가 있다. 그것은 자기 자신의 필요를 제외하고 타인들의 필요를 잘 들어주어야 한다고 배워왔기 때문이다. 그리고 자기 자신의 필요를 제외한 나머지 사람들의 필요를 충족시켜주기 위해 몸을 아끼지 않고 타인을 돕는 사람의 역할을 하도록 배워왔기 때문이다. 이 경우 위의 도표에서 보면 타인의 메시지를 수용하는 각자의 능력은 대개 왼쪽 아래에 위치하게 된다.

또한 극단적인 경우도 있다. 어떤 때는 아예 타인의 말을 들어주는 시도조차 하지 않는 경우도 없지 않다. 이 경우에 그에게 완전히 자기의 관점만을 강요하게 된다. 자기 자신을 완벽하게 '표현'하지만 그 대신 '수용'이라는 버튼을 완전히 꺼놓는 것이다. 극단적인 경우에는 독재자나 폭군처럼 행동하기도 한다. 타인의 필요는 전혀 듣지 않고 자신의 필요만을 강요한다. 이 경우 각자가 취하는 태도는 타인에 대한 권위와 권력, 통제의 성격을 띠게 된다.

이와 같은 관계는 도표로 다음과 같이 나타난다.

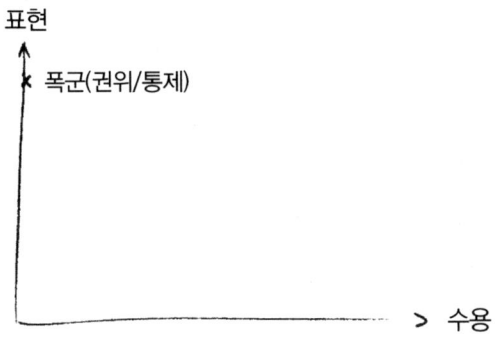

어떤 때는 종종 자기 자신의 필요를 지나치게 부각시키는 일에 정말로 지치기도 한다. 그렇게 해도 인정도 받지 못하고, 아무런 배려도 받지 못해 포기하고 단념해버리는 경우도 없지 않다. 아무런 반응이 없는 타인의 태도에 무릎을 꿇는 것이다. 한마디로 모든 시도를 포기해버린다.

극단적인 경우에는 마치 노예나 희생자처럼 행동하는 경우도 없지 않다. 이 경우 각자의 태도는 복종, 체념, 포기로 나타난다.

이와 같은 관계를 도표로 표시하면 다음과 같이 나타난다.

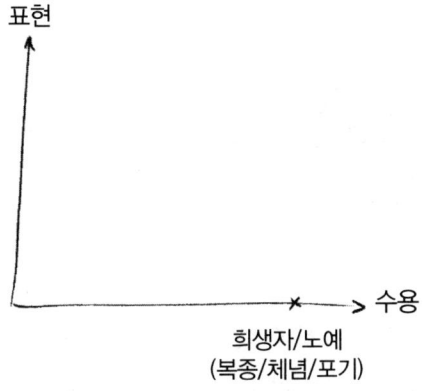

각자가 때로는 역할을 달리할 수 있다는 점에 주목하자. 집에서는 폭군인데 직장에서는 노예가 될 수 있고, 또는 그 반대도 될 수 있다. 하루 동안에도 상황에 따라 달라질 수 있다. 게다가 순간적으로 한 문장 속에서도 완전히 폭군의 모습을 할 수도 있고 희생자도 될 수가 있는 것이다. "당장 가서 네 방을 정리해. 아무 말 하지 마. 세상에! 어쩌면 저런 애가 나한테서 태어났지?"

폭군이나 희생자, 혹은 폭군과 희생자

이처럼 규칙적으로 양 극단을 오갈 수가 있는 것이다. 이 경우 우리는 상호간의 불신 지대에 있게 되며, 이것을 도표로 표시하면 다음과 같다.

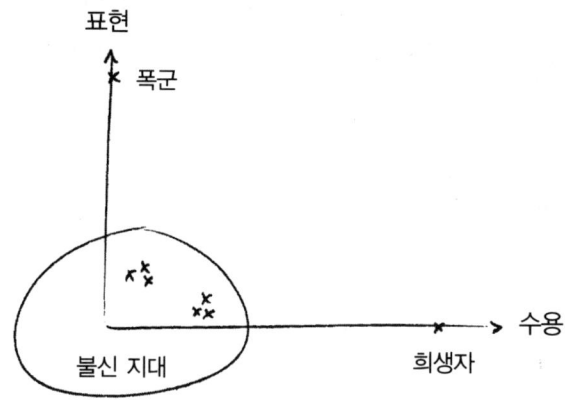

이 지대에서 타인과의 관계를 맺는 경우 다음과 같은 현상이 발생한다. 자신을 표현하는 일, 자신을 그대로 보여주는 일, 있는 그

대로의 모습을 보여주는 일에서 두려움을 갖게 되는 현상이 그것이다. 자신의 풍부함, 빈곤함, 모순, 약점, 상처 등을 내보이는 것에 두려움을 느낀다. 자신의 재능, 정체성, 창의성, 환상, 다양성 등을 보여주기가 두렵다. 이 모든 것을 감추기 위해, 타인의 시선으로부터 보호받기 위해 종종 가면을 쓴다.

이와 마찬가지로 타인의 말을 경청하는 일, 그의 이야기나 어려움을 들어주는 일에 두려움을 느낀다. 마음의 문을 닫아버리고, 타인의 말을 듣고 수용하는 능력의 수위를 최소한으로 낮춰놓는다. 왜냐하면 타인이 가지고 있는 차이나 고통으로 인해 자기가 불안해지고, 약해지고, 자기 자신으로 존재하는 것을 그만두어야 하는 것과 같은 인상, 혹은 타인이 우리에 대해 품는 계획과도 같은 외부적인 기대감에 부응해야 할 의무를 지고 있는 것과 같은 인상을 갖기 때문이다.

두려움의 포기와 신뢰감으로의 전환

개인적인 인간관계에서 얼마나 오랫동안 두려움에 빠져 있었는가를 깨닫고 나는 적지 아니 놀란 적이 있다.

가령 타인이 생각하는 것에 대한 두려움, 그가 그렇게 생각하지 않는 것에 대한 두려움, 그가 하는 말에 대한 두려움, 그가 그렇게 말하지 않는 것에 대한 두려움, 내가 말을 너무 많이 한 것에 대한 두려움, 너무 오랫동안 침묵을 지킨 것에 대한 두려움, 사랑의 결핍 혹은 지나친 사랑에 대한 두려움, 말하는 것에 대한 두려움, 침묵하는 것에 대한 두려움, 혼자 있는 것의 두려움, 관계 속으로 들어가기에 대한 두려움, 아무것도 하지 않는 것의 두려움, 쇄도하는 일에 대한 두려움, 마음에 들까 혹은 마음에 들지 않을까에 대한 두려움, 유혹에 대한 두려움 등등.

맙소사!

얼마나 많은 두려움인가! 이런 두려움들과 맞서 싸우기 위해서는 또 얼마나 많은 에너지가 필요했던가!

두려움으로 인해 '억압된' 모든 에너지를, 자유롭게 행동하고 창의성을 발휘하는 것은 고사하고 그저 살아가면서 더 이상 사용하지 못하고 있다는 것을 깨닫는 데 꽤 오랜 시간이 필요했다. 정도의 차이는 있지만 어쨌든 두려움으로 인해 경직되었던 나는 전혀 변할 수 없는 상태에 있었다. 요컨대 실존을 멈춘 상태에 있었다. 두려움 속에 응고되어 신뢰감과 창의성을 아주 가끔씩만 보여주었을 뿐, 대부분의 시간을 두려움에 동화되어 보냈다.

나는 분석을 하면서 얼굴을 통해 이런 두려움의 '작용'(따라서 두려움으로 인한 나의 '기능장애'라고도 말할 수 있다!)이 폭발했던 바로 그 장면을 아직도 또렷이 기억한다. 한 줄로 늘어선, 수년간 차곡차곡 쌓였던 이 모든 크고 작은 두려움들은 마치 수많은 암세포처럼 갑자기 그 모습을 드러냈다.

나는 이것들을 수년간의 분석 동안 조용히 하나씩 탐색해 나갔다. "나는 이런 것을 두려워하고, 이런 것에 초조해한다. 저런 일은 나를 불안하게 한다." 이렇게 분리해서 하나씩 보니까 이 두려움들은 오히려 득이 되고 해를 끼치지 않는다는 것을 알 수 있었다.

분명하지 않은 무의식 속에 명철한 의식을 계속 침투시키고 계속해서 치유를 받았다. 그 결과 나는 순간적으로 이 모든 두려움을 하나의 전체, 사방으로 뻗어나가는 그물망, 또는 여러 개의 두려움이 한꺼번에 우글거리는 일체(一體)와도 같은 것으로 보았다. 한순간

나는 이것들을 우발적이거나 우연한 결과가 아니라 체계적인 결과로 보았다. 그러니까 이것들은 이런저런 일 앞에서, 이런저런 사람 앞에서 내가 반응했던 방식을 보여주었다. 나는 죽음의 위험에 처해 있었음을 깨닫게 되었다. 아! 당장 육체적으로 죽는 것은 아니었다. 하지만 정신적으로는 완전히 죽음의 위험에 처해 있었다. 마샬 로젠버그가 "사람 좋은 생기 없는 사람"이라고 일컬었던 대로, 나는 친절하고, 웃음을 짓고, 예의 바른 사람이었지만, 내면적으로 보면 두려움으로 인해 죽은 그런 사람이 되어가고 있었다. 이런 상태를 알게 되자 나의 내부에서 삶에 대한 본능이 되살아났다. 변화가 시급하다는 것, 두려움에서 벗어나 신뢰감으로 전환하는 것이 시급했다.

두려움에 지친 나는 신뢰감을 테스트해보고 싶었다. 신뢰감이라는 것은 새로운 것이었으며, 내가 잘 모르는 것이었다. 따라서 그것 역시 두려움의 대상이 되었다! 할 수 없지. 한 번으로 족해! 나는 신뢰감에다 내기를 걸었다. 나는 그 위에 희망을 걸면서 내면에서 일어나는 온갖 소란스럽고 거스르는 소리들을 가라앉혔다.

"주의해, 잘 안 될지도 몰라. 조심하라고."

그리고 이렇게 반복했다.

"하지만 믿어보자고. 손해 볼 게 뭐 있어. 두려움은 대수롭지 않은데, 만족감도 덜할까 봐 걱정이지. 손해 볼 게 없어. 이렇게 경직된 생활 속에서 지쳐서 죽어가고 있었잖아."

우리를 짓누르거나 고문하기까지 하는, 그러나 이미 아는 것이기 때문에 안심이 되는, 마치 낡은 외투나 오래된 청바지처럼 친숙한, 이미 아는 것 속에 머무는 것! 아니면 훨씬 더 즐겁고 훨씬 더 풍요로울 수 있는, 그러나 이행과 변화를 포함하고 있는 미지의 것으로 진입해 들어가는 것! 이것이 우리가 일상생활에서 접하는 여러 문제들 가운데 하나일 것이다.

아, 변화!

새로운 것을 만들고, 새로운 것을 말하며, 새로운 방법으로 생각하며, 새로운 방법으로 기도하기 위해서 똑같이 행동하고, 똑같이 말하며, 똑같이 생각하는 것을 멈추는 것!

변화하지 않는다면 죽는다.

새로워지지 않는다면 죽는다.

크리스티앙 보뱅(Christian Bobin)[13]은 미지의 것에 대한 두려움을 다음과 같이 표현하고 있다.

세 개의 단어가 활기를 준다. 단어 세 개가 당신을 꼼짝 못하게 만든다. 이 세 개의 단어는 "생활에 변화를 주어라"이다. 바로 그것이 목표이다. 이것은 명백하고 단순하다. 우리는 목표에 이르는 길을 알지 못한다. 길이 없는 것과 노선이 불분명하다는 것이 곧 병이다. 우리는 문제 앞이 아니라, 그 안에 있다. 우리 자신이 문제이다. 새로운 생활. 그것이 우리가 원하는 것이다. 하지만 과거의 삶에 속하는 의지는 아무런 힘을 가지고 있지 못하다. 우리는 마치

---

13) Christian Bobin, 「마음속 깊은 곳(Le Très-Bas)」, Paris, Folio.

왼손으로는 구슬을 내밀고, 오른손으로는 그 대가로 지불될 동전에 안도하는 어린아이들과도 같다. 그러니까 새로운 생활을 간절히 원하기는 하지만 옛 생활을 유지하고 싶은 것이다. 이행의 순간이나 빈 손으로 있는 시간을 알지 못하는 것이다.

신뢰감으로의 변환을 결심하고 두려움을 길들이기로 결심하자마자 곧 나의 모든 에너지가 움직이기 시작했다. 좀 더 자세히 말하자면, 이전에 두려움을 없애기 위해 씨름하고 노력하는 데 기울였던 모든 힘을 이제는 변화와 새로운 것을 수용하는 데 투입할 수 있게 되었다. 그리고 몇 년 동안 직장생활과 애정생활을 완전히 탈바꿈시켜 기대 수준을 넘어 만족할 수 있을 정도였다. 2, 3년 동안에 나의 삶은 지난 35년 동안의 삶보다 더 많은 변화를 겪었다.

종종 돛단배를 조정할 때와 비슷한 느낌을 받곤 한다. 오래 정박해 두었다가 배를 움직이면 돛이 펄럭이며 선체가 빙 돌면서 배가 찰랑이게 되는데, 이때 약간의 멀미 기운을 느낀다. 또한 바람이 일어 돛이 부풀면 배가 방향을 잡고 움직이게 되고, 부푼 돛으로 뱃머리가 대양을 향해 나아간다. 바람에 의해 즐겁게 나아가고 인도되는 듯한 느낌, 바로 이것이 오늘날 내 안에 자리 잡고 있는 것과 유사한 느낌이다.

내 자신의 불신을 경험하고 관찰한 것과 마찬가지로 나는 업무 중에 타인들의 그것도 관찰하곤 했다. 단체로 이루어진 연수 중에 했던 관찰이든 아니면 개인적인 면담 중에 했던 관찰이든 간에 그런 기회를 통해 내가 확인하게 되었던 것은 대인관계에서 지배적인 감정은 두려움과 불신이라는 점이었다.

온전한 신뢰감, 감정적 안정, 사랑 속에서의 안심 등을 꿈꿀 수 있는 부부 사이에도 얼마나 많은 두려움이 있는가!

"내가 이렇게 하면, 그이는 어떻게 생각하고 뭐라 말할까? 내가 저일을 하면 그녀는 어떻게 생각할까? 나는 이렇게 혹은 저렇게 해야 해. 그렇지 않으면 그/그녀는 슬퍼할 거야. 화를 낼 거야. 실망할 거야 등등."

많은 행동이 사랑의 기쁨에서 나오는 것이 아니라, 사랑받지 못하면 어쩌나 하는 두려움에서 나온다. 또한 많은 행동이 베푸는 기쁨에서가 아니라, 되돌려 받지 못하면 어쩌나 하는 두려움 때문에 이루어진다. 두려움이라는 비싼 대가를 치르면서 사랑, 동의, 통합을 구입하는 셈이다. 이것은 넉넉한 마음속에서 이루어지는 관대한 사랑의 교환이 아니라 살기 위한 경제적 행동의 하나인 셈이다.

많은 사람들이 예측과 종속 관계 속에서 살고 있다.

"나는 혼자서 살 수 없을 거야. 너는 혼자서 살지 못해. 네가 떠나가면 난 죽어버릴 거야. 내가 가면 넌 죽게 될 거야. 나는 너를 전적으로 믿어. 너는 내게 안 계신 아버지(어머니)나 다름없어. 나는 여태까지 받아보지 못한 모든 보살핌을 너로부터 아낌없이 받아야 할 아기에 불과해. 네가 나를 영원히 보호해주고 안심시켜주리라 믿어. 너는 나를 영원히 위로해줄 수 있다고 믿어. 우리 함께 만족하지 말고 부족함을 채우도록 해보자."

책임, 독자성, 자유의 관계에서 인격 대 인격으로 진정한 관계를 맺고, 그런 관계 속에서 서로 힘과 신뢰감을 느껴 다음과 같이 말할 수 있는 커플로 사는 사람들은 별로 없는 것 같다.

"나는 너 없이도 즐거움을 찾으며 살 수 있어. 너도 나 없이 즐거움을 찾으며 살 수 있어. 우리는 서로 이런 힘과 독자성을 가지고 있어. 아울러 공유하고, 교류하며, 함께하는 것이 아직은 더 즐겁기 때문에 함께 있는 거야. 우리는 함께 서로의 부족함을 채우려 들지는 않겠지만, 풍부한 대화를 나누고자 할 거야."

비폭력 대화의 실천을 통해 우리는 서로 신뢰하면서 살게 되고, 인간관계에서도 신뢰감을 갖는다. 비폭력 대화를 통해 안정감, 내면적 강건함, 신뢰감을 충분히 발견한다. 이렇게 함으로써 타인의 자리를 침범한다는 의구심을 갖지 않고서도 모든 사람을 위한 자리가 있다는 것을 믿으며, 안심하고 우리 자신의 자리를 당당하게 차지한다. 말하고 싶은 것을 당당하게 말하며, 비판, 비난, 배격, 포기 등을 두려워하지 않고서도 원하는 방향으로 존재한다. 비폭력 대화를 실천함으로써 결국 우리 자신의 내면을 최대한으로 표현한다.

이와 마찬가지로 비폭력 대화의 실천을 통해 내면적 안정감과 강건함을 더 발견하고, 자기 자신에 대한 존중과 신뢰를 더 많이 갖는다. 또한 이 비폭력 대화는 다음과 같이 행동할 수 있도록 힘을 북돋운다. 즉 타인의 말을 가능한 한 최대한 경청하고, 또한 그의 복합적인 면과 고뇌를 받아들일 수 있도록 말이다. 물론 이렇게 하면서도 타인에게 일어난 일이나 그 일에서 벗어나는 방법에 대해 우리가 전적으로 책임을 지고 있다고 생각하지 않도록 해준다. 또한 그의 말을 경청해주고 이해하는 노력 이외의 '다른 무엇인가를 해야 한다'는 그런 느낌을 갖지 않도록 해주기도 한다.

요컨대 비폭력 대화의 실천이 가져다주는 이점은 다음의 두 가지다. 하나는 우리 자신에게 한계를 부여할 수 있으며, 또한 모든 사람에게는 예외없이 자리가 있다는 확신을 갖는 것이다. 다른 하나는 이런 신뢰 속에서 그가 우리의 자리를 차지할 수도 있다는 의심을 품지 않으면서도 그가 그 자신의 자리를 차지하는 것을 좋아하는 것이다.

이처럼 자기의 존재와 타인의 존재, 자기에 대한 경청과 표현, 타인에 대한 경청과 표현 등을 토대로 맺어지는 진실된 인간관계는 도표에서 오른쪽 상단, 즉 신뢰 지대에 자리를 잡는다. 열십자로 표기된 이 지대는 표현과 수용이 최대로 발휘되는 그런 지대다.

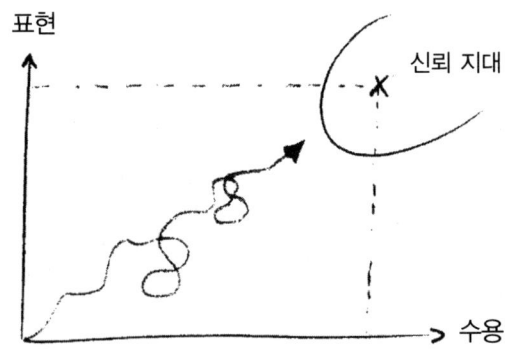

198

따라서 개인적으로 느끼고 원하는 것에 대한 표현 능력을 최대한 발휘하도록 노력해야 한다. 이와 동시에 타인들의 감정과 필요를 수용하는 능력도 최대한 발휘하도록 노력해야 한다.

그렇게 되면 결국 각자는 점차 타인을 '방해'하는 것이 아닌가 하는 염려를 하지 않지 않으면서도 이 세계에 존재할 수 있다는 신뢰감 속에서 살아갈 수 있게 된다. 또한 타인도 자신의 존재로 인해 우리가 '방해'받으리라는 염려 없이 이 세계에 존재할 수 있게 된다.

독자 여러분은 불신 지대와 신뢰 지대 사이에 표시된 화살표와 이 화살표가 직선이 아니라는 사실을 보게 될 것이다. 이것은 불신 지대에서 신뢰 지대로 이동하기 위해 인간이 원하는 만큼 나아가야 할 여정을 보여준다.

연못을 향해 아주 천천히 걷자

위의 여정을 잘 보여주는 그림을 모든 연령대의 독자들에게 신선함을 주는 생텍쥐페리의 『어린 왕자』[14]에서 본 적이 있다.

함께 상기해보자.

어린 왕자가 이 별에서 저 별로 산책한다. 그 와중에 그는 갈증을 느끼지 않게 해주는 알약을 발명해낸 상인을 만난다. 이 알약의 발명을 무척 자랑스럽게 생각하던 상인은 이렇게 선전한다.

"이 알약 덕분에 우물이나 연못으로 물을 길러 갈 필요가 없게

---

14) Antoine Saint-Exupéry, 『어린 왕자(*Le Petit Prince*)』, Paris, Gallimard. 2000.

되었지. 계산해보니 일주일에 53분까지 절약하게 되더군."

이 말을 들은 어린 왕자는 깜짝 놀라 대답했다.

"내게 53분이 있다면 연못으로 아주 천천히 걸어갈 텐데."

달리 말해 어린 왕자는 이렇게 말한 셈이다. 즉 그는 천천히 시간의 여유를 가지고 자기를 적셔주고 기운을 차리게 해주는 샘을 향해 나가겠다는 것이다. 또한 그는 물을 맛보기 전에 물의 신선함을 즐기겠으며, 그 속에 손을 담그기 전에 물소리의 상쾌함을 즐기겠다는 것이다. 게다가 시간적인 여유를 가지고 삶의 자양분을 주고 갈증을 해소시켜주는 바로 그곳에 있겠다는 것이다.

하지만 우리 모두는 점점 더 빨리 대화가 이루어지고, 따라서 점점 더 대화가 안 통하는 그런 시대에 살고 있다. 핸드폰, 자동응답기, 전자우편, 인터넷 등을 매일 사용한다. 또한 많은 정보를 교환한다. 그렇다.

하지만 서로 만나는가?

각자에게 도움을 주면서 서로 만족할 만한 만남을 유지하는가?

더 이상 갈증을 느끼지 않기 위해 서로 알약을 교환한다. 내가 근무했던 한 회사에서의 경험을 얘기해보자. 그곳 책임자이면서 한 가정의 어머니였던 여성은 규칙적으로 저녁 7시경에 아이에게 전화를 한다.

"사랑스런 내 아들! 엄마가 일이 많단다. 오늘 저녁엔 회의가 있어서 조금 늦게 들어갈 것 같은데. 냉동실에 맛있는 피자가 있어.

전자레인지에 5분만 데워서 맛있게 먹으렴."

알약! 귀여운 아들아, 너를 위한 시간이 없구나. 하지만 이 알약이 가족이 함께 하는 저녁식사를 대신해줄 것이다. 또는 이런 식이다.

"얘야, 아빠가 오늘 오후에 중요한 회의가 있어. 텔레비전 옆에 비디오가 2개 있으니 좋은 시간 보내렴. 뽀뽀. 저녁에 보자."

알약! 사랑하는 아들을 위한 시간이 없구나. 골프, 테니스, 더 중요한 회의가 있다. 비디오를 봐라. 이 알약이 가족이 함께 보내는 주말을 대신해줄 거야! 또는 한층 더 교묘한 방법으로 알약이 주어진다.

"얘야, 네가 기분 나쁠 것 다 알아. 잘 자고 나면 내일은 모두 괜찮아질 거야." 알약! "너도 알지. 네 말을 듣고 있으면 피곤하고 화가 난다. 나도 할 일이 있어. 게다가 늦은 시간이고, 피곤하다. 이런 충고를 하는 정도로 내가 네 말을 경청했고 이해를 했다고 생각해주었으면 한다."

인간은 달리고 또 달린다. 이 일에서 저 일로, 이 알약에서 저 알약으로 달려가는 것이다. 항상 그 무엇인가에 그토록 목말라하는 것, 뭔가를 하고 탐색하면서도 충족되지 않는 것에, 항상 만족하지 못하는 것에 스스로 놀라면서, 팍팍한 목과 가슴에 스스로 놀라면서 계속 달려간다! 그런 가운데 알지도 못한 채 갈증을 풀어줄 유일한 우물 위에 앉아 있다. 이 우물은 자기와 타인과 세계에 충실하게 임한다.

2. 공감: 자기와 타인에게 충실하게 임하기

카림 또는 신뢰감으로 전환하기

카림(Karim)의 예를 드는 것은 다음의 두 가지 사실을 보여주기 위해서다. 내적 안정감은 자기 자신에 대한 인식과 신뢰감으로부터 유래한다는 것이 그 하나다. 다른 하나는 바로 이 내적 안정감 속에서 타자의 말을 경청하고 있는 그대로의 그를 수용하는 자기 자신의 능력이 뿌리를 내린다는 것이다.

20대 청년이었던 카림은 마약중독에서 벗어나지 못하고 많은 고통을 겪던 중이었다. 그는 비행청소년협회의 회원이었다. 나는 이 협회에서 일을 하고 있었다. 그는 하는 일도 계획도 없이 작은 방에서 혼자 지내게 되었다. 그때 집을 한 채 구입해서 새 단장을 하려던 터라, 그에게 페인트칠과 집을 보수하는 일을 제안했다. 물론 노동에 대한 대가를 지불하는 것은 당연했다. 결국 그는 그 집에 있는 방 하나에서 4, 5개월을 지내게 되었다. 하는 일은 그의 맘에 들었다. 하루하루, 시시각각으로 그는 노력의 결과를 직접 보게 되었다. 그 결과에 만족했고, 저녁엔 피곤해져서 마약 복용도 현저하게 줄어들었다. 동시에 우리 사이엔 우정과 신뢰감도 쌓여갔다.

어느 날 그가 이렇게 말했다.

"진심으로 감사드려요. 제게 일자리를 주고 생활비를 벌 기회를 주셔서만이 아니라, 저를 묶게 해주시고, 특히 제 자신도 믿지 못하는 저를 믿어주셔서 진심으로 감사드립니다."

얼마 후 그에게 사랑하는 사람이 생겼고, 브뤼셀에서 2시간 정도 떨어진 배우자 집에서 살기 위해 떠났다. 얼마간 우리는 연락을 주고받았다. 그 이후 그는 이사를 했는데, 주소를 일러주지 않았다. 그래서 거의 2년 정도 소식을 전혀 모르고 지냈다. 어느 주말 나는 시골의 아버지 댁에 가 있었는데, 그가 전화를 걸어왔다. 깜짝 놀란 것은 당연했다. 2년 동안 연락이 두절되었고, 게다가 그가 알 도리가 없을 아버지 댁으로 전화를 걸어오다니 기이한 일이었다. 아래에서 보는 내용은 실제로 거의 한 시간 가량 진행된 통화 내용의 요약이다.

"토마 선생님이세요? 저 카림이에요. 제 얘기를 듣고 놀라시겠지만, 배우자와 전혀 맞지 않아요. 지금은 다시 혼자가 되었어요. 지금 제 정신이 아니에요. 방금 권총 자살을 하든지 물에 빠져 죽든지 하려고 했어요. 그녀도 저도 미쳤어요. 의미도 없고, 서로 치고 박고, 어찌할 도리가 없어요. 선생님이 아마 저하고 마지막으로 통화하는 사람이 될 거예요. 저는 죽어버릴 거예요!"

카림은 몹시 불안한 상태였다. 그렇게 폭발하는 것만이 지금까지 짓눌렸던 엄청난 무게로부터 벗어날 수 있는 유일한 해결책인 것처럼 그는 온갖 말들을 쏟아냈다. 나는 우선 전화를 끊지 않고 오랫동안 그의 말을 들어주었다. 말하는 속도가 조금 느려졌다. 극도의 스트레스가 약간 누그러짐을 뜻하는 징조였다. 그러자 그의 감정과 필요에 공감을 표현하면서 나는 그와의 관계를 재정립하려고 해보았다.

   "카림, 정말 무척이나 힘든 상황이었군 그래(감정). 나도 자네 부부의 관계가 호전되는 것이(필요) 어렵겠다고 생각하네."

   "다 끝났어요. 말씀드렸잖아요. (또다시 그는 울부짖었다.) 완전히 끝났다고요. 더 이상 아무도 믿지도 않아요. 제가 한 발(총알)만 당기고 죽으면 딱 되는 거라고요."

   "그래, 정말로 절망적인 상황이군 그래(감정). 사는 게 더 이상 의미도 없고(필요: 삶은 의미가 있는 것), 끝장을 보는 게 더 낫겠다(요구 또는 행동)는 생각이 들겠지?"

   "물론입니다."

   "부부관계가 원하는 방향으로(필요: 만족스런 방법으로 관계가 호전되기를 바라는 것) 진행되지 못하는 것을 보는 것은 엄청난 고통(감정)일세. 그런 고통으로부터 벗어나거나 보호받기를 원하는 데(필요: 고통으로부터 자신을 보호하고자 함) 혼자 있다는 것은 엄청난 두려움(감정)일세. 이와 같은 상황에서 방아쇠를 한 발 당기는 것(요구 또는 행동) 말고는 다른 해결책을 찾을 수 없다는 것에 자네는 절망하고 있는 것이네."

   "네, 그래요. 다른 것은 생각할 수가 없어요."

   "자네가 얼마나 고통스럽겠나(감정). 모든 것이 뒤죽박죽이고, 더 이상 버틸 수가 없고, 더 이상 애쓸 필요도 없고(필요: 상황이 제대로 되어 있고, 수고할 가치가 있는 것)."

   "네, 그래요."

침묵이 흐르고 한동안 잠잠했다. 나는 그가 좀 더 차분하게 숨 쉬는 것을 들었다. 잠시 헛기침을 하면서 뭔가 신호를 보냈다. 그가 살아 있으며, 나도 살아 있다는 것을 들려주기 위해서였다. 우리 사이에 가로놓인 침묵이 서로가 양쪽 끝에서 존재하고 있음을 깨우쳐주기 위함이었다. 그런 뒤에 내가 다시 말했다.

"이 모든 상황에 대해 내 느낌이 어떤지 말해도 괜찮겠나?"

"네, 계속하세요."

"음! 우선 자네가 주말에 이곳에 있는 내게 전화를 걸어 연락을 해줘서 정말 감동되었네(감정)."

"놀라셨죠?"

"그래. 전화번호를 어떻게 알았나?"

"협회 직원에게 전화를 했더니 아마 여기 계실 거라고 해서요. 그래서 이렇게 된 거에요!"

"그렇게 되었군 그래. 나를 믿어주고(필요), 자네의 깊은 아픔을 여전히 나한테 말하려고 찾아줘서 정말 고맙네(감정)."

"고맙다고요?"

"그렇네. 자네는 지금 우정의 선물로 신뢰를 보내주고 있잖은 가? 2년이 지났는데도 우리 사이에 이렇게 살아 식지 않은 마음의 우정 말일세. 이게 바로 내가 세상에서 가장 소중하게 생각하는 것이거든. (침묵) 어쩌면 이렇게 말하는 나를 보고 자네가 놀랐을지도 모르겠네."

"네, 조금 놀랐어요. 제 자신이 정말 한심하고 쓸데없다고 생각하거든요. 해서 제가 그런 마음을 전할 수 있을 줄은 꿈에도 생각 못했어요."

"자네의 고통을 함께 나누는 것이 기쁨의 원천이 될 수 있다는 것을 믿기 어려워서(필요: 고통을 나누어 갖는 것이 유용할 수 있다는 것을 생각하는 필요) 놀랐나(감정)?"

"네."

"내 입장은 이렇다네. 힘든 일을 함께 관찰하고, 그로부터 어떻게 빠져나올까를 함께 탐색하고, 그러면서 함께 있다는 것이 기쁨의 원천이라는 것이네. 서로를 헤아리는 기쁨 말일세. 비록 고통의 형태이기는 하지만 자네는 내게 함께하는 기쁨을 주었네. 이런 말을 듣고 난 뒤에 자네는 어떤 기분을 느끼게 되는가?"

"더 좋아지고, 기쁘죠. 편해지고요."

"경험으로 이런 사실을 알게 되었네. 그러니까 인간들은 대개 같은 돌에 부딪친다는 점일세. 또한 지나치게 어떤 문제에 집착해 있기 때문에 그 안을 잘 보지 못한다는 것일세. 서로 더 잘 이해할 수 있게 자네 문제에 대해 좀 더 이야기를 나누어보면 어떻겠는가?"

얼마 동안 계속 통화를 했다. 그는 신뢰감을 되찾았다. 15분 전엔 완전히 닫혀 있던 마음의 문의 빗장이 열리는 것을 알 수 있었다. 그는 다시 삶에 내기를 걸어보기로 했다. 이렇게 해서 우리는 서로 마음이 따뜻해지는 가운데 통화를 마치게 되었다.

해설

1. 위험은 자살에 이르는 길을 통과하는 것이 아니다. 위험은 오히려 이 길을 통과하는 과정에서 마음속의 이야기를 듣지 못하는 것이다. 죽고 싶은 마음 배후에는 항상 기가 꺾이고 낙심천만한 상

태에 있는 삶에 대한 욕망이 있게 마련이다.

2. 나는 특히 젊은이들과 함께했던 교육 초기에 이와 유사한 경우들을 많이 접했다. 그때 나는 경청하는 데 익숙하지 못했다. 따라서 "착한 소년은 타인들을 위한 모든 것을 잘한다"라는 어설픈 수단에 종종 의지하곤 했다.

> • 부정하거나 축소하기: "하지만 그렇게 심각하지 않네. 잘 될 걸세. 인생은 아름다운 걸세."
> • 충고: "이런 관계는 네게 도움이 안 되네. 관계를 정리하게."
> • 자기 자신으로 되돌려보기: "나도 어려웠던 시절이 있었다네."

나는 타인의 고통을 부인하기도 했다. 혹은 타인의 자살이라는 생각에 너무 놀란 나머지 그의 마음을 바꾸려고 노력하기도 했다. 이 경우 내 자신에게서도 발견되는 자살과 관계된 아주 미세한 부분을 이용하기도 했다. 물론 이렇게 하면서도 이 미세한 부분에서 들려오는 메시지를 경청하거나 그것에 익숙해져 보려는 시간을 가져보지 못한 것은 말할 나위가 없다. 따라서 타인의 고뇌를 경청해주고, 그의 아픔 속으로 그와 함께 온전히 몰입할 수 있는 여유를 갖지 못했다. 반대로 나는 그저 회피하려 했던 것이다. 타인의 곪은 상처에 대한 생각을 감당할 수 없었기 때문에 그의 관심을 다른 곳으로 돌려 그 상처를 달래려고만 했다. 그것도 아니면 어려운 사태에 한 켜의 위안물을 덮어주거나 반창고만을 붙여주려 했다.

하지만 누구나 상처를 보살필 수 있다. 그러려면 상처를 깨끗하게 하고, 즉 아픈 곳을 정면으로 잘 살펴보아야 하고, 그 속으로 들어가서 내면을 통과해보아야 한다. 그런 후 공기를 통하게 하고, 휴식을 취하게 하고, 상처가 아물게 내버려두어야 한다. 물론 통증은 있다. 하지만 그렇게 하면 상처가 덧나지는 않을 것이다.

> 상처를 보살피면 통증은 있지만,
> 그렇게 하면 덧나지는 않을 것이다.

　예전 같았으면 나 역시 위에서 본 것처럼 카림의 고통을 반추(反芻)하고, 수용과 존재의 긴 침묵을 용인하기에 적합한 내적 안정감, 나 자신이나 타인, 삶에 대한 신뢰감을 가지지 못했을 것이다. 따라서 그가 "더 이상 애쓸 필요도 없고, 더 이상 버틸 수도 없다"라고 말한 직후에 그에게 당장 머리에 떠오르는 별의별 종류의 해결책을 일러주려고 했을 것이다. 또한 나 자신이 안심할 수 있도록 좋은 조언이나 해주려 들었을 것이고, 또한 내가 해야 할 최선을 다하고 있다고 위안 삼았을 것이다. 왜냐하면 이전에 나는 나 스스로 존재하고, 특히 타인과 함께 존재하는 것보다는 그저 무엇을 하는 것을 배웠기 때문이다.

　3. 현재 내가 아주 만족스럽게 사람들의 깊은 속마음까지 동반여행을 할 수 있게 되었다면, 그것은 전적으로 그들이 느끼는 존재의 필요성과 혼자 있고 싶지 않다는 필요성을 내가 이해했기 때문일 것이다. 카림은 (그가 그렇게 말했듯) 다시금 완전히 외톨이가 된 자신의 모습, 즉 소외되고 거부된 모습을 보았다. 물론 그것은

그 자신의 비극적 이야기에 다름 아니다.

만약 그에게 온갖 해결책을 늘어놓고, 안심할 만한 좋은 충고를 해주었다면, 그것은 그를 돌봐주는 것이 아니라 나를 돌보는 일, 즉 나의 불안감을 돌보는 일이었을 것이다. 그와 함께했던 것이 아니라 오히려 나 자신과 함께하는 결과를 낳았을 것이다. 즉 내가 '이일을 잘 처리해야 한다는 의무감'에 따르는 당황함이나 죄책감 등을 생각했을 것이다. 그렇게 되었더라면 그는 점점 더 외톨이가 되고, 그 누구도 자신의 고통을 이해하지 못한다고 여기게 되었을 것이다. 그 결과 자기에게 남은 유일한 해결책은 자살이라고 생각하면서 마비 상태에 빠지게 되었을 것이다. 하지만 내가 다행히 공감을 통해 그의 아픔을 이해하게 되고, 그래서 그의 아픔 속으로 정성을 다해 동반 여행을 한다면, 그는 더 이상 외톨이가 아니라고 느낄 수 있는 더 많은 기회를 갖게 될 것이다. 또한 그가 엄청난 고통을 겪고 있는 것은 틀림없지만, 동시에 우리가 그와 함께 있다는 것을 느낄 수 있는 더 많은 기회를 갖게 될 것이다. 바로 이때 우리는 카림은 물론이고 고통을 겪고 있는 많은 사람들의 비극적인 상황의 기저에 자리 잡고 있는 다음과 같은 필요와 연결되는 것이다. 즉 누군가를 생각하고, 누군가의 마음속에 존재하며, 타인들 사이에 자신의 자리를 마련하고, 그리고 서로 만나는 것을 그 주된 내용으로 하는 필요를 말이다.

4. 내가 타인의 마음속으로 향하는 이런 동반 여행을 할 수 있게 되었다면, 그것은 내 안의 고뇌를 직접 탐색해보았기 때문이다. 또한 이 고뇌가 표면으로 다시 올라오면 계속 탐색할 것이기 때문이다. 나는 이제 예전처럼 허둥대며 급히 '뭔가를 하려 들고', 사람들

을 만나고, 누군가를 현혹하고, 더 부지런히 움직이고, 파스칼 (Pascal)이 '기분전환'이라고 부른 것처럼 지나치게 움직여 내 안의 고뇌와 더 동떨어지게 하는 그런 행동을 하지 않는다. 이와는 달리 나는 이 고뇌를 정면으로 바라보곤 한다. 그 속으로 자주 들어가 보곤 한다. 그리고 이런 경험을 통해 그런 고뇌에서 빠져나오는 유일한 방법은 그 속에 완전히 들어가는 것이라는 확신을 갖게 되었다. 이 고뇌를 최소화시키면서 그 주위를 맴도는 한("한번 생각해봐야지. 그다지 심각하진 않아. 내일이면 나아질 거야."), 또는 그것에 지나치게 강하게 대처하는 한("울지 마. 앞으로 나아가. 다른 것을 생각해."), 나는 그것을 한구석으로 치워놓는다고 하면서도 항상 중심에 놓게 되며, 따라서 그것에서 벗어나지 못하게 되는 것이다.

결국 내가 타인의 고뇌 속으로 들어갈 수 있는 것은 즉각적으로 나를 보호할 필요 없이 카림의 고뇌를 경청할 수 있도록 나의 고뇌에 잘 길들여져 있기 때문이라고 할 수 있다.

5. 자기 자신이나 타인이 겪는 신체적, 감정적 고통에 좀 더 유연하게 대처할 수 있기 위해서 뿐만 아니라, 그것을 하나의 기회로 여기면서 수용할 수 있도록 노력할 필요가 있다는 점을 제안하면서, 나는 비폭력 대화의 실천에서 더 멀리 나아가보려 한다. 사실 이런 의미에서 보면 고통의 의미를 잘 헤아리는 것은 성장의 기회이며, 자신과 타인에 대해 그리고 우리 모두의 삶의 의미에 대해 많은 것을 배우는 기회이기도 하다. 따라서 경험에 비춰보면 고통은 항상 (우리가 고통에서 빠져나오기 위해 그 속으로 깊이 들어갈 것을 수용한다면) 깊고, 새롭고, 예기치 못한 기쁨보다 더 앞서는 것으로 보인다.

그렇다고 해서 내가 누군가의 고통을 바라는 것은 결코 아니다. 누구라도 고통을 느끼지 않으면 그처럼 다행한 일이 없다는 것은 당연하다. 여기에서 분명 몇몇 종교 — 이를테면 신체, 육화(肉化), 행복, 모든 형태의 삶에 대해 내가 개인적으로 부여하는 존중, 위엄, 사랑 등을 부여하지 않는 그런 종교 — 에서 행해지는 것과 유사한 연구를 제시하려고 하는 것은 결코 아니다. 하지만 어쨌든 다음과 같은 제안을 하고자 한다. 즉 일단 신체적, 감정적 고통이 부과되면 그것을 다른 의식의 차원으로 옮겨가고, 따라서 다른 단계로의 변화를 가리키는 지표로 여기기를 바라는 제안이 그것이다.

사실 나는 고통에 대해서는 잘 모른다. 가령 나는 삶이 이루어지는 내면의 공간을 잘 모르고, 의미의 규모도 마치 내면의 성(城)에서 잊혀져버린 방에 유폐된 것처럼 잘 모르며, 이 방에 대해서도 잘 모른다. 고통으로 벽이 갈라지고, 그 틈이 더 벌어지거나 혹은 비밀의 문의 열쇠를 돌린다. 이렇게 해서 내면의 새로운 공간에 다다르게 된다. 깊숙하고 예기치 못한 공간 말이다. 더 큰 안락함과 내면적 행복감을 맛보게 되며, 내적 강인함과 안정감을 더 많이 누릴 수 있는 그런 공간 말이다. 그리고 자기 자신과 타인을 관찰할 수 있고, 더 호의적이며 부드럽게 세상을 바라보게 될 그런 공간 말이다. 그렇게 해서 잊혀졌던 방이 세상 위의 테라스처럼 문을 열게 된다.

아래에서 이런 공간의 붕괴와 개방을 보여주는 크리스티앙 보뱅의 글을 읽을 수 있다.

당신 안에서 돌 하나가 흔들거린다. 그리고 또 다른 돌들이 흔들거리게 된다. 이제 더 이상 그 앞을 지나갈 수 없는 벽면은 곧 멀리서 불어오는 바람에 무너지게 된다. 당신은 흩어진 돌들을 바라본다. 맥 빠진 열정으로, 망각의 말라비틀어진 풀로, 피로감의 잿빛 물로 움푹 패여 흩어진 돌들. 이 돌들은 이제 더 이상 지탱하지 못한다. 그것들을 처음의 다양한 상태로 되돌려 보내려면 후 하고 한 번 입김을 불어주는 것으로 족하다. 당신은 무너져 붕괴되는 최후의 메아리를 듣는다. 당신은 메아리가 울려퍼지며 들려주는 다음과 같은 말을 듣는다. "누군가가 당신으로부터 떠났다. 아예 당신의 내부로 들어가보지도 못한 누군가가." 차츰 이러한 황무지의 마력이 사라진다. 후회를 야기할 수 있는 최후의 마력도 없어진다. 상실이라는 간과할 수 없는 무게감을 재어보는 데 소용되는 빛의 끝 모를 모습에서 당신은 멀어져간다.

공감, 그것은 적시에 들어주는 것이다

공감이나 동정은 나와 타인이 살고 있는 이해 범주의 실재이다. 자기 자신에 대한 공감이든 타인에 대한 공감이든 간에 그것은 현재 살아가고 있는 것에 대해 관심을 기울이는 것이다. 공감의 단계들이라고 할 수 있는 다음과 같은 네 단계를 따라 감정과 필요에 이르게 된다.

첫 번째 단계: 아무것도 하지 않기

어린 시절에 "거기 그냥 그러고 있지 말고 뭔가를 해라"라는 소리를 자주 듣곤 했다. 그래서 백방으로 움직이게 되었고, 아무것도 듣지 않거나 하지 않는 것에 대해 만족하지 못하는 습관을 갖게 되었다. 이것은 부처님의 다음과 같은 제안과는 정반대된다.

"무언가를 하지 말고, 거기 그대로 있으라."

고통, 분노, 슬픔으로 당황스러울 때 타인의 고통, 분노, 슬픔을 위해 시간을 내는 것, 그리고 그저 거기에 같이 있어준다는 것은 얼마나 어려운 일인가!

누군가가 아무것도 하지 않으면서 타인의 말을 경청할 수 있는 경지에 도달했다는 것은 다음과 같은 신뢰감을 전제로 한다. 즉 그는 자신의 마음속 저 깊은 곳에 치유, 각성, 성숙에 필요한 모든 근원을 가지고 있다는 신뢰감이 그것이다. 하지만 그를 이 근원과 단절시키는 행위, 그리고 이 근원에 베일을 드리워 그로 하여금 그것을 못 보게 하는 행위, 이것은 바로 적재 적시에 자기의 마음 소리를 듣지 못하는 것과 동의어다. 내면적 근원은 항상 거기에 자리를 잡고 있다. 하지만 그것을 보는 능력을 가지고 있지 못하다.

방황하는 수많은 청소년들은 대체로 이렇게 이야기하는 경우가 많다.

"제가 바라는 것은 그저 딱 한 가지예요. 제가 어려움을 말하고자 할 때 아버지(어머니)가 그것을 잠깐만 들어주시는 거예요. 하지만 힘든 일을 말하려고 입을 떼는 순간 아버지는 저에게 온갖 충고를 해주시고, 산더미 같은 해결책을 늘어놓으시죠. 이 모든 것을 듣는다는 것은 피곤해요. 제가 꼭 해야 할 일이 있고 모든 일에 때가 있다는 얘길 하시는 거죠. 하지만 제 얘긴 듣지 않으세요."

이것이 전형적인 사례다. 분명 아버지나 어머니는 잘해야 한다는 염려와 좋은 아버지와 어머니로서의 완벽하고 근엄한 이미지에 부합하지 않을까 봐 '두려워하는 것'이다. 자녀들이 끝없는 어려움에서 헤어나지 못하는 것은 아닐까, 학업에 뒤처지지는 않을까, 마약을 하거나 나쁜 사람들에 의해 휘둘리지는 않을까 하는 걱정 때문에 '정신이 없어' 그들의 필요를 들어줄 시간적 여유가 없다. 부모의 전체 에너지가 — 대부분 거의 무의식적으로 — 자식들에 대해 안정감을 느낄 필요, 그들에게 도움을 주어야 한다는 필요, 혹은 좋은 아버지나 어머니의 이미지를 심어주어야 한다는 필요, 즉 자신들에 대해 좋은 평가를 내려야 할 필요 등에 전적으로 집중된다. 따라서 부모는 자식들의 말을 잘 들어줄 준비가 되어 있지 않다. 타인과 공감한다는 것, 특히 감정적인 관계가 중요한 역할을 하는 친지의 경우에 공감한다는 것에는 다름 아닌 내면적 안정감과 버틸 수 있는 힘이 필요한 것이다.

두 번째 단계: 타인의 감정과 필요에 주의를 기울이기

내면의 삶은 감정과 필요를 통해 표현된다. 따라서 타인의 말, 그의 억양이나 태도 등을 넘어 그가 느끼는 것이나 그의 필요에 마음의 귀를 기울여야 한다. 그러기 위해 반향이 울리도록 시간적 여유를 가져야 한다. "그가 느끼는 것은 슬픔인가, 외로움인가, 분노인가? 아니면 조금씩 이 모든 감정을 느끼는 것인가? 내가 이런 감정을 느낄 때 내게 필요한 것은 무엇인가?"

매사에 메아리처럼 공명하고 반응하면 된다. 탬버린의 떨림 효과가 어떤 것인지를 잘 알 것이다. 여러 개의 탬버린을 서로 나란히 놓아두었다고 해보자. 첫 번째 탬버린을 치면 마지막 탬버린까지 진동이 전해진다. 우리를 공감의 차원으로 유도하는 것은 바로 이와 같은 진동에 의한 떨림이다.

타인이 체험하는 것에 대해 책임을 지는 것은 중요하지 않다는 사실에 유의하자. 이것은 타인의 권한이다. 오히려 중요한 것은 타인에게 우리의 존재를 알리는 것이다.

세 번째 단계: 타인의 감정과 필요를 반영하기

중요한 것은 감정과 필요를 해석하는 것이 아니라 그것을 자각하기 위해 설명하는 것이다. 타인의 필요를 반복하고 명확하게 다시 표명하는 것은 그것에 동의하는 것도, 더군다나 그것을 충족시킬 준비가 되었음을 뜻하는 것도 아니라는 점을 이해하는 것은 대단히 중요하다. 다음의 예를 보자.

> "남편은 집안일을 전혀 도와주지 않아요. 그이는 이기적인 남성 우월주의자예요."
> "그러세요? 그래서 화가 났고, 여성으로서 존중받고 싶은 것이군요."

위의 대화에서 중요한 것은 부인의 마음의 단순한 반영이 아니라 '남성 우월주의자인 남성 대 여성'의 갈등을 논하는 해석이다. 그런데 문제가 된 필요를 구분, 분리, 반대 등의 내용을 담은 언어 사용을 일체 피하면서 잘 이해했는지를 확인하는 것도 또한 중요하다. 필요의 감정을 '가득 채우는 것'에 주의해야 할 것이다. 감정만 반영하게 된다면 그때는 불평과 불만 속에 머물러 있을 우려가 있다.

"당신은 화가 나셨나요(필요가 없는 감정의 반영)?"

"아, 그래요! 왜냐하면 그이는 견디기 힘든 사람이기 때문입니다. 다른 날도……."

부부관계에서 아픔을 겪고 있는 이 부인은 자신을 향해 돌아보거나 자신의 마음의 근원으로 내려가보지 않고 비난을 계속한다. 그녀의 필요를 '충족시켜야' 한다면, 그녀로 하여금 내면의 감정으로 내려가도록 권유해야 할 것이다. 그리고 의식과 행동 능력을 더 확대시켜줄 내면에 대해 먼저 유익한 작업을 하도록 권유해야 할 것이다.

"그러면 당신이 행한 일을 인정받고 존중받고 싶었는데(필요), 남편으로부터 그런 징조가 전혀 없었기 문에 화가 나신 건가요(감정)?"

아마 이런 대답을 들을 수 있을 것이다.

• "물론이죠. 저는 인정받고 존중받고 싶어요."
• "전혀 그렇지 않아요. 저는 인정받고 존중받고 있어요. 게다가 저는 화가 난 것도 아니에요. 그런데 슬프고 맥이 빠져요. 제겐 격려와 협력이 필요해요."

이 두 가지의 대답을 제시하는 것은 반드시 정확한 감정이나 필요를 맞추어야 하는 것은 아니라는 점을 밝히기 위해서다. 감정과 필요를 반영함으로써 타인에게 빌미를 마련해줄 수 있다. 이런 태도를 통해 타인은 내적으로 지금 있는 그 상태에 머물고, 또한 자기 내면의 안전을 위해 현재 있는 그대로의 내면으로 내려간다. 이렇게 해서 그는 자신의 고유한 근원을 찾는 데 호의적인 태도를 보임으로써 내면의 소리를 경청할 수 있다. 결국 중요한 것은 능동적인 태도로 내면의 소리를 경청하는 것이다. 타인과 더불어 그의 감정과 필요를 탐색함으로써 그의 앞에서 우리 자신의 존재를 보여주게 된다. 이처럼 타인의 말을 경청하는 것은 능동적인 행위가 된다. 그도 그럴 것이 그는 항상 사유 작용이 일어나는 정신적 공간으로 거슬러 올라가려는 경향이 있기 때문이다. 또한 그 결과 그가 재차 자신의 감정과 필요로 되돌아오기 위해서 누군가가 그의 말을 경청해 주는 것과 같은 도움이 필요하기 때문이다.

만약 그 부인이 "아무튼 남자들은 죄다 남성우월주의자들이야. 바뀌지 않을 거야"라고 말한다면, 그녀의 판단과 범주를 동시에 드러내는 이런 '정신적인' 문장 — 즉 사유에 입각해서 사용한 문장 — 이 아무 의미 없이 그냥 폐기되도록 하지는 않을 것이다. 왜냐하면 이런 문장을 통해 그녀에게 가장 중요한 필요가 무엇인지를 알 수 있는 좋은 기회가 되기 때문이다. 마샬 로젠버그는 실제로 "우리가 내리는 판단은 우리가 느끼는 필요에 대한 비극적인 표현이다"[15]라고 말한다.

---

15) Marshall Rosenberg, 『비폭력 대화 – 공감의 언어』. 이 저서는 『말은 창(窓)이 아니면 벽이다』라는 제목으로 불어로 번역되었다(Éditions Jouvence et Syros, 1999).

예컨대 다음과 같은 대화를 계속 나눌 수 있다.

"당신은 이런 말을 하면서 낙심하는(감정) 거지요? 만약 그렇다면 항상 인간들 특히 남성들이 서로에게 더 개방적이고 더 많은 관심을 기울여줄 것을 당신이 항상 바라기(필요) 때문이겠지요?"

"어쨌든 남편과는 불가능해요!"

"그게 더 슬프겠군요(감정). 당신이 남편을 신뢰하고, 남편 스스로 변할 수 있으며, 또한 남편을 변화시킬 방도가 있으면(필요) 좋을 텐데 말이죠."

"오! 저도 그런 것은 알죠. 물론 그이는 훌륭한 자질이 있어요. 그런데 그이는 그런 자질을 살리지 못해요. 그이는 완고해요."

"그렇다면, 당신은 남편의 자질에 매우 감동되는(감정) 부분과 그런 자질을 거의 활용(필요)하지 않는 남편으로 인해 피곤함을 느낀다는 또 다른 부분이 공존함을 느끼시나요?"

"네, 그렇죠. 저는 예민하고 섬세한 그 사람한테 굉장히 감동받습니다. 그와 동시에 그가 남성 우월주의자로 행동해야만 한다고 생각하면서 자신이 가진 섬세함이 드러나는 것을 몹시 두려워하는 것이 정말 슬퍼요. (침묵) 이런, 내 정신 좀 봐. 방금 그이를 남성 우월주의자라고 판단해놓고는, 또 그이를 섬세하고 주의 깊은 사람이라고 인정하네요."

"당신이 그렇게 인정할 때 어떤 느낌이 드시죠?"

"감격스럽고, 진정이 되기도 합니다(감정). 각자가 연극을 해왔다는 것을 더 잘 이해하게(필요) 되었기 때문입니다."

"남편을 상대로도 역시 연극을 했다는 생각이 든다는 말씀이죠?"

"물론입니다. 각자가 연극을 하기 때문에 항상 진정한 관계를 못 맺는 것이지요. (침묵) 저는 변하고 싶어요. 가면을 벗고, 그이의 눈에 비치길 원하는 나의 모습이 아니라 있는 그대로의 내 모습을 보여주고 싶어요."

"그런 방향으로 나아가기 위해 구체적으로 어떻게 하시겠습니까?"

"(침묵) 그이에게 잠시 제 얘길 들어주겠는지 물어보고, 제가 선생님과 방금 나눈 얘기를 그이에게 이야기하겠습니다."

해설

1. 공감은 타인의 감정과 필요에 대한 '밀착'에 그 기초를 둔다. 한편, 자기 마음대로 타인의 감정이나 필요를 짐작해서는 안 된다. 그저 타인이 자신의 감정과 필요를 언어로 표현하면서 느끼는 것에 최대한 가까워지도록 노력하면 된다. 다른 한편, 타인으로 하여금 그의 정신적 공간과 지성, 문화적, 심리적, 철학적 사고를 되짚어 생각하기보다는 그 자신의 감정과 필요를 탐색하고 경청하도록 유도해야 한다. 결국 타인이 직접 치유에의 길을 안내해야 한다.

따라서 "남자들은 죄다 남성 우월주의자들"이라고 주장하는 부인의 예에서 나는 "천만에요. 그렇지 않은 사람을 아는데요"라든지 "맞아요. 그런 사람들은 정말 끔찍하죠"라는 식으로 대답하면서 대꾸를 하지 않는다. 이처럼 대꾸를 한다면 해결책을 찾지 못하고 그저 같은 자리를 뱅뱅 돌거나 아니면 분리나 혼란 속에 빠질 위험이 있다. 이와는 반대로 우리는 타인의 말을 계속 따라간다. 하지만 무작정 따라가는 것이 아니라 타인이 느끼는 것에 '밀착하면서' 따라간다. 또한 타인의 제안 배후에 있는 그 무엇에 '밀착하면서' 따라간다. 위의 부인의 예에서는 "인간들이 특히 서로에게 더 개방적이고 관심을 기울여줄 것을 바라기(필요) 때문에 당신은 낙담하는 거죠?"라는 말에 '밀착하는' 것이다. 이렇게 함으로써 그녀로 하여금 상상의 세계, 고정된 범주의 세계, 수세기 전부터 많은 사람들에 의해 반사적으로 전해 내려오는 선입관 등에서 벗어날 것을 권유한다. 물론 그 목적은 정확한 시기에 그녀의 내부에서 발생해서 그녀에게 생기를 부여해주는 것과의 관계를 다시 정립한다. 내가 그녀에게 제안하는 것은 결국 다음과 같다. 즉 그녀가 사용한 언어, 늘 가지고 있는 언어 습관, 특히 늘 해대는 불평의 배후에 자리 잡고 있는 그녀 자신의 진정한 필요를 향해 정신을 집중해 나아가도록 한다.

나는 대개 하고 싶지 않은 것이 무엇인지를 알고 있다.

나를 도와줄 수 없는 자에게 불평을 한다.

하지만 나는 하고자 하는 것이 무엇인지를 아는 일에

더 큰 관심을 가질 수 있다.

이를 바탕으로 도와줄 수 있는 자에게

도움을 요청할 수 있는 것이다.

2. 자세히 살펴보면 불평 속에는 이제 더 이상 원하지 않는 것이 무엇인지를 확인하려는 성향이 있다. 또한 우리를 돕는 데 적합하지 않은 자에게 그것을 알려주려는 성향도 있다. 따라서 아무 변화 없이 불평만을 늘어놓으면서 150년을 보낼 수도 있다. 자각을 바탕으로 이루어지는 비폭력 대화를 통해 결핍 배후에 있는 자기 자신의 필요가 무엇인지를 확인하고, 그것을 의식하고, 그렇게 함으로써 도움을 줄 수 있는 자 — 대개 자기 자신이다 — 에게 그것을 알려줄 수 있다. 위에서 살펴본 예에서 부인이 "모든 사람이 연극을 한다는 것을 깨닫게 되었어요. 저도 마찬가지고요. 저는 변하고 싶어요. 그러기 위해 제가 그이에게 마음을 열기로 결심했습니다"라고 말할 때, 그녀는 이미 불평에서 벗어나 마음먹고 일을 시도할 수 있다.

3. 공감이란 자기 자신 및 타인들과 맺는 진실한 관계의 열쇠이다. 자기를 치유하고, 편안하게 하며, 활기차게 만드는 것이 바로이 진실성이다. 슬픔, 고뇌, 외로움이 밀려올 때를 잘 살펴보라. 우리가 원하는 대로 환대, 경청, 이해, 사랑을 받지 못할 때 그런 감정들이 생기는 것이 아니겠는가? 사망, 이혼, 계획 실패로 인해 발생하는 고통을 잘 들여다보라. 혼자서 이 고통을 모두 감당해야 한다면 그 상황은 지옥과도 같을 것이다. 하지만 누군가와 둘이서 또는 가족과 공감할 수 있다면 그 상황은 완전히 달라질 것이다. 왜냐하면 이해와 존중과 더불어 이 상황을 공유할 수 있기 때문이다. 만약 독자 여러분이 지금과는 다른 의식의 단계로 접어들기 위해 이런 기회를 포착한다면, 그것은 새로운 교제, 지금까지와는 다르고, 더 심오하며, 전혀 예기치 못한 행복을 얻을 수 있는 기회가 될 수도

있을 것이다.

4. 앞에서 살펴본 부인의 예를 통해 타인의 감정과 필요를 정확히 맞출 필요는 없다는 사실을 지적한 바 있다. 물론 현재 상황에 맞춰 자신의 위치를 정하도록 돕기 위해 타인에게 어떤 제안을 하는 것은 유익할 수 있다는 점도 역시 지적한 바 있다. 최근에 대학생들로 이루어진 집단과 더불어 이 사실을 확인할 수 있는 기회를 가졌다.

우리 모두는 한겨울에 난방도 제대로 되지 않는 교실에서 오전이 끝나갈 무렵에 공부를 하고 있었다. 한순간 한 여학생에게 보통 던질 수 있는 질문을 했다. "어떤가? 기분이?" 그녀가 "예, 괜찮아요"라고 대답했다. 계속해서 질문을 했다. "갈증이 나는가?" 그녀는 "네"라고 대답한다. "추운가?" "네." "배가 고픈가?" 그녀는 웃으면서 "네"라고 대답한다.

"좀 더 구체적으로 질문했더라면, 자네가 괜찮지만은 않다는 것을 알 수 있었을 것이네. 물론 자네로 하여금 배고프고, 춥고, 목마르도록 강요하지는 않았지. 하지만 자네가 이런 필요를 느끼는지 자문하도록 해본 거라네. 세 질문에 자네는 '아니에요'라고 대답할 수도 있었겠지. 아니면 정말 피곤해서 '피곤해요'라고 덧붙일 수도 있었겠지. 자네가 그저 반사적으로 대답하기보다는 자네의 저 깊은 마음속에서 들려오는 소리를 한번 들어보도록 그런 제의를 해본 거야. 이것이 바로 '적시에 경청하기'라네. 공감을 통해 할 수 있는 일이 바로 이것이라네."

네 번째 단계: 종종 한숨으로 표현되는, 타인의 신체적 이완이나 긴장의 완화를 확인하기

대개 비언어적 언어를 통해서도 서로 이해하고 일치감을 느낀다는 것을 나타내는 경우가 있다. 타인이 이해했는지 혹은 그가 우리의 말을 경청할 준비가 되었는지를 확인하기 위해 이런 신호를 기다리는 것도 중요하다.

앞에서 보았던 카림과의 대화에서 이 순간은 분명하게 나타났다. 내가 그의 말을 들어주지 않았더라면, 그가 내 말을 들어줄 여유는 전혀 없었을 것이다.

카티 또는 공감에 대한 부작용

내가 관찰했던 대부분의 사람들은 공감의 필요성에 대한 엄청난 갈증을 느끼고 있었다. 또한 그들은 너스레나 수다가 아니라 자신들의 감정과 필요에 대한 이해와 경청에서 큰 행복을 느꼈다. 하지만 이와는 반대로 이런 사실에 대한 이해가 부족하고, 상대방의 말을 기꺼이 경청하지 못하며(판단의 자유), 인격적인 수용 자세에서 부족한 면을 내보이는 사람들도 만났다. 그들은 한결같이 공감에 대해 좋지 않은 반응을 보였다. 그들은 마치 다음과 같은 생각을 갖고 있는 것 같았다. 즉 타인에 의해 그들의 속마음이 이해되고 경청된다는 사실로 인해 자신들이 손수 갈고닦아 이뤄놓은 것 — 그들의 반항적이고 이해받지 못하는 정체성, 질기고 어두운 고독감, 위로받지 못하는 비굴한 존재 — 을 강탈당한다는 생각이 그것이다.

또다시 미지의 것에 대한 두려움을 가진 것이다. 여기에서 두려

움은 실존의 두려움이라는 형태로 나타난다.

"나는 항상 마음의 문을 닫고, 방어하고, 나 자신을 무장해왔어.
이제 와서 개방하고 무장 해제를 한다면 살아남을 수 있을까?"

심한 마음의 상처를 입은 사람들은 상당한 정도의 침묵의 공감을
필요로 한다. 왜냐하면 그들은 대개 단호하게 위와 같은 말로 공감
을 거부하기 때문이다. 불량배들이 사용하는 "입 닥쳐요. 꺼져버려
요. 당신이 알 바 아니에요" 등과 같은 표현을 사용하는 사람들도
있다. 또한 귀찮은 듯이 스스로 결론지어 "그런 심리 용어나 애매
한 생각 따위는 집어치우세요. 나도 당신 못지않게 분명하고 논리
적으로 생각할 수 있는 사람이라고요. 다른 것은 필요없어요"라고
말하는 사람들도 있다. 생각하고 또 더 잘 생각해보려고 하는 나머
지 그런 사람들은 더 이상 마음으로 느끼려고 하지 않으며, 더 이상
존재하려고도 하지 않는다.
　대개 강한 반발은 강한 필요를 반영한다. 다음에 이야기하는 카
티(Kathy)의 예에서 그것을 잘 볼 수 있다.

몇 년 전에 거리를 배회하는 아이들과 보육원 아이들을 포함한
20여 명과 함께 며칠 동안 황량한 계곡 지대를 따라 내려가는 기회
를 가졌다. 카티는 출생과 동시에 엄마에게서 버림받았으며, 그 뒤
로 보육원에서 자란 14세의 소녀였다. 그녀가 사용하는 언어는 거
칠기 짝이 없었다. 그녀에게 무슨 말이라도 걸리면 욕설, 거친 인
상, 폭언 등을 감수해야만 했다.
　이글거리는 태양 아래서 계곡을 타고 내려가야 했기 때문에 나는

카티에게 햇빛을 가리려면 긴소매 티셔츠를 입는 것이 좋을 것이라고 말했다. 그녀는 한 번 태양을 바라보더니 막무가내였다. 좋다. 그녀를 이해한다!

저녁에 야영지에서 보니 그녀의 팔은 햇볕으로 잔뜩 그을려 있었다.

"카티! 일광욕 후에 바르는 크림이 있으니, 바르고 싶으면 발라라. 아플까 봐 걱정되는구나."

"관둬요. 관심 갖지 말고 꺼져요."

"알았다. 카티, 하지만 크림을 여기 놔둘게. 원하면 바르렴. 하지만 내일은 긴소매 셔츠를 입도록 해라. 그렇지 않으면 화상을 입을 거야. 너희 동네보다 이곳은 해가 훨씬 더 강하단다."

"입 닥치라고요. 그냥 날 내버려둬요."

그 다음 날 또다시 카티는 종일 햇볕에 그을렸다. 몸을 가려야 한다는 말을 듣지 않고 말이다. 저녁 때 그녀의 모습을 보니 온통 새빨갛게 되어 있었다.

"카티! 이젠 정말 많이 쓰라리겠구나. 내 배낭 뒤쪽 돌 위에 크림이 있어. 목이나 등에 바르도록 도와줄까?"

"꺼져요. 손 대지 마요. 변태……."

"알았다, 카티."

카티는 텐트를 치려 했다. 옆에서 지켜보았는데 텐트를 제대로 설치하지 못했다. 지켜보던 나를 보더니 그녀가 나를 불렀다.

"이봐요, 이상한 아저씨! 거기서 할 일 없이 그냥 있을 바엔 나를 좀 도와줄래요?"

"기꺼이 그러지, 카티."

윙크로 답하고 나서 내가 말했다.

"이상한 아저씨라고 하는 대신 나를 토마라고 불러주지 않겠니?"

카티는 비웃었고, 나는 그 아이가 텐트를 치는 것을 도와주었다. 그러면서 약간의 잡담을 나누었다. 거친 가면 아래에서 어린 소녀의 부드러움이 드러났다. 나는 크림을 발랐다. 그때 카티가 햇볕에 잔뜩 그을려 붉어진 팔 앞쪽을 내밀며 내 이름을 부르는 소리를 들었다.

"저기요, 토마. 나도 좀 발라줄 수 있어요?"

그날 저녁에는 팔 앞쪽에만 크림을 바르는 것으로 충분했다. 하지만 그 다음 날 저녁엔 그녀가 목과 어깨 위쪽도 발라줄 것을 청했다. 그날 이후 우리 사이엔 크림을 발라주는 것이 일종의 관례가 되었다. 여행 중 매일 저녁마다 그녀는 내게 이 간단하지만 상쾌한 마사지를 받으려 했다. 이렇게 해서 조금씩 서로 신뢰하고 애정을 받을 기회를 갖게 되었다. 우리는 서로 친해졌다.

독자 여러분은 『어린 왕자』에 나오는 여우를 기억할 것이다. "네가 나를 길들여주길 바래"라고 여우가 말한다. "길들이는 게 뭔데?" 어린 왕자가 묻는다. "자 봐. 나는 네게 수많은 여우들과 같은 한 마리의 여우에 불과해. 그리고 너는 내게 수많은 소년들과 같은 한 명의 소년에 불과해. 그런데 서로 길들여지면 우린 서로에게 유일한 존재가 되는 거야."

서로에게 유일하게 되는 것, 타인의 시선에 유일한 존재가 되는 것!

카티는 분명 14년 동안 이것을 기다려왔던 것이리라. 유일한 존재가 되고, 그런 존재로 간주되고 또 그런 존재로 확인받고자 했다. 그녀에게는 이런 존재가 되지 못한 것 자체가 견딜 수 없는 고통이었으며, 그 결과 그녀는 크림을 바르라고 하는 제안을 간섭하는 것으로 여겼다.

단체 여행에서 돌아와 카티를 다시 보육원에 데려다줄 버스로 짐을 꺼내 옮기던 순간 그녀는 두 개의 배낭을 내버려둔 채 눈짓을 하며 나를 보더니 이렇게 말했다. "그곳으로 돌아가기 싫어요. 저를 입양해주세요, 네?"

공감에 대한 부작용은 부부나 가족 관계에서도 빈번히 나타난다. 타인과의 관계에서 고통이 누적되어 그가 건네는 말 한마디도 더이상 견딜 수 없는 경우도 없지 않다. 심지어 사랑조차도 견딜 수 없는 상황에 빠질 수도 있다. 이런 상황은 두 사람 모두에게 아주 끔찍하다. 폐쇄적인 관계를 유지하는 사람은 스스로 갇혀 지내기 마련이며, 그것도 모른 채 고뇌 속에서 고통스러워한다. 그런 사람은 자신이 치유의 열쇠를 쥐고 있다는 생각을 하려 들지 않으며, 따라서 함정에 빠져 있다. 그런 사람의 무력감과 거부감, 고독감이 엄청나다는 것은 말할 나위가 없다.

마음의 문을 열어놓는 사람은 자신의 선의와 노력이 인정받지 못하고 수용되지 않는다는 사실로 인해 커다란 고통을 겪는다. 종종 홧김에 단절된 관계를 그대로 유지하는 것이 옳았다는 것을 확인하고는 반항과 공격으로 대응하기도 한다. 이렇게 해서 폭력의 소용돌이나 악순환이 시작될 수 있다. 그리고 이런 상태는 수세기 동안 계속될 수도 있을 것이다. 부족이나 가족 단위의 증오심이 여러 세대를 이어져 내려오는 것을 보라!

어떻게 할 것인가?

1. 개방성을 유지하고 싶은 사람을 위하여

타인의 공격성을 야기하는 자신의 공격성을 피하라. 하지만 경우에 따라서는 비폭력 대화의 형식으로 표현된 분노를 통해 타인의 마음을 상하게 하지 않으면서도 자신의 욕구불만을 명확히 표현할 수 있기도 하다. 뒤에서 어떻게 타인의 마음을 상하게 하지 않으면서 자신의 분노를 효과적으로 표현하는지를 살펴볼 것이다.

하지만 개방성을 유지하고자 하는 사람이 철저하게 마음의 문을 닫아버리는 태도를 취하는 경우가 종종 있다. 이 경우에는 전혀 공격하고자 하는 의도가 없는 태도로, 분노를 통해 필요사항을 표현하는 행동 역시 공격적인 태도로 간주될 수 있다.

게다가 침묵의 공감도 있다. 마음의 공감이 그것이다. 이것은 자기 자신을 향한 내면적인 작업을 요구한다. 공격으로 이어지지 않기 위해서다.

이 침묵의 공감이 폭력의 소용돌이나 악순환으로 치닫지 않을 유일한 방법이라고 생각한다. 스스로 호의적인 태도를 유지하고, 타인의 고통이나 이 고통에 의해 자기 내부에서 유발될 수 있는 고통을 내면적으로 수용한다. 여러 상황을 겪으며 내적 평안을 되찾도록 노력한다. 각자는 마음속에서 일어나는 전쟁과 평화에 대해 책임이 있다.

하지만 이 침묵의 공감을 얻기 위한 과정에서 혼자 폭력의 악순환을 감당할 힘이 없다고 느끼면 도움을 받아야 한다. 개인적으로 나는 경우에 따라 외적 도움을 필요로 하고 동료들의 공감이나 경청에 호소할 필요성을 느끼곤 한다. 특히 타인들과의 관계에서 공격성 쪽으로 기울고 있다고 느낄 때 그러하다. 그렇게 해서 나는 항상 호의적으로 타인을 맞아들일 태도를 유지한다.

물론 공격성을 폭발시켜 나름대로의 결과를 얻을 수도 있다. 예컨대 자명종을 바닥에 내던지면 후련할 수 있다. 하지만 그것은 산산조각 날 것이고, 어쩌면 그 조각에 맞아 다칠 수도 있다! 따라서 더 이상 이런 방법으로 문제를 해결하려는 마음은 없어진다. 이제부터 우리가 중요시하는 것은 그런 성과주의가 아니라 만나서 함께 있게 되는 분위기다. 일방적이라 하더라도 공감을 유지하는 분위기가 원한의 감정을 품는 분위기보다 훨씬 더 낫다는 것은 당연하다.

"당신은, 정말 귀엽다고 말하겠지만, 그래서 어떻다는 것인가?" 아래에서 이런 상황에서 자주 발생하는 실제 경우를 살펴볼 것이다. 타인을 직접 변화시킬 없다는 것은 주지의 사실이다. 자기만이 자신을 변화시킬 수 있으며, 타인을 바라보는 방법을 바꿀 수 있을 뿐이다. 실제로 현실에서 볼 수 있는 것은 자기가 바뀌면 타인도 바뀐다는 것이다. 어쨌든 각자가 변화를 수용한다면 타인이 변화할 수 있는 가능성이 더 커진다. 이와는 반대로 각자가 뻣뻣한 태도를 취하면 타인 역시 그런 태도를 취하기 십상이다. 공격이라는 공을 주고받으려면 반드시 두 명이 있어야 한다(나는 너를 화나게 만들고, 너는 나에게 반박하고, 나는 한술 더 떠서 라켓을 내려놓기로 결심하고, 더 이상 이런 게임은 하지 않겠노라고 말한다). 이와 마찬가지로 심술이 지속되기 위해서도 두 명이 있어야 한다.

결국 한 사람은 문을 계속 걸어 잠그기로 고집을 부리지만 다른 한 사람이 계속 문을 열어놓기 때문에 그들의 관계가 회복되는 것을 본 적이 있다. 그렇다면 문을 잠그고 심술 속에 갇혀 지내는 사람은 무엇을 원하는가? 대개 그 사람은 자기가 어느 정도의 고통을 겪는지를 타인이 이해해줄 것과 타인이 직접 그 고통을 헤아려주기를 원한다. 마치 그 사람은 자신의 고통을 표현할 단어도 힘도 없는 것처럼 마음의 '문을 잠그고' 스스로를 가둬버린다. 타인의 이런 태도에도 불구하고 문을 열기 원한다면 어떻게 해야 하는가? 그의 고통에 드러내놓고 공감을 표명하거나 침묵으로 표명할 수 있다. 또한 그에게 아무 판단이나 비난도 하지 않은 채 그의 태도를 받아들인다는 것을 보여줄 수도 있다.

공감이란 단단한 바위를 가로질러 제 길을 찾아가는 물과 같다. 왜냐하면 갈증의 해소를 가장 강하게 느끼는 마음의 일부가 그 물을 거기로 흘러들도록 했기 때문이다. 하지만 대개 공감은 엄청난 인내심을 요구한다. 시간을 더 유용하게 사용하고 싶고, 에너지를 더 만족스런 방법으로 사용하고 싶은 것이 인지상정인데도 말이다.

2. 폐쇄성을 유지하고 싶은 사람을 위하여

지금 이 사람이 어떤 대가를 치르고서라도 빠져나와야 할 그런 정도로 괴로운 상황에 있는 것은 아니라고 하자. 그렇다면 그에게 현재의 이 고통에서 벗어나도록 다른 고통을 감내하는 위험을 감수하라고 권유할 수는 없을 것이다. 불평을 하면서 느끼는 편안함을 버리라고 권유할 수도 없을 것이다("이건 아빠, 엄마, 남편, 부인, 선생님, 아이들 잘못이야"). 또한 자기 자신이나 현실과 타협하는 것을 그만두라고 권유할 수도 없을 것이다("좀 더 있으면 나아질 거야, 내 인생을 다시 살아야지, 외국으로 이민을 떠나야지, 새로운 배우자와는 모든 게 달라질 거야"). 마지막으로 상처를 치유하기 위해 그 상처 속으로 들어갈 것을 권유할 수도 없을 것이다.

대개 이런 노력을 실현시키기 위해서는 타인의 도움이 필요하다. 타인의 도움이 없다면 오랜 동안 같은 자리를 뱅뱅 맴돌 수도 있다. 하지만 불행하게도 그런 상황에서 타인의 도움을 받을 생각을 하는 사람은 거의 없다. 그들은 오히려 네르발[16]이 자신의 시에서 표현한 것처럼 '오만한 절망감'을 되풀이한다.

> 나는 홀아비요, 우울한 사람이요, 비탄에 빠진 자라네.
> 무너진 탑에 갇힌 아키텐 왕자라네.
> 나의 유일한 별은 죽었다네.
> 내 멜랑콜리의 검은 태양을 붙든
> 나의 뤼스 콩스텔레여.

도움을 청하는 것, 그것은 자신의 궁색함과 연약함을 보여주는 것이다. 연약함을 깨닫는 것이 자신의 진정한 힘, 곧 마음의 힘을

---

16) (역주)제라르 드 네르발(Gérard de Nerval, 1808-1855): 19세기에 활동한 프랑스 시인.

포착하는 좋은 기회라는 것, 그리고 궁색함을 깨닫는 것이 자신의 진정함 풍요로움, 곧 영혼의 풍요로움을 포착하는 좋은 기회라는 것을 아는 것은 벌써 자신의 상처 치유와 자신에 대한 인식에서 많은 진보를 이루었음을 의미한다.

앞에서 '오만한 절망감'이라고 부른 것, 이것은 다름 아닌 의식의 한 단계에서 더 이상 나아가지 못하고 멈춰버린 것이다. 즉 고통이라는 휘장을 두르고 그냥 거기에 머물러 있는 것이다. 다른 사람들은 절대로 나를 이해해주지 못할 것이라고 확신하면서 말이다. 하지만 내 의도와는 다르게 다소간 의식적으로 '누군가가' 나를 돌봐주기를 기대하기도 한다. 물론 이런 사람에게는 그냥 그 자리 머물러 있는 것이 잘하는 것일 수도 있다. 바로 그 순간 그 상황에서 그렇게 하는 것이 그가 할 수 있는 최선의 노력일 수 있다. 또한 그의 내부에는 타인의 도움을 청할 힘도, 상황을 다르게 볼 수 있는 힘도 더 이상 없을 수도 있다. 물론 나는 이 모든 사실에 대해 어떤 판단도 하지 않는다. 다만 인간이 그 정도로까지 고통 속에 자신을 방치하고, 성장하기 위해 상황으로부터 빠져 나와야 하는 것을 스스로 억제할 수 있다는 생각에 커다란 슬픔을 느낄 따름이다. 또한 자기 자리에서 완강하게 버티는 사람이나 혹은 사고, 결별, 질병, 사망으로 인한 쇼크 현상으로 역동성과 생활을 회복하지 못한 상태에 갇혀 지내는 사람이 염려스러운 것이다.

욕구는 충족되는 것보다 인정받는 것을 더 필요로 한다

유치원 원장인 한 여성이 주말에 상담소 연수를 받고, 월요일 아침에 일터로 갔다. 유치원에서 그녀는 처음으로 엄마 손에 이끌려

유치원에 온 한 여자 아이를 달래려는 젊은 여선생의 태도를 관찰하게 되었다. 꼬마는 눈물이 가득 고였고, 젊은 여선생은 문제를 '해결하려고' 고전적인 방법을 동원해 애를 쓰고 있었다.

첫 번째 태도

"자, 그만. 꼬마 아가씨. 슬픈 게 아니야. 여기 있으면 얼마나 재미있는지 알게 될 거야."

이런 태도는 타인의 감정을 부인하는 것이다. 타인의 감정은 방해하는 것처럼 여겨진다. 왜냐하면 우리가 '뭔가를 해야 한다는' 것에 무력감을 느끼기 때문이다. 하지만 우리 역시 그런 감정을 부인한다.

두 번째 태도

"자, 슬퍼하면 안 돼. 재미있는 장난감도 있는 이렇게 멋진 유치원에서 너처럼 지낼 수 있는 아이들은 많지 않아."

죄책감이 들게 하기! 아이가 그 당시 처해 있는 상황에서의 생활에 대해 야단친다. 아이에게 슬퍼하는 감정이 잘못된 것이라는 것, 따라서 슬퍼하면 안 된다는 것을 일러준다. 결국 이렇게 함으로써 그 아이로 하여금 지금 현재 느끼는 것을 의심하거나, 다른 아이들과 어울리기 위해 감정을 억누르도록 유도한다!

세 번째 태도

"소리 지르는 데 질렸다. 너 진짜 골칫거리구나. 자, 하고 싶은 대로 해봐. 네가 착해지면 다시 오마."

자의적인 판단과 분노.

이 상황을 쭉 지켜보다가 원장 선생은 여선생에게 땅바닥에 앉아 계속해서 울어대는 아이를 자신이 맡아보겠다고 말했다. 그녀는 아이 곁으로 다가가서 무릎을 꿇고 이렇게 말했다.

"꼬마 아가씨, 지금 너무 슬프지(감정)?"
"네." (흐느끼며 아이가 대답한다.)
"슬프고 화도 나지, 그렇지(감정)?"
"네." (훌쩍이며 아이가 대답한다.)
"오늘 아침에 엄마하고 같이 있고 싶었는데(감정)!"
"네." (한숨을 쉬면서 아이가 대답한다.)

원장 선생도 공감하며 아이를 쳐다보면서 같이 한숨을 쉰다. 그 후 아이에게 이렇게 제안한다.

"이제 나랑 같이 놀아볼까?"
"좋아요." (아이가 대답한다.)

무슨 일이 일어났는가? 어린아이는 너무 외롭고 버려진 느낌을 받았다가, 타인과의 관계가 맺어지고, 자기가 이해되었다는 느낌을 받은 것이다.

> "아, 이제 여기서 나를 이해하고, 이상한 소리를 하지 않는 어른
> 이 한 명 생겼어! 드디어 내가 이곳에 있게 되었어. 자, 그러면 놀
> 아볼까."

원장 선생은 타인의 필요를 경청해서 그의 욕구불만을 누그러뜨릴 줄 알았다. 그 대신 타인이 그것을 충족시키지 못한 것에 대해 책임이 있다고 느끼게 하지 않은 것이다. 이런 생각 덕분에 그녀는 아이에게 "오늘 아침에 엄마하고 같이 있고 싶었는데"라는 필요를 제안할 수 있었다. 남의 상처를 건드려 일을 악화시키지도 않고, 아이의 엄마에게 전화를 걸어 아이의 행동에 대해 합당한 조치를 취하게 하지 않고서도 말이다.

이 예를 통해서 "종종 아무것도 하지 말라"는 것을 다시 한번 배우게 된다. 그 대신 그저 거기에 있어주면 된다는 것, 그리고 그렇게 하는 데에는 많은 시간이 필요하지 않다는 것 역시 배우게 된다.

판단을 제한하는 힘에 대하여

종종 '골치 아픈 아이'라는 말을 듣는 이 아이는 그로 인해 그런 정체성을 고착시키거나, 아니면 그런 쪽으로 치우치게 될 수도 있다.

> "난 유치원의 골칫거리야. 왜 이런 꼬리표를 나에게 달아주었는

지를 보여주지! 당하면서 살 내가 아니지. 반대로 나에게 그런 꼬리표를 달아준 당신들이 당해야 해. 내가 소동 부리는 게 허용되지 않으니까, 당신들이 깜짝 놀라도록 해주겠어. 맛 좀 봐라."

나는 이런 판단이나 꼬리표가 갖는 힘이 부정적으로 작용하는 사례를 여러 차례에 걸쳐 보아왔다. 문제아로 취급되는 얼마나 많은 젊은이들이 '위험스런 재범자, 치유 불능의 마약중독자, 난동꾼, 날치기 전문' 등으로 미리 취급을 받고 있는가! 이런 취급을 받으면 그들은 부족한 것을 채워 거기에 합당한 사람이 되려 한다. 이렇게 해서 그들의 행동은 그런 사람이 되는 방향으로 더 강화되게 되며, 그로 인해 그들 각자는 자신이 그렇고 그런 사람이 아니라 뭔가 특별한 사람이 된 듯한 인상을 갖는다.

18세 앙토(Anto)의 모습이 자꾸 떠오른다. 여러 차례 감옥을 다녀온 그는 사고를 저지르는 가운데도 우리 모임에 정기적으로 참석했다. 그는 아버지한테 매를 맞았고, 자기를 사랑할 줄 몰라 가끔 자기 자신이 싫어질 때면 자학하며 주머니칼로 자기 몸에 상처를 내는 버릇이 있었다. 어느 날 그가 이미 3개월간 귀가 조치를 받았는데도 48시간째 감옥에서 출소하지 않고 있다는 것을 알게 되었다. 그날 이후 그에게 무슨 일이 있었는지를 물었다.

"판사가 '자넨 인생을 감옥에서 마치게 되겠군'이라고 말하더군요. 맞아요. 저는 다시 죄수가 됐어요. 감옥에 있을 땐 모두 저를 알아줘요. 친구들도 있고요. 제가 보스예요. 그런데 밖으로 나오면 아무도 저를 몰라요. 하찮은 쓰레기, 창피스런 인간이죠! 비참한 놈! 그래서 경찰 앞에서 할망구를 괴롭혔더니, 잘됐죠 뭐! 같은 날

감방 친구들을 또 만나게 된 거죠."

이 예에서 다음과 같은 두 가지 사실을 관찰하게 되었다.

1. "나는 죄수야. 나는 내 인생을 감옥에서 마감하게 될 거야." 이런 생각이 갖는 힘의 작용으로 인해 뾰쪽한 수가 없는 앙토는 스스로 그런 사람이 되려고 노력한다는 사실이다.

2. 이런 현실을 평가하기 위해 적용되는 원칙이 적합하지 못하다는 사실이다. 그 당시 나는 아직 변호사였다. 앙토와 그 외의 사람들 덕택에 나는 법의 원칙(이것은 합법적이고, 이것은 합법적이지 않다), 도덕적 원칙(이것은 좋고, 이것은 나쁘다), 사회적 원칙(원래 그렇다, 정상이다, 비정상이다), 심리학적 원칙(파괴적 인성, 법과의 단절)이 있는 그대로의 현실을 파악하는 데 적합하지 않다는 사실을 알 수 있었다. 앙토는 18년 동안을 사랑의 결핍, 정체성의 결핍, 감정 불안으로 헤맸다. 이런 그에게 "이건 나쁘다, 이건 합법적이지 않다, 너는 심리적으로 문제가 있다"라고 말하는 것은 그를 화성인 취급하는 것과 같다. 따라서 그와의 감정적 거리를 더 벌려놓는 것과도 같은 것이다. 경험을 통해 나는 이제 앙토와 같이 상처받은 마음을 가지고서도 자기 자신과 사회와 화해할 수 있는 유일한 방법은, 적기에 필요하면 언제든지 공감하며 그의 말을 경청해 주는 것이라는 점을 알게 되었다. 물론 사람들의 안정성을 보장해 주는 조치는 취하되, 기적적인 회심을 기대하며 감옥에 가두어서는 안 될 것이다. 따라서 몇몇 예외가 있긴 하지만 아직도 이 사실을 모르는 혹은 그것을 여전히 믿지 않는 사회나 국가의 여러 조치들

을 확인하고 나는 몹시 실망했다. 이런 사회나 국가에서는 통합, 경청, 만남, 자신들의 삶에 의미를 발견하는 것 등이 더 필요한 사람들을 가두고 격리시키는 데 엄청난 인적, 물적 자원을 투자하고 있다. 물론 법의 원칙, 도덕의 원칙, 사회생활의 원칙 등이 존재할 이유가 없다고 말하는 것은 결코 아니다. 이것들은 대개 필요하다. 하지만 이것들만으로는 감정적인 질서로 인해 주로 발생하는 범죄 등과 같은 인간들 사이의 문제들을 지속적으로 해결하고 또 진정으로 만족스럽게 해결하기에는 충분하지 않다. 범죄의 진정한 원인은 주로 감정의 질서에 속한다.

3. 속마음을 경청할 시간은 없지만 오해할 시간은 있다

연수를 하던 중에 한 어머니가 짜증나는 투로 내게 말을 걸었다.

"그래요. 하지만 그렇게 자신의 속마음을 경청할 시간이 없는걸요. 이를테면 아침마다 모두가 제시간에 학교 가랴, 나는 나대로 직장에 가랴, 얼마나 허둥대야 하는지 상상도 못 하실걸요! 여러 주 동안 매일 아침 7시 45분경이면 큰 애들 2명은 벌써 가방을 무릎에 올려놓고 차에 타고 있어요. 8시 15분까지 학교에 가야 하니까요. 나는 직장에 8시 30분까지 가야 하는데 여전히 막내 딸아이를 데려다줘야 하구요. 막내가 뭘 하고 있는지 아세요? 그 앤 화장실에서 마냥 늑장을 부리며 거울 앞에서 머리를 빗어요! 당신 생각에는 제가 그런 아이에게 내가 어떤 느낌인지, 내가 원하는 것이 뭔지를 이야기할 시간이 있겠어요? 물론 저는 딸아이를 이기주의자로, 멍청한 아이로 취급하며 분통을 터뜨려요. 그리고는 격하게 딸애를 데리고 차로 갑니다.”

"그러면 느낌이 어떠시죠?”

"속이 타죠. 매번 시간을 놓쳐요. 아들 녀석들은 거의 매일 지각이고, 나도 마찬가지죠. 이 모든 것을 하는 동안 모두가 정신없는 거죠.”

"여러 주 동안 계속 그렇다고 하셨죠?”

"네, 매일 아침마다요. 당신이 그렇게 권하는 토론할 시간이 없다는 것을 잘 아셨을 겁니다!”

나는 내가 그녀의 역할을 하는 동안, 그녀는 딸의 역할을 해보자고 제안했다. 경험으로 미루어보면, 타인의 입장이 되면 종종 더 분명한 의식이 작동된다는 것을 알 수 있다. 그녀는 기꺼이 화장실 거울 앞에서 아무 근심 없이 머리를 빗는 딸의 역할을 하기 시작했다.

"애야, 지금 머리를 빗는 너를 보니(관찰), 엄마는 정말 걱정이 태산이다(감정). 오빠들은 학교에, 엄마도 회사에 제시간에 가야 하는데 말이다(필요). 너도 우리와 함께 가고 싶니(요구)?”

(엄마는 막내 딸 역할을 하면서 들은 척도 하지 않고 계속 머리를 빗는다.)

엄마 역할을 하면서 나는 그 순간에 내 얘기를 해야 소용없다는 것을 확인하고서 아이 문제에 대해 말하기로 하고 다시 아이와 대화를 재개하려 했다. 따라서 아이가 납득할 만한 감정과 필요를 대화 주제로 삼으려 했다. 왜냐하면 집에서 온 식구가 분주한 그 시간에 조용히 머리만 빗기로 작정한 딸아이의 입장이 되어본다면, 내

내면의 감정과 필요가 드러날 것이기 때문이다.

"우리 딸이 뭔가 슬픈(감정) 일이 있나 보다. 엄마가 이해해주길
바라는(필요) 무언가가 있지? 엄마가 널 항상 이해하지 못하지?"
"엄마 미워!"
"이런, 슬픔이 가득하구나(감정). 네가 바라는 만큼 엄마가 너를
사랑하지 않는 것 같아서(필요)?"
"엄마가 아침에 나 깨울 때 오지 않으니까!"

이 부분에 다다르자 그 어머니는 역할극을 그만두고 내게 이렇게
말을 했다.

"잠깐만요! 알았어요! 예전에는 아침에 딸아이를 깨울 때 아이
방에서 딸을 안아주었는데, 이제는 더 이상 그렇게 하지 않고 있어
요. 아들들을 깨우기 전에 '안녕 얘들아, 일어날 시간이다'라고는
여전히 하는데 말예요. 아들들과 딸아이 깨우는 시간이 달라서요.
요즘엔 '안녕 얘들아, 일어날 시간이다' 라고 소리만 지르면서 방들
의 통로를 지나가죠. 더 이상 딸아이를 안아주러 가지 않고 있어
요. 사실 어쩌면 딸아이는 큰애들처럼 이렇게 대하는 것과 어린 막
내의 특별 대우를 받지 못하는 것에 서글펐을지 모르겠네요."

상담은 격주로 이틀에 한 번씩 이루어졌다. 따라서 이 어머니는
집에서 충분히 실습할 시간이 있었다. 그녀는 그 다음 주에 와서 이
렇게 말했다.

"바로 그거였어요! 여느 아침처럼 딸아이는 또다시 7시 45분에 머리를 빗느라 시간을 보내고 있었죠. 아마 오늘은 모두가 지각이겠구나 하는 생각이 들었지만, 이런 문제는 제쳐두기로 했죠. 나는 목욕탕에서 조용히 아이 옆에 앉아 말을 걸었죠."

"말해봐, 엄마가 매일 아침에 뽀뽀하고 안아주러 가지 않아서 슬프니?"

"응, 엄마는 날 사랑하지 않아. 엄마는 오빠들을 더 사랑해."

"귀엽고 사랑스런 엄마 딸이라고 믿고 싶었는데, 실망했구나? 네가 컸다는 핑계는 대면서 오빠들하고 똑같은 일을 하게 하지도 않고."

"맞아."

"엄마가 너를 얼마나 사랑하는지 또 네가 얼마나 예쁘게 자라고 있는지 알게 해주려면 엄마가 어떻게 하면 될까?"

"엄마가 아침에 계속 와서 안아줘!"

결국 이 어머니는 아침에 다시 딸아이를 안아주는 작은 일을 하게 되었다. 물론 그날은 모두가 지각이었다. 하지만 이후 꼬마 소녀는 더 이상 자기 존재를 환기시키기 위해 모든 식구들이 지각을 하게 하지 않았다.

신기하게도 여러 주 동안 매일 다반사로 자기 자신과 다투고 싸우지만, 잠시 동안이라도 자신을 진정으로 만나는 시간은 가지지 못하고 있다. 우선시하는 관심사는 무엇인가? 관리(제시간에 도착하기)인가, 아니면 진실한 관계(기분 좋게 제시간에 도착하기)인가?

상호적 경청으로 오해가 얼마나 빠르게 해결되는지를 종종 보면서 나는 다음과 같은 비극과 구습(舊習)에 놀라움을 감출 수가 없었다. '말다툼하는 것은 정상'이며, 따라서 말다툼에 드는 시간은 '생활의 일부'라고 간주하는 비극과 구습 말이다. 반면 서로 마주하고 앉아 서로의 얘기를 들어주면서 함께 시간을 보내는 것은 대개 시간의 낭비이거나 아니면 아무런 의미가 없는 것으로 생각한다! 이 정도로 우리가 행복, 곁에서 함께하는 즐거움, 편안함이라는 것에 두드러기를 일으키는가? 아니면 행복, 곁에서 함께하는 즐거움, 편안함은 노력을 통해 이루어질 수 있다는 것을 쉽게 믿지 않는 것이 아닐까?

내 판단으로 그 무엇보다도 시급한 것은 다음과 같은 낡은 생각을 재점검하는 것이다. 즉 각 개인이 평화나 전쟁을 일으킬 수 있는 힘을 손에 쥐고 있다는 생각이 그것이다. 하지만 인간은 누구나 모든 상황 앞에서 항상 어떤 태도를 의지에 따라 선택한다. 예컨대 꼬마 소녀를 강압하고 아침마다 똑같은 시나리오를 반복하거나, 아니면 이 아이를 이해하고 매일 더 깊은 마음의 교류를 가지거나이다. 각자에게 있는 것은 바로 이런 선택의 능력이다.

제4장

만남

우리 모두는 하나다.
모든 인간의 운명은
타인과의 관계에 달려 있다.
이 점에서 서로 연계되지 않은 사람은
아무도 없다.
그렇지만 이 점을 납득하지 못한다.
인간은 공감의 존재가 되지 못한다.
서로 돕지를 못하는 것이다.
만약 이웃을 첫 번째로 꼽는
원수로 여기는 태도를 고집한다면,
만약 계속 복수와 증오를 일으키고,
세계와 사상을 계속 오염시킨다면,
이것은 우리가 예수나 부처나 모세와 같은
위대한 스승으로부터
아무것도 배우지 못했음을 의미하는 것이다.
만약 파블로프의 조건반사를
개선하지 못한다면,
여전히 계속해서 착취하고,
정복하며, 폭정을 휘두르는 데 열중하는
이 시대에 맞서
인류는 의연히 대처할 수 없을 것이다.
뒤따를 일을 염려하지 말고,
가능한 최선으로 쌓아 나가야 할 것이다.
의지할 데 없고, 방법도 없는 사람들을
희생시켜가며 살아가야 하는지……
우리 자신과 비슷하지 않은 사람들과
함께 나누며 살아야 한다.
왜냐하면 그들의 다른 점이
우리를 풍성하게 해주기 때문이다.
타인들의 세계에서 독자적인 것을
존중해야 한다.

예위디 므뉘엥

제4장 만남

1. 머리 대 머리

자기 자신의 필요를 의식하지 않고 정신과 사유만으로 행동할 경우 다음 그림에서 보는 방식으로 관계를 맺으면서 살아가는 경향이 있다.

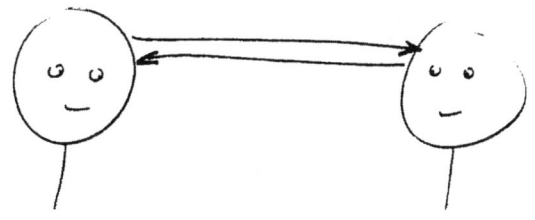

일반적으로 인간들은 서로 정보와 양식을 교환한다. "소금 좀 건네줄래, 역으로 나 좀 데리러 와라, 이번 주말엔 뭘 할까, 쓰레기 버

리는 것 잊지 마." 다투게 될 경우에는 보통 논증을 한다. "누가 잘 못했지? 누가 옳은가?" 이렇게 하면 대개의 경우 문제가 풀린다. 서로의 관계를 더 돈독하게 해주는 것은 아니지만, 그래도 어쨌든 문제를 해결할 수 있다.

하지만 불행하게도 종종 다음의 그림에서 보는 식으로 대화를 하기도 한다.

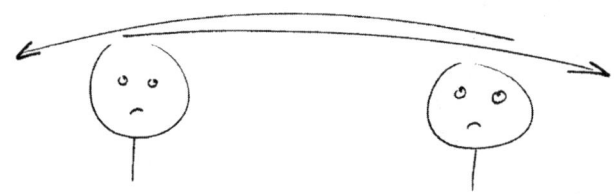

서로 만나지 못하면서 서로 엇갈린다! "그에게 백 번 말해도 소용 없어, 그는 듣지 않아, 그에게 어떤 말을 해야 먹히는지 난 모르겠어." 의사를 분명히 밝혔고, 메시지를 보낸 것 같은데, 그것이 수용 되지 않는다. 마치 타인의 안테나가 고장났든지 아니면 다른 주파수를 포착한 것과도 같다. 역으로 종종 타인이 모종의 메시지(부재, 침묵, 심술, 분노, 비난)를 보냈다는 느낌을 받는 것은 사실이지만, 그것을 해독하기 위한 성능이 좋은 안테나를 준비하고 있지 못하다.

결국 다음 그림에서 보는 식의 대화를 한다.

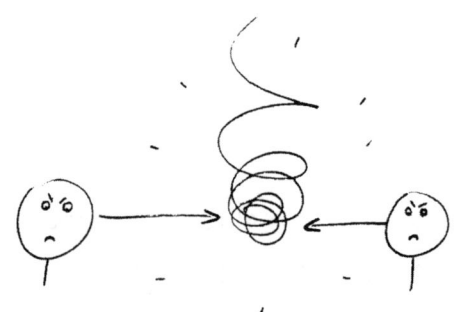

이처럼 우리는 서로 만나기는 한다. 그렇다. 하지만 온갖 채찍을 가지고 만난다! 이렇게 해서 가시 돋힌 말을 주고받거나 아니면 폭력적인 행동으로 나아간다.

2. 외벽에 부딪치기

연수 과정에서 제시했던 이 그림들을 다시 한번 보면서 인간이란 사물의 표면만을 보고, 그저 서로 얼굴만, 외벽(外壁)만 대하면서 지낸다고 생각하곤 한다. 그럴 때마다 비폭력 대화의 초기 교육자인 안 부리(Anne Bourrit)가 필요를 잘 이해하기 위해 이용하곤 했던 하나의 이미지를 떠올리곤 한다. 나 역시 그가 직접 주도했던 비폭력 대화 교육에 참여하는 영광을 누린 바 있다. 이 이미지는 인간을 하나의 샘으로 간주하는 이미지였다. 이 이미지에는 활력을 되찾기 위해 인간은 자신의 내면으로 내려가야 한다는 의미가 담겨 있다. 이 샘의 이미지와 외벽의 이미지를 결합시켜 나는 다음과 같은 이미지를 생각하게 되었다. 이 새로운 이미지에다 지표면에 위치한 세 종류의 외벽을 덧붙였다. 하나는 평범한 것으로 텐트와 같은 것이다. 다른 하나는 좀 더 구성력 있는 것으로 집과 같은 것이다. 또 다른 하나는 아주 튼튼한 것으로 탑과 같은 것이다.

이 책의 첫 장(章)에서 보았던 다음과 같은 내용을 상기해주길 바란다. 그러니까 판단을 하면서 우리는 타인의 일부만을 볼 뿐이라는 점이다. 또한 이처럼 타인에게서 보는 극히 일부분을 그의 전체 현실로 간주하고, 또 그렇게 함으로써 그를 거기에 가두게 된다는 점이다. 다시 한번 오렌지색 펑크 머리에 피어싱을 한 젊은이와 대형 승용차를 탄 부인을 예로 들어보자. 그러면서 이 젊은이를 인디

언들의 텐트, 부인을 탑이라고 생각하고, 그들 각자가 선험적인 생각과 선입관에 입각해서 서로를 비난하며 신랄하게 공격을 주고받는 장면을 희화해보자.

"더러운 부잣집 아줌마, 돈이랑 차는 나한테 좀 넘겨주시지."
"지저분한 펑크족 애송이, 제대로 구색이나 맞춰 입으라지."

대개 이런 극단적인 경우를 피하기 위해 우리는 중립적이고 위험하지 않은 외벽을 채택한다. 즉 중간 정도의 작은 집의 외벽이 그것이다. 이 집은 짓이겨질 정도로 너무 작지도 않고, 또한 거기에서 발사되는 발사체를 수용하지 못할 정도로 너무 큰 것도 아니다. 하지만 이런 집의 모습을 보인다면 분명 우리 자신의 진짜 있는 그대로의 모습을 정확하게 드러내 보일 수가 없을 것이다. 그렇게 하기에는 너무 두려움을 많이 느낀다. 결과적으로 나타나게 되는 그림은 이렇다.

우리가 정신적 공간에만 머물러 있고, 우리의 감정과 필요를 차

단함과 동시에 타인의 감정과 필요를 차단할 때, 우리 사이에 정립되는 관계는 이런 형태로 나타난다.

3. 이쪽 샘과 저쪽 샘

지구상의 모든 주거지는 물에서 가까워야 한다는 것을 염두에 두고 독자 여러분이 직접 다음의 그림을 완성해볼 것을 권한다. 우선 각각의 외벽 아래로 샘을 팠다. 그러고 나서 다음과 같은 사실을 알게 되었다. 즉 겉으로는 아무리 다양하고 대립되는 것처럼 보일지라도 인간의 모든 주거지들은 서로 샘을 통해 같은 지하수층에 연결된다는 사실이 그것이다.

이처럼 인간들은 하나하나의 샘과 같다. 내면으로 내려가 보면 그들은 서로 같은 지하수층으로 연결된다. 모든 인류가 같은 물로 삶을 영위하는 것과 마찬가지로 그들은 같은 종류의 필요에 의해 활기를 찾는다. 초원의 유목민이든, 다국적 기업의 사장이든, 변두리의 청소부이든, 유명 연예인이든 간에 우리 모두는 실제로 기저(基底)에 같은 종류의 필요를 갖는다. 예컨대 정체성, 감정적·물질적 안정, 그룹·부족·가정 내에서의 통합의 필요 등이 그것이다. 또한 우리 모두는 공유하고 연결되며, 자유와 독자성, 인정과 수행, 사랑하고 사랑받는 것 등을 필요로 한다.

서로 표면에만 머무르고, 얼굴만 맞대고, 외벽을 대하는 데 그치는 경우 각자는 분리와 파탄만을 초래하는 언어가 생겨나는 좋은 기회를 제공하게 될 것이다. 이와는 달리 흔쾌히 자기 자신의 샘의 근원으로 타인과 더불어 내려가는 경우 서로를 연결시켜주는 언어를 찾는 좋은 기회를 가질 수 있을 것이다.

다음 쪽의 그림에서 화살표의 이동을 통해 관찰할 수 있는 것은 정확히 타인을 향해 가기 위해서는 우선 자기 자신을 통과해야 한다는 것이다. 타인을 그 샘의 근원에서 만나려면 무엇보다도 먼저 자기 자신의 샘의 근원으로 내려가야 한다. 이것은 타인을 향해 가는 길에서 나는 나 자신을 향해 나가는 길을 생략할 수 없다는 것을 분명하게 보여준다.

4. 함께 부드럽게 춤추기

만남은 일종의 운동이다. 나에게서 나 자신에게로 또 타인에게로 이어지는 느리지만 내면적인 운동이다. 이런 움직임은 서로 주고받는 자유의 공간에서 이루어진다. 물론 자유의 공간은 만남의 기본 조건이다. 내면적인 경험을 통하여 이제 이런 자유의 공간 없이는 호흡도, 운동도, '창의적 마찰'도 있을 수 없다는 것을 알게 되었다.[17]

다음 그림은 비폭력 대화에서 춤을 추면서 이루어지는 만남의 움직임을 보여주는 것이다. 이 그림에서 만남을 위해 자기 자신뿐만 아니라 타인과 함께 추는 춤을 볼 수 있다. 예컨대 '레스토랑'과 '비디오'로 저녁을 보내자는 주제로 주고받는 티에리와 앙드레의 대화를 다시 기억해보자(제1장을 참조).

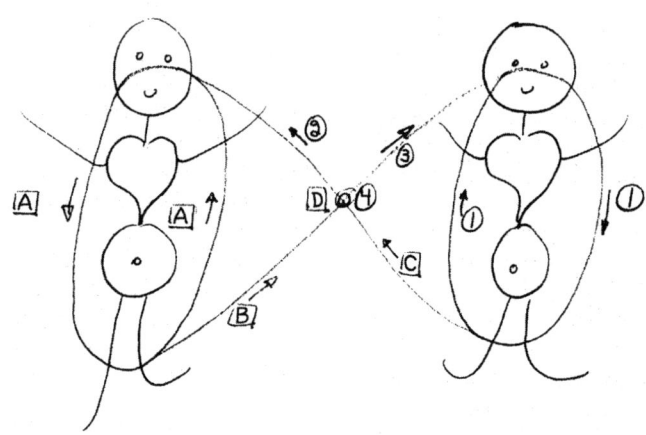

티에리

A. 나는 내 자신과 만나, 내 필요를 확인한다.

B. 나는 앙드레와 만나, 함께 그녀의 필요를 확인한다. 나 자신과의 유대관계를 지속하면서, 의견의 일치를 볼 때까지 그녀와의 관계를 지속한다.

앙드레

1. 나는 내 자신과 만나, 내 필요를 확인한다.

2. 나는 티에리와 만나, 함께 그의 필요를 확인한다. 나 자신과의 유대관계를 지속하면서, 의견의 일치를 볼 때까지 그와의 관계를 지속한다.

17) 기 코르노가 이 표현을 처음으로 사용하였다. 그에 따르면 모든 창조는 움직임, 따라서 마찰로부터 태어난다. 예컨대 현악기에 대한 활의 마찰, 도자기를 만드는 과정에서 점토에 대한 손가락의 마찰, 글을 쓰는 과정에서의 종이 위에서 일어나는 펜촉의 마찰, 무용하는 사람의 경우에 볼 수 있는 공간에서의 신체를 통한 마찰 등이 그것이다.

이것은 네 박자의 춤이며, 천 박자의 춤이다. 사람을 길들이는 것이 강요나 통제를 통해 이루어진다면, 그와 진실된 관계를 맺는 것은 신뢰와 자유를 통해 이루어진다. 인간은 서로 춤을 추면서 다가가면서 익숙해진다.

5. 진실한 관계를 유지하기

커피 메이커에서 컴퓨터, 잔디 깎는 기계에서 자동차에 이르기까지 수많은 기계나 도구들처럼 각자는 정기적으로 몸, 머리, 수염, 의복, 생활 장소 등을 관리한다. 행복을 위해 이 모든 것을 유지한다. 이 모든 관리는 후천적이며, 따라서 습관 속에 녹아들어 있다. 자동차 수리나 컴퓨터 고장을 구실로 어렵지 않게 약속을 다시 정할 수 있다. 이와 마찬가지로 아무 거리낌 없이 병원 예약을 중심으로 하루 계획을 재조정할 수 있다("이번 주엔 건강 검진이 있으니 모임을 다음 주로 연기합시다"). 또는 미장원도 마찬가지다("여보, 오늘 오후에는 못 만날 것 같아요. 미장원에 예약해놓은 것을 깜박했거든요"). 하지만 다음과 같이 말하는 것은 그리 흔하지 않다.

• "다음 주에 저는 참석하지 못합니다. 매년 하는 제 자신과의 관계를 체크해야 합니다."
• "저에게 아주 소중한 관계를 유지해야 하기 때문에 저는 내일 회의 일정을 조정해야 합니다."
• "오늘 오후에는 만나지 못하겠어요. 먼저 나의 내면을 아름답게 가꾸고 싶어요."

신기하게도 자기 자신뿐만 아니라 타인과의 관계도 저절로 작동되는 것으로 간주한다! 연료나 조절장치나 수리도 없이 말이다. 인간관계가 지루해지거나 종종 깨지는 것을 보고도 그리 놀랄 필요는 없다. 심지어 그것을 보살피지 않는 경우도 있다. 그리고 내면적 필요보다는 오히려 관리에 더 신경을 쓰는 경향도 있다. 마치 이 내면적 필요가 알고 있는 가정(假定)인 것처럼, 아니면 그보다는 '알지 못하는 가정'인 것처럼 말이다. 이 내면적 필요를 보려고도 알려고도 하지 않는다. 따라서 그것은 두려운 대상이 된다. 그리고 자신에 대해 잘 알지 못하고, 자신의 내면에 확고하게 닻을 내리지 못하고 있다면, 자신은 물론이고 타자와 더불어 갖게 되는 내면적 필요 역시 두려움의 대상이 될 수 있다. 상실에 대한 두려움, 대양에서의 물 한 방울처럼 사라져버릴 것 같은 두려움이다. 따라서 우리 모두는 관리를 향해 뛰게 되고, 그 결과 진실된 만남은 종종 무시된다.

건축가인 친구 한 명[18]은 고객들을 더 잘 이해하기 위해, 그리고 특히 그들로 하여금 자신들을 더 잘 이해하는 데 도움을 주기 위해 집중적으로 비폭력 대화 훈련을 받았다. 그의 고객들 중 상당수는 집을 새로 짓거나 개조를 하기를 원하는 젊은 부부들이었다. 그들은 공사를 하는 동안 종종 언성을 높이는 경우가 있었다. 집이 완공되었을 때 부부가 갈라서는 경우도 있었다. 또 많은 경우 완공되자마자 집을 파는 부부들도 없지 않았다. 대체 무슨 일이 일어났을까? 분명 관리가 진실한 관계보다 우선시되었고, 조직이 관계보다 우선시되었다. 각자가 자기 방, 부엌, 카펫, 파스텔 색조 등에 지나

---

18) 건축가 뱅상 우바(Vincent Houba)는 「지붕에 대한 탐구와 자기에 대한 탐구」라는 제목의 강연을 했다.

치게 집착한 나머지 실제로 집에서 각자가 원했던 방도, 부엌도, 파스텔 색조도 발견하지 못했기 때문이다. 사실 부부는 집을 지음으로써 관계를 더 돈독하게 할 수 있는 기회를 포착할 수 있었을 것이다. 또한 집을 새로 짓거나 개조함으로써 함께 살아가는 방식을 개선하고 또 새롭게 하는 기회를 얻을 수도 있었을 것이다. 그러나 부부 각자는 상대방과 의견을 나누는 것보다 그저 집, 방, 부엌 등에 대해 생각을 하면서 더 많은 시간을 보낸 것이다. 따라서 각자의 계획은 허망한 것이 되기 쉽고, 따라서 집이 완공되자마 '매매할 집'이라는 표지판을 내걸게 된다.

다음 이야기는 몇 해 전 연수에 참가했던 사람이 들려준 아프리카에서 일어난 실화이다. 그는 아프리카 발전 계획안을 담당하는 유럽의 한 위원회에서 일하고 있었다. 추진 중인 계획들 가운데 하나는 아주 외딴 마을에 물펌프를 설치하는 것이었다. 위원회의 조사에 따르면 마을 주민들은 빨래를 하거나 필요한 물을 길러 강까지 가는 데 하루 종일을 걸어야 했고, 다시 마을로 돌아가기 위해 하루 종일을 걸어야 했다. 이런 상황을 알게 된 위원회의 책임자들은 마을에 우물을 파고 펌프를 설치해 주민들이 쉽게 물을 공급받을 수 있도록 하기 위해 곧바로 필요한 예산을 지원했다. 즉시 펌프 기공식이 대대적으로 거행되었다. 하지만 펌프가 가동된 지 몇 달 후에 위원회 사람들은 이상하게도 주민들이 물펌프에 돌을 던지며 사용을 중단했음을 알게 되었다.

조사가 이루어졌다. 그 결과 주민들의 주장을 파악할 수 있었다. 그들은 자신들의 통합이라는 행복을 되찾기 위해 물펌프의 편리함을 포기하기로 했던 것이다. 물펌프가 설치된 후 그들은 더 이상 서로 말도 하지 않게 되고, 물 몇 동이만 받으려고 집에서 나올 뿐이었다. 울타리와 담장으로 분리되어, 서로 직접 대화를 나누기보다는 (자크 살로메의 표현처럼) '타인에 대항하면서' 말을 걸고 교제를 하는 그런 단계로 접어들고 말았다. 그들 사이에 불화의 씨가 나타나기 시작했고, 말다툼과 오해가 불거졌다. 그러자 마을 원로들은 물펌프를 없애고 강으로 가는 전통적인 여행을 되살리기로 결정했던 것이다. 그들은 이 여행을 통해 그저 빨래를 하는 것뿐만이 아니라 '더러워진 빨래를 사람들과 더불어' 하는 습관을 유지할 수 있었다. 여기에 더해 이 여행을 통해 그들은 마을의 관리에 필요한 물을 찾는 것뿐 아니라 진실된 공동체의 삶을 용이하게 해주는 '만남'을 유지할 수 있었다.

결국 마을 사람들은 자연스럽게 대화를 나눌 수 있는 장소를 가지고 있었던 셈이다.

6. 대화의 장소

회사, 학교, 의료기관, 행정기관, 가정 등에서 대화를 나눌 수 있는 장소를 더 많이 마련하는 것이 시급하다.

의료기관, 가정, 학교, 청소년 보호기관에서 나는 매월 대화를 나누는 그룹에 참여한다. 내게 도움을 요청하는 기관이나 사람들을 보면 예외없이 자신들의 활동 분야에서 진실한 관계에 우선권을 두고 있는 것을 알 수 있다. 따라서 시간, 필요한 인력, 예산 등에 대가를 기꺼이 지불한다. 조직된 모든 그룹들은 얼마나 많은 오해가 쉽고 명쾌하게 풀리는가를 확인하고 종종 놀라움을 금치 못한다. 또한 모호함이 쉽게 제거되며, 냉전을 쉽게 가라앉히며, 속마음을 쉽게 표현할 수 있는 것에도 역시 놀라곤 한다. 그 이유는 결국 좀 어눌하더라도 타인의 판단의 대상이 되거나 거절되지 않은 채 자유로운 상태에서 각자가 자신의 생각을 표현할 수 있는 그런 안심할 수 있는 환경이 조성되기 때문이다. 이는 또한 연수에 참여하는 단체나 사람들이 서로 기쁨과 격려를 공유하는 기회를 제공하는 것과도 무관하지 않다. 결국 이런 만남을 통해 그들은 진실한 관계를 맺는 활력에 방해가 되는 요소를 제거할 수 있는 것이다.

나는 기꺼이 이런 방향으로 진행되는 대화 모임에 참여한다. 하지만 수많은 단체, 협회, 행정기관, 회사는 물론이고 흔히 인간관계에 관련된 분야에서조차(학교, 병원, 청소년 지원기관 등) 대화를 나눌 수 있는 공간이 없다는 사실에 놀라움을 금할 길이 없다. 얼마나 많은 에너지와 창의성이 험담과 복도에서의 잡담, 사기 저하, 잠재된 반항으로 허공으로 날아가는가! 한 명의 임원이 진실된 관계의 유지를 보장할 수 있는 제도적 장치를 고안할 필요성을 내다볼 수 있다면, 많은 사람들이 자신들의 모든 재능과 활력을 훨씬 더 만족스럽게 펼칠 수 있을 것이다.

수많은 유형의 행정, 상업 공동체뿐만 아니라 종교기관이나 가정에서도 종종 여러 세대를 걸쳐 이어지는 침묵과 표현하지 못한 필요나 감정으로 인해 내면적으로 고충을 겪기도 한다.

착하고 말 잘 듣는 소년이나 소녀였던 우리 자신도 종종 조용히 입 다물고 있는 법, 벽장 속에 넣어둔 카망베르 치즈처럼 아무 말도 하지 말고 있어야 한다는 것을 배우곤 했다. 하지만 벽장 속에 있는 치즈의 문제점은 결국 온 집 안에 악취를 풍기고야 만다는 것이다. 악취는 집 안 한 구석에서만이 아니라 집 전체에서 진동하게 된다!

이미 오래 전부터 우리는 공동으로 물을 뜨러 강까지 걸어가지는 않았다. 하지만 시간을 들여 우리 자신을 더 알고 더 사랑하지 않고서도 배려나 교육, 도움, 상거래, 서비스 등을 계속해서 생산적이고 창의적인 방식으로 유지할 수 있을까? 온전한 섬김, 교육, 도움을 받고, 잘 먹고 잘 입고, 타인의 배려를 받았음에도 불구하고 불쌍하게도 진실된 인간관계에 갈증을 느끼면서 메마른 가슴으로 죽어갈 염려는 없는 것일까?

제5장

감정의 안정과 의미, 평화를 위한 두 열쇠

한 남자가 홀로 무장 해제된
모습으로 나타난다.
하지만 그는 큰소리로
진실의 말을 외친다.
이 말은 그의 전 인격이자
그의 전 생애다.
그는 그 대가를 단단히 치를
각오가 되어 있다.
또한 놀라운 것은
형식상으로는 그럴 권리가
없음에도 불구하고,
이 사람이
다른 상황에서
수천 명의 무명 선거인이
행사하는 것보다
더 큰 권리를
행사한다는 것이다.

바클라브 하벨

제5장 감정의 안정과 의미, 평화를 위한 두 열쇠

네가 이렇게 하면, 너를 사랑할 텐데

이 장(章)에서 중점적으로 살펴볼 내용은 조건부 사랑에 따르는 제약, 이런 사랑으로 인해 야기되는 감정적 불안, 의미상의 혼란 및 폭력 등이다.

1. 어떻게 행동해야 하는지는 배웠지만, 어떻게 존재해야 하는지는 배우지 못했다

우리는 어떻게 행동해야 하는지는 배웠지만, 어떻게 존재해야 하는지는 배우지 못했다. 이 문제와 관련해 다음과 같은 사실을 확인할 수 있다. 즉 교육과 관련이 있는 사람들(부모, 선생님, 종교인 등)이 여러 세대를 거쳐 필요를 제시하지 않은 채, '너(tu)'[19]라는 인칭

대명사의 사용에 따르는 감정("네게 말한 것을 행할 때 나는 기쁘다, 네가 그렇게 하지 않을 때 나는 슬프다")을 이용함으로써, 아이들 마음속에 감정적 불안감을 야기했고, 또 지금도 여전히 그렇게 하고 있다는 사실이 그것이다. 나를 비롯하여 나와 함께 일하는 대부분의 사람들은 "네가 ……할 때 나는 기쁘다"는 말 배후에서 "네가 ……하면 나는 슬프다", "네가 ……하면 내가 너를 사랑하지", "네가 ……식으로 나온다면 나는 너를 사랑하지 않아" 등과 같은 말을 듣는다.

물론 이렇게 말한 사람의 의도가 꼭 그렇다고는 생각하지 않는다. 그 말을 듣는 사람이 그렇게 듣고 받아들였을 수도 있다. 그리고 내가 흥미를 갖는 것은 바로 이런 해석이 발생하는 현실이다. 왜냐하면 이런 해석은 각자가 인간관계를 맺는 모든 방식, 각자가 이 세계에 존재하는 방식을 조건짓기 때문이다.

"네 방을 치우면, 학교에서 공부를 잘하면, 말을 잘 들으면, 지혜롭게 행동하면, 친절하게 굴면, 착하게 굴면, 내가 너를 사랑할 거야. 네가 잘못하면, 화내면, 산만하게 굴면, 화를 돋우면, 제멋대로 하면, 네게 말한 것을 하지 않으면, 내가 기대하는 것과 맞지 않으면, 나는 너를 사랑하지 않을 거야."

우리는 타인의 기대에 부응하고 답하도록 '훈련되었으며', 그것에 적응하되, 그것도 지나치게 잘 적응한다. 타인을 즐겁게 해주는

---

19) (역주) 불어에서 'tu'는 '너'를 지칭하는 이인칭 단수 대명사이다. 여기에서는 교육에 관계된 어른들이 어린아이를 지칭하면서 사용하는 호칭을 가리킨다.

법을 안다. 하지만 우리는 존재하는 방법, 그저 단순히 우리 자신이 되는 방법을 모른다. 우리는 훌륭한 부모님께 순종하는 착한 아들 딸의 이미지에 부합하기 위해 모든 것을 다 하도록 배웠다. 나중에는 좋은 남편, 좋은 아내, 좋은 상사, 좋은 직원의 이미지에 부합하려고 갖은 노력을 다한다. 이렇게 하면서 우리 자신의 행복은 거들떠보지도 못한 채 많은 활동과 계획을 세우며, 업무와 가정과 사회활동에 헌신한다. 왜냐하면 우리 자신을 배려하는 것을 배우지 못했기 때문이다. 종종 하는 일의 양에 비례해서만 우리 자신을 사랑하게 되는 수가 있다. 매순간 우리 자신의 정체성을 맛보고, 우리가 이 세계의 모든 존재와 맺는 관계를 의식하면서 살아가지 않는다. 이와는 달리 그저 좋고 나쁜 의식의 계속되는 결핍을 헤아리며 살아간다. 우리는 아직 광활한 허공의 별 아래 어디에 있는가를 가늠해보고 희망봉을 향해 돛을 조정하거나 항해의 즐거움을 만끽할 준비가 되어 있지 않다. 이와는 달리 그저 인생이라는 항해에서 가볍지만 지속되는 뱃멀미를 경험하며 방향을 완전히 재조정한다.

**의식을 다듬을 것인가,
아니면 좋고 나쁜 의식을 헤아려볼 것인가?**

의식 혹은 계산

이렇게 우리는 항상 타인에 대해 다소간 책임이 있다고 느끼며, 특히 그에 대한 다소의 감정적인 책임을 느낀다. 타인이 슬프거나 불행하면, 그것이 우리의 잘못이며, 따라서 그것을 막기 위해 '뭔가를 해야' 했다고 생각하기 마련이다. 그러니까 스스로 죄의식을 갖는다. 역으로 타인에게 기꺼이 우리 감정에 대한 책임감이나 죄책감을 심는다. "나는 네가 ……해서 슬퍼" 등의 표현이 그 좋은 예이다. 이 두 경우에 우리는 아직 '존재'할 줄을 모른다.

1. 첫 번째 경우에서는 타인의 상황에 대한 책임이 우리에게 있다는 생각을 하면서 그의 말을 경청할 수 없는 상태에 있다. 아버지가 그저 자기의 말을 들어주기만을 바랐던 청소년의 예를 기억해보자. 아들의 기대와는 달리 경청하는 법을 몰랐던 아버지는 그에게 온갖 조언과 모든 해결책을 주려고만 했다. 타인의 말을 경청하는 것, 그것은 타인 스스로가 문제에 대한 해결책을 찾을 수 있는 능력을 가지고 있다는 점을 신뢰하는 것이다. 환자, 죽어가는 사람, 상을 당한 사람과 같이 있어주는 것은 '할 수 있는 것'이 아무것도 없다는 것을 인정하는 것이다. 또한 그것은 그저 친절하고 너그러운 모습으로 그들의 곁에 있어주는 것이다. 상대방이 내면으로 내려가 보도록 놔두는 것이고, 그 자신이 혼자가 아니라 함께 있다는 것을 확인할 기회를 줌으로써 그가 느끼는 고통의 모든 무게를 견딜 수 있도록 놔두는 것이다. 대개 "타인이 잘 못 지내고 있다. 따라서 내가 뭔가를 해야 한다"라는 계획과 관련된 마음의 긴장을 느끼게 되면, 우리는 타인의 고통을 그저 바라만 보는 태도를 취할 수가 없다.

종종 타인에게 어떤 능력을 과시하는 자만심에 휩쓸릴 위험도 없지 않다. '좋은 일'을 하고자 한다. '좋은 말'도 해주고 싶다. 하지만 이렇게 하면서 만남의 중요한 요소를 놓치게 될 우려도 없지 않다.

그러니까 자신과 자신의 '연결점', 타인과 자신과의 '연결점'을 놓칠 수도 있다.

배려하는 것이 책임을 지는 것은 아니다

배려란 타인이 살아가야 할 방향으로 살도록 돕는 것이지, 그것을 방해하는 것이 아니다. 그것은 고통을 줄임으로써("그리 심각하지 않아, 그것에 대해 더 이상 생각하지 마, 자 머리 식히러 가자") 자신의 고통을 줄이려는 그런 노력도 아니다. 그것은 또한 타인에 대한 책임을 자신이 모두 짊어지는 것도 아니다("내 잘못이야, 그렇게 하지 말아야 했어, 그의 입장으로 내가 이렇게 혹은 저렇게 해야겠어"). 이와는 달리 그것은 타인으로 하여금 그의 어려움 속으로 들어가도록 도와주는 것이고, 거기에서 벗어나기 위해 그의 아픔 속으로 뚫고 들어가도록 권유하는 것이다. 물론 그 긴 여정이 그 자신의 손에 달려 있다는 사실, 그 누구도 그 여정을 대신할 수 없다는 사실을 그로 하여금 깨닫도록 권유해야 한다.

배려란 타인이 지닌 문제에 대한 해결책을 주는 것보다는 그 문제의 해결 능력과 고통의 치유 능력에 우리의 관심을 집중하는 것이다. 그것은 만약 타인이 자신의 속마음에 귀를 기울이면서 적시에 경청할 수 있다면, 모든 문제로부터 벗어나는 데 필요한 능력이 종종 그에게 있음을 신뢰하는 것이다. 물론 이것은 우리 자신에 대한 신뢰나 평가를 후천적으로 얻을 수 있다는 것을 전제로 한다. 만약 우리 자신에 대해 후천적으로 신뢰감을 얻을 수 없다면, 우리가 어떻게 타인의 존재 능력을 신뢰할 수 있겠는가?

타인에 대해 책임을 지면서 부딪칠 수 있는 위험은 배려 대상이 되는 사람이 타인이 아니라 오히려 우리 자신이라는 점을 생각지 못한다는 점이다. 타인을 위해 몸을 사리지 않는 사람 또는 구조대라는 우리의 이미지, 종종 인정받고 싶음과 우리의 선한 의지의 본질을 살펴보아야 한다. 위험이 있다면 그것은 우리 자신을 보살피는 것처럼 타인을 보살핀다고 생각하는 것이다. 하지만 우리의 태도는 적합하지도 충분하지도 않으며, 그저 잘해야 욕구불만, 혼동 또는 중독 등에 머물게 되는 경우가 많다.

41세의 어머니 비비안(Viviane)의 모습이 종종 떠오른다. 그녀는 20세인 대학생 딸이 겪는 모든 어려움을 떠맡고자 했다. 비비안은 딸이 대학생이기는 하지만 매사에 스스로 대처하기에 아직 부족하다고 생각하여 '항상 자기가 딸 뒤에 있어야만' 한다고 생각했다.

어머니는 딸을 대신해 기숙사 방을 정리해주고, 주말 활동 프로그램을 짜주며, 자기 딸이 사랑에 어려움을 겪는 것도 맡아서 처리하곤 했다. 그녀가 통제의 조치를 강화할수록(외출, 만남, 수업, 주말 활동, 여행 등) 딸은 더 많은 것을 해줄 것을 요구하면서 자유분방한 쪽을 택했다. 그러면 그녀는 더욱 더 통제를 강화했다. 결국 남은 것은 악순환뿐이었다

어느 날 딸이 친구들과 함께 빌려놓은 집으로 휴가를 떠났다. 돌아온 후에 어머니는 딸의 친구들을 통해 다음과 같은 사실을 알게 되었다. 즉 휴가 예산을 짜고, 물건을 사고, 식사 계획을 세우고, 서로 지켜야 할 일을 정하는 등의 모든 일을 딸이 — 모범생의 모습으로 — 혼자 척척 해냈다는 것이다.

이 상황에 대해 생각해보자. 그리고 거기에서 드러난 문제를 집중적으로 살펴보자.

어머니는 우선 "좋은 엄마는 딸을 위해 모든 것을 해야 한다"는

266

생각에 완전히 갇혀 있다. 어머니는 딸을 신뢰할 수 없고, 딸이 여러 문제에 잘 대처해나감에도 불구하고 인정할 수 없다. 문제를 해결하는 과정에서 약간의 어려움을 겪고 마음에 상처를 입기도 하지만, 딸의 내면에는 문제로부터 벗어날 충분한 능력이 있다. 하지만 딸이 "저는 슬프고, 실망스럽고, 불안해요"라는 등의 힘든 감정을 드러내 보이기만 하면 어머니는 즉각 딸의 문제를 해결하려 나선다. 그러니까 딸이 조금이라도 고통 속으로 빠져들 기회를 주지 않으며, 거기로부터 빠져나오기 위해 그 고통이 진정으로 무엇인지를 알 수 있는 기회를 주지 않는다.

이런 태도를 보여주는 어머니와 더불어 우리는 다음과 같은 점들에 대해 집중적으로 훈련했다.

(1) 정체성을 확인해야 할 필요성에 대해서

"내가 좋은 엄마, 훌륭한 아내가 되기 위해 해야 할 모든 것을 하다가 지치지 않고 나 자신이 될 수 있는가? 좋은 엄마가 아니라면 나는 누구인가?"

(2) 감정적 안정감을 가질 필요성에 대해서

"내가 하는 행동으로가 아니라 있는 그 자체를 통해 나 자신을 사랑하고, 또 타인에게 사랑받을 수 있는가?"

(3) 신뢰를 해야 할 필요성에 대해서

"내가 모든 것을 조정하지 않아도 일이 잘 진행된다는 사실을 믿을 수 있는가?"

이처럼 그녀 스스로 딸에게 많은 것을 요구하고 통제하는 엄마가 됨으로써 착한 딸의 모습에 지나치게 집착한 것이다. 결국 그녀는 무의식적으로 자신이 진정 되고 싶은 존재가 되는 기회를 마련하지 못하게 되었다. 그녀는 또한 딸 자신이 되기를 원하는 그런 존재가 되는 것을 인정하지도 못했던 것이다. 그러니까 딸이 누리고 싶어 하는 자유가 그녀에겐 너무 위협적이었다. 그녀는 이 위협적인 자유를 통해 그녀 자신이 착한 딸과 좋은 엄마라는 이미지에 완전히 갇혀 있었음을 자각하게 되었다. 이런 자각은 다른 사람의 도움 없이 그녀 혼자 대처하기엔 너무 힘들고 괴로운 것이었다. 그래서 우리는 함께 이런 생각을 수용하고자 했으며, 그렇게 함으로써 감옥 같은 여러 해를 내던져버리고 새로운 삶의 시작을 시도해보기로 했다.

어머니가 있는 그대로의 딸을 만날 수 있기 위해서는 우선 자기 자신을 만나야 했다. 그녀는 이 길을 가면서 점점 더 자기 자신이 되어가는 보람을 얻었다. 그 과정에서 그녀는 은연중에 딸에게 자신의 모델을 따르도록 강요하기보다는 점차 그녀 자신이 되도록 허용하게 되었다.

2. 두 번째 경우는 우리 삶의 책임을 타인에게 전가하려는 경향이 있을 때에 해당한다. 우리 자신을 이해하고, 매사에 주도권을 쥐며, 또한 자율적임과 동시에 책임을 지기 위해 충분할 정도로 우리 자신의 속마음을 경청할 줄 모른다. 대개 타인과의 관계에서 우리

는 종속 상태에 있으며, 또한 그의 시선에 좌우된다.

2. 우리는 있는 그대로의 모습으로 사랑받는 것을 배우지 못했으며, 그저 타인이 원하는 모습으로 사랑받는 것을 배웠을 따름이다

우리가 타인의 기대에 부응하고, 그를 위해 중압감을 감수하도록 배웠다면, 우리는 분명 그 역시 우리의 기대에 부응하고, 우리를 위해 중압감을 감수할 것이라고 기대한다. 이렇게 해서 우리는 있는 그대로의 타인이 아니라 우리가 원하는 대로의 그의 모습을 사랑하는 것을 배운 것이다.

더구나 아버지를 기쁘게 해드리기 위해 착한 딸의 이미지에 부합하려고 온갖 방법을 동원했다면, 그녀는 배우자로부터 그녀 자신을 기쁘게 해줄 좋은 남편의 이미지를 기대한다. 마치 그녀 자신이 기쁨을 주기 위해 좋은 아내와 좋은 엄마의 이미지로 행동하는 것처럼 말이다. 우리가 우리 자신으로 존재할 수 없는 경우 대개 우리는 무의식적으로 타인이 그 자신으로 존재하는 것을 방해하는 경향이 있다.

타인으로 하여금 역할, 예의, 중압감 등으로부터 벗어나 진정 그 자신으로 존재하도록 도와주는 것은 오로지 우리 자신이 역할, 예의, 중압감 등으로부터 벗어나 진정으로 우리가 될 때뿐이다.

진정한 만남은 역할들 사이가 아니라 인간들 사이에서 이루어진다.

> **인간은 우선 존재하고 그 다음에 만나는 것이다.**

인간이 진보와 성장에 대한 바람, 특히 다른 인간들과 더불어 이루는 성장에 대한 바람을 갖는 것은 당연한 일이다. 부부, 가족, 친구, 직장 동료들과 더불어 성장하는 것은 분명 가장 기분 좋은 만족감들 가운데 하나다. 있는 그대로의 타인을 사랑한다는 것은 또한 우리가 그에게 관심을 가지는 것, 그가 어떤 사람인지 혹은 어떤 사람이 될 것인지를 그대로 받아들이는 것과 동의어다. 있는 그대로의 타인을 사랑하는 것은 그를 온전히 성장, 개방, 다양화의 가능성으로 사랑하는 것과 동의어다. 많은 부부나 가족들이 개인이나 상호간의 발전 과정 일체를 완강히 제한하거나 중단시킴으로써 저마다 각자의 역할 속에 갇혀 있는 것을 본다. 그렇게 되면 곧 무감각이 자리 잡는다. 존경심이 없는 사랑이란 과연 무엇일까? 크리스티앙 보뱅[20]은 사랑의 쇠퇴를 다음과 같이 묘사한다.

> 삶이 닳고 닳아, 별로 맛보고 싶지 않게 되었다.
> 삶은 영혼을 부비고, 꿈에 생채기를 냈다.
> 그런 삶에 대해 아무에게도 말할 수가 없다.
> 다른 삶을 위해 이런 삶을 떠나고 싶다고,
> 어찌해야 할지를 모르겠다고,

20) Christian Bobin, 「빈틈의 힘(*La Souvraineté du vide*)」, Paris, Folio; 「마음속 깊은 곳」, Paris, Folio.

어느 누구에게도 털어놓을 수 없다.

가까운 이들에게 어떻게 말할 텐가.

나에게 삶을 주었던 당신의 사랑이

이제 나를 괴롭힌다.

그들이 당신을 사랑하지 않는다는 것을

당신이 사랑하는 사람들에게

어떻게 말할 것인가.

한 사람이 변화하고 발전하기 위해 자신의 존재 방식을 돌아보기 시작하면 타인(혹은 타인들)은 당황한다.

"네가 예전 같지 않아, 너는 변했어(그러지 말라는 암시, 우리가 항상 그랬던 대로 머물러야 한다는 암시), 너 좀 부자연스러워졌어, 나를 외롭게 버려두지 마."

나는 아들보다 그에 대해 내가 가지고 있는 계획을 더 좋아한다

영화 『죽은 시인의 사회』에서 이 비극적인 주제가 잘 드러난다. 아버지는 철저하게 아들이 엔지니어가 되기를 바란다. 그러나 아들은 중학교 과정이 끝날 무렵 연극부에서 연기에 재능을 보인다. 아버지(분명 엔지니어 공부와 연극 연기를 동시에 할 수 없다는 것을 알고 있을)는 아들에게 연극 발표회 준비를 못하도록 한다. 하지만 아들은 연극 준비를 계속하고, 발표회에서 모든 학생들과 선생님들, 학부모들로부터 우레와 같은 박수갈채를 받는다. 발표회에 갔던 아버지는 분개한다.

연극이 끝나고 난 뒤 잘했다는 말 한마디나 아들의 재능을 알아 봤다는 말 한마디 없이 그에게 보내는 갈채소리를 듣기 싫다는 듯 아버지는 그를 강제로 데려간다. 집에서 아버지는 아들의 장래에 대해 엄한 태도로 훈계를 한다.

"엄마와 나는 네가 훌륭한 교육을 받도록 노력했어. 그러니 너는 엔지니어가 되어야 해."

아버지의 태도는 단호하다. 아들은 자기 방으로 올라가 아버지의 권총으로 자살한다.

결국 아버지는 아들의 현실보다 자기 계획(잠재적인)에 더 집착 했다. 아들에 대해 자신이 잘하고 있는 것이라 철석같이 믿고, 또 '엄격하지만 정의로운 아버지의 역할을 하는 것이 자신의 엄중한 의미'라고 믿으면서 말이다.

아버지는 아들의 말을 경청하는 것이 아버지로서의 의무를 포기 하는 것이라고 생각했다. 이와는 반대로 아들은 아버지를 따르는 것은 자기 재능을 포기하는 것이라고 생각했다. 아버지는 강요하 고, 아들은 달아났다. 만남이 없었다. 결국 그들은 서글프게도 진정 한 만남을 갖지 못했다.

내가 관찰한 결과에 의하면 상대방에 '대한' 일방적인 계획, 결 혼이나 부부생활에 '대한' 일방적인 개념이나 이론을 가지고 있는 부부들의 수는 헤아릴 수 없을 정도다.

부부 가운데 한 쪽이 변화하고, 계획을 변경하고, 결혼에 대한 이 론을 수정한다고 하자. 이 경우 상대방이 그런 변화, 변경, 수정 등 에 대해 관심을 가진다고 해도, 그것은 그런 것들에 대한 경청, 이해, 사랑과는 거리가 멀다. 게다가 그런 모든 것들에 대해 의문을 제기하는 것도 불가능하다. 아니다. 그렇지 않다. 상대방의 모든 관심은 오히려 어떻게 하면 자신의 계획을 간직하고, 결혼생활을 자신이 가지고 있는 기본 개념의 틀에 맞추며, 또한 자신의 이론을 그대로 유지하는지에 모아진다.

51세의 자클린(Jacqueline)은 상담을 하러 혼자 왔다. 결혼 25년 끝에 남편이 떠나버린 것에 완전히 넋이 나가 있었다. 그녀는 대뜸 이렇게 말했다. 그녀에게 있어 결혼이란 성스러운 것이어서 이혼을 한다는 것은 도저히 불가능하다는 것이다. 그녀는 "결혼하는 것은 영원히 같이 있기 위함이에요"라고 말했다.

몇 차례 상담을 한 후에 그녀가 수차례에 걸쳐 규칙적으로 반복해서 이 견해를 강조한다는 것을 알게 되었다. 그 결과 나는 온통 그녀의 이런 태도 배후에 어떤 필요가 자리 잡고 있는가에 신경을 집중시키게 되었다. 아래의 대화는 전체 내용을 간략하게 새로 꾸며본 것이다.

"자클린! '저에게 결혼이란 성스러운 것이에요. 따라서 이혼은 있을 수가 없어요. 결혼하는 것은 영원히 같이 있기 위함이에요' (관찰)라고 말했을 때, 당신은 이혼으로 인해 정말로 슬프고 마음이 아프다고 느꼈나요(감정)? 잘못을 묵인해주는 부드러운 남편의 친밀감, 그의 신뢰와 진실성에 당신 자신을 맡기면서 얻은 행복, 따라서 그와 함께 있는 즐거움을 되찾고 싶기 때문인가요(필요)? 당신이 슬픈 이유가 거기에 있습니까?"

눈물을 흘리며 그녀는 나를 보았다. 다시 대화를 시작하기 전에 오랫동안 침묵이 흘렀다.

"제가 상기시킨 부분 때문에 감동받으셨나요?"

그녀의 입에서 다음과 같은 말이 나올 것이라고 예상했다.

"네, 그래요. 제가 우는 이유가 바로 그것이에요. 정말 모든 것을 다시 찾고 싶어요."

그러나 뜻밖에도 그녀는 이렇게 말했다.

"당신이 그렇게 말해서 저는 당황했어요. 25년 동안의 부부생활에서 저는 그런 것을 전혀 모르고 지냈어요. 제가 지금까지 어떤 틀 속에서 생활해왔다는 것을 알게 되었어요. 그리고 지금도 남편을 이해하려고 하기보다는 그 틀 속으로 들어오게 하려고 애썼다는 것을 알게 되었어요."

실제로 남편을 볼 때마다 그녀는 말다툼을 했다. 그녀는 틀이 깨질까 불안해하면서 무슨 일이 일어나고 있는지 이해할 수가 없었다. 논증, 비난, 분노, 도덕 등과 같은 수단으로 그녀가 남편을 되찾으려 하면 할수록 그는 더 멀리 도망가버렸다.
어느 날 나는 그녀의 승낙하에 남편 역할을 해보았다. 우선 이렇게 말문을 열었다.

"자클린! 나는 우리 부부의 역할놀이에 완전히 지쳤어요. 정말로 지쳤어요. 25년을 가면을 쓰고 살았지만, 이제 더 이상은 안 되겠어요(감정). 이제 나는 '필요한 모든 것을 잘하는 좋은 남편'으로가 아니라, 나 자신이 될 수 있는 그런 관계를 체험하고 싶어요. 자유롭고 싶고, 신뢰도 받고 싶어요. 당신으로부터 오는 모든 통제, 모든 것에 대한 계획 등은 이제 지긋지긋해요. 이 모든 것을 당신한테 어떻게 말해야 할지 몰랐을 뿐이에요. 난 그저 내 감정을 숨길 줄만 알았고, 친절하게 굴 줄만 알았어요. 그래서 오랫동안 눌려 있었지. 이제 더 이상은 그러지 않을 거예요. 난 떠날 거예요. 하지만 이게 당신을 사랑하지 않는다는 뜻은 아니라는 걸 알아줘요."

역할극에서 빠져나와 질문을 던져보았다.

"제 의견에 대해 어떻게 생각하죠?"
"정말 명확해요. 저희 부부가 어떤 상황에 처해 있는지를 알 것 같아요. 저는 우리의 부부생활보다 부부생활에 대한 저의 계획을 더 좋아했고, 남편보다 남편에 대한 저의 계획을 더 좋아했어요. 제 불행의 유일한 책임이 그에게 있다고 생각했는데, 이제 제 쪽의 책임도 알겠어요."

그 이후 자클린과 더불어 정체성, 자신에 대한 평가, 안정감에 대한 필요성 등에 대한 훈련을 했다. 남편 없이도 나는 나 자신으로 존재할 수 있는가? 우리 부부가 갈라서더라도 내가 홀로 또는 사회적으로 존재한다고 느낄 수 있겠는가? 남편이 나를 더 이상 사랑하지 않는다는 생각이 든다 해도 나는 나 자신을 사랑할 수 있는가? 나의 외부적인 틀이 바뀐다 하더라도 나는 내면의 안정성을 느낄 수 있는가?

자클린은 자신의 역할에 대해서 뿐만 아니라 실제로 그녀 자신에 대해 신뢰감을 회복하면서 좋은 부인이나 엄마로서가 아닌 자기 자신의 인격을 더 존중하게 되었다. 그녀는 남편이나 가족의 태도, 자신의 원리 원칙에 좌우되지 않고 내면의 안정감을 발휘하게 되면서 남편을 다시 만났을 때도 점차 말다툼을 덜하게 되었다. 그러자 남편도 부드러운 태도로 자신의 속마음을 털어놓기 시작했고, 딱딱한 껍데기를 벗고 더 진실한 관계를 맺기 시작했다. 물론 잃어버린 관계를 회복시키는 데는 오랜 시간이 필요했고, 각자는 힘든 변화를 겪어야 했다. 또한 그들 각자는 낡고 오랜 습관과 진부한 생각, 모든 기존 원칙에서 벗어나야 했으며, 변화에 대한 두려움과 고독감을 벗어던지고 새롭고 바람직한 방향으로 성실하게 나아가야 했다.

> 애벌레가 나비로 탈바꿈하는 것을
> 흥미로 여길 수는 없다.

3. 차이를 위협처럼 느끼다

혹시 자신이 맺는 거의 모든 인간관계에 불신을 품으면서 은연중에 다음과 같은 질문을 던진 적이 없는가?

"내가 네 말대로 하지 않고, 네가 나에 대해 가지고 있는 착한 소년이나 소녀의 이미지와 더 이상 맞지 않고, 내가 더 이상 현명하고 친절하고 세심한 배려를 하는 태도를 보여주지 않고, 내가 네 기대에 부응하지 못한다고 하자. 그래도 너는 나를 좋아하겠는가?"

타인과의 차이를 두려워하는 것은 인지상정이다. 보통의 경우 차이를 감추거나 심지어는 피하기까지 한다. 그렇게 함으로써 타인의 차이를 수용하는 훈련을 거의 하지 않는다. 타인의 차이에 직면하면 어떻게 행동하는가? 그것을 피하거나 거절하는 경우가 많다. 타인이 우리와 '같은' 경우, '그가 우리를 좋아하는' 경우, 우리는 그를 용인한다. 우리와 같이 생각하고, 말하고, 옷을 입고, 믿고, 기도하며, 나아가서는 똑같은 것을 하는 사람을 더 만나게 된다. 그렇게 해야 안심이 되니까 말이다!

> 나를 사랑하는 것인가,
> 아니면 나와 '같은' 것인가?

대개의 경우 우리는 타인의 차이를 위험이나 위협처럼 느끼며 산다.

"타인이 나와 다르면, 나는 바뀌어야 하는 의무를 갖게 될 위험, 적응해야 할 위험, 그가 내게 기대하는 모습으로 되어야 할 위험, 내가 생각하는 대로 살기를 그만두어야 하는 위험이 있다."

이런 내적 불안정은 인종 차별, 보수주의, 동성애 혐오 등으로 표출되기도 한다. 하지만 대개의 경우 그것은 판단, 비판, 비난, 의심으로 드러난다. 차이점으로 인해 흥겨운 호기심이 촉발되는 대신 의구심과 경계심이 생겨나는 경우가 있다.

"이 사람들은 우리와 같지 않아."

4. 가장 빈번하게 나타나는 감정: 두려움!

타인의 환심을 사기 위한 행동을 하는 것을 계속해서 배워왔다면, 우리는 그를 위해 아주 '좋은 일'을 한다고 생각하면서도 결코 안심하지 못할 것이다. 왜냐하면 이렇게 하면서도 타인의 비난, 비판이나 무관심에 대한 두려움 속에서 살아갈 우려가 있기 때문이다. 또한 타인의 반응에 대해 경계심을 보이면서도 그가 우리의 자질이나 능력에 대해 품게 되는 의혹 속에서 살아갈 우려가 있기 때문이다. 이처럼 경계심과 의심은 종종 삶의 원칙으로, 공식적인 행동 방식으로 나타난다.

타인은 늘 어느 정도는 우리의 행복을 조건짓는 동의나 반대의 열쇠를 쥐고 있는 심판관으로 간주된다. 따라서 정도의 차이는 있지만 우리는 항상 그의 시선과 관심을 끌기 위해 '지나치지 않게 행동하려는' 불안을 느끼면서 지낸다. 진정한 의미에서 인간적이라기보다는 이해에 좌우되는 거래관계(인정받는 것을 대가를 지불하고 사고, 또 자기의 믿음을 파는)를 맺으면서 살아간다. 이 점에 대해 마샬 로젠버그는 한 저서[21]에서 이렇게 설명한다.

21) 『말은 창(窓)이 아니면 벽이다』, p.203.

"이득을 보면서 사고팔고, 또 그럴 만한 가치가 있는 행동을 하
는 것이 고전적인 교환의 형태로 자리 잡은 그런 문화에 익숙해져
있는 우리는 단순히 주고받는 행위에 대해서는 불편함을 느낀다."

인간들 사이의 대화를 나타내는 그림을 소개하면서 제3장의 앞
부분에서 밝혔듯이, 대부분의 경우 각자는 불신 지대에서 뭔가를
꾸미곤 한다. 자기 자신의 자리를 차지하는 것이 두렵고, 진실로 존
재하는 것이 두려우며, 정체성을 표명하는 것도 두렵다. 왜냐하면
있는 그대로의 모습으로는 자기가 사랑받지도 수용되지도 못할까
봐 불안하기 때문이다. 이와는 반대로 타인이 제 자리를 차지하고,
진실로 존재하며, 그의 정체성을 표명하는 경우에도 그가 두렵다.
왜냐하면 타인 앞에서 자기가 계속해서 존재할 수 있을지 염려되기
때문이다. 배우자와 같이 가까운 타인이라 할지라도, 감히 적이라
고는 말하지 못하겠지만, 늘 어느 정도는 방해자로 여긴다. 이렇게
해서 여전히 다음과 같은 말을 듣게 된다.

"누군가가 자기 자신이 되는 것을 방해한다."

나는 다음과 같은 질문에 익숙해졌다.

"남편, 아이들, 사장님, 부모님…… 이 있는데, 제가 제 자신이
되는 것이 가능하다고 생각하세요? 그들 모두가 나를 나 자신으로
존재하지 못하게 하는 사람들인걸요!"

물론 '그들 모두'가 방해하는 것은 아니다. 방해가 되는 것은 '그

들 모두'를 지각하고, 그들과 관계를 맺으며 사는 방식이다. 자기 자신이 되는 것을 방해하는 것은 각자의 내적 안정감과 신뢰감이라는 필요에 걸맞는 관심을 아직 제대로 받지 못해서다. 또한 그것은 '그들 모두'와 마음 편하게 살지 못해서이기도 하다. 나는 각자가 자신의 내면의 두려움을 완벽하게 제거할 수 있다고 생각하지는 않는다. 두려움은 신뢰, 고통, 즐거움과 마찬가지로 삶의 일부. 두려움에서 자유로우려면 이 두려움이 생기는 것을 두려워하지 말아야 한다.

5. 점잔 빼지 말고 솔직해져라!

이 문장이 떠오른 것은 여러 참석자들과 같이 연수를 하던 어느 날 그 동안에 했던 역할놀이에 대해 결론을 내리면서 한 여성 참석자와 이야기를 나눌 때였다. 이 참석자는 방금 자신의 난폭함이 어디에서 비롯되었는가를 깨달았다. 그녀는 평소 다른 사람들 앞에서 점잖아지려고 노력했다. 그로 인해 자신의 진짜 감정과 욕구를 숨기면서 강한 욕구불만을 느꼈다. 거기에서 자신의 난폭함이 생겨난 것이다. 그러니까 지나치게 점잖아지려고 했기 때문에 그녀는 마침내 폭발하고야 만 것이다.

내가 이 참석자에게 농담조로 "점잔 빼지 말고 솔직해지도록 해보세요"라고 말했을 때, 옆에 있던 다른 참석자가 이 말에 대해 곧장 반응을 보였다.

"당신 말을 들으니까 제가 남편과 함께 살면서 겪었던 여러 가지 일이 한결 분명해지네요. 저는 연극이나 오페라 공연을 보러 가는 것을 매우 좋아해요. 가서 친구들을 만나곤 하죠. 공연을 감상하면서 종종 여러 감정에 휩싸이기도 해요. 조금이기는 하지만 눈물을 흘리기도 하고요. 휴식시간에 다른 사람들과 수다를 떨기도 하죠. 그런데 남편은 이런 것을 몹시 싫어해요. 그이는 안절부절하고, 배우들의 연기에 대해 큰소리로 따따부따 평을 하기도 하고, 전혀 감동을 느끼지도 못하고, 한숨을 푹푹 내쉬며 의자에서 몇 번씩이나 엉덩이를 들썩들썩해요. 그렇게 되면 저는 초조해지죠. 당연히 외출은 엉망이 되고요. 그이와 중간에 말다툼을 하기도 하고, 돌아오는 차 안에서는 언성을 높이기도 하죠. 저 혼자 공연을 보러 가는 날이면 그이는 혹시 제가 마지막 지하철을 놓칠까 봐, 택시도 못잡을까 봐 걱정을 하죠. 결국 그이는 점잖은 척하려고 마지못해 같이 외출해주는 거예요. 저도 점잖은 척하면서 같이 외출하는 것을 받아들이고요. 왜냐하면 그이가 그처럼 점잖게 구니까요. 하지만 저희 부부는 끔찍한 시간을 같이 보내는 거죠.

그이에게 다음번에 이렇게 말하면서 조금 더 솔직해지려고 노력하면 만사가 훨씬 더 나아질 것 같아요. '제가 외출했다가 밤늦게 귀가하는 것을 당신이 걱정해준 데 대해 진심으로 고맙게 생각해요(감정). 당신이 저의 안전을 중요하게 생각한다니 참으로 기쁘기도 하고요(감정). 당신한테는 저하고 같이 외출한다는 것이 전혀 내키지 않는 일이라고 확신해요(감정). 우리 둘 모두 좋은 저녁시간을 갖는 것이 필요해요(욕구). 저도 당신의 기분에 전혀 신경 쓰지 않고 공연을 감상하고 싶어요(욕구). 그래서 당신한테 이렇게 제안하고 싶네요. 당신은 정말로 당신 마음에 드는 일을 하시라고요. 저도 알아서 혼자 귀가할게요(요구). 저의 이 제안에 대해 당신은 어떻게 생각하시나요?"

이 참석자는 지금까지 자기가 빠져 있던 지옥 같은 함정을 직접 그려 보일 수 있다는 사실과 마침내 가면을 벗어 던질 수 있다는 사실에 대해 아주 흡족해 했다.

가면을 벗어 던져라!

나도 가면을 쓰고 있고, 다른 사람 역시 가면을 쓰고 있다면, 우리의 관계는 참다운 의미에서 인간관계라고 할 수 없다. 가면무도회라고나 할까! 물론 가면을 쓰는 것이 재미있고 또 가면무도회 자체가 흥미롭다면 그것을 신나게 즐기면 될 것이다. 그러나 경험을 통해서 보면 불행히도 가면무도회는 대부분 슬프고 약간은 썰렁하기까지 하다. 참석자들은 한 곳에 모이기보다는 뿔뿔이 흩어지곤 한다. 그들은 자지도 않고 또 자는 것을 방해하기까지 한다. 가면무도회는 불꽃놀이로 끝나지 않고 점차 잦아드는 희망[22] 속에서 끝나곤 한다.

'점잔 빼기'에 대해 말해보자. 물론 이 단어의 뜻을 잘 이해해야 한다. 여기에서 점잔 빼기란 곧 다른 사람의 환심을 사는 것과 동의어다. 점잔 빼기는 진정한 마음의 도약에 의해 뒷받침되지 않는 태도다. 또한 그것은 즐거운 마음으로 다른 사람에게 행복을 주고 또 그와 함께 이 행복을 나누어 가지려는 넓은 안목에서 나오는 그런

---

22) (역주) 원문에 사용된 'peau de chagrin'이라는 말은 '줄어드는 가죽'의 의미로 프랑스의 18세기 소설가인 발자크(Balzac)의 같은 제목의 소설에서, 주인공의 소망을 이루게 해주는 신비한 힘을 가진 가죽이 그것을 이용할 때마다 점점 줄어든다는 이야기에서 비롯된 표현이다.

태도와는 거리가 멀다. 게다가 점잔 빼기는 다른 사람과의 관계 속에서 그에게 패배를 당할지도 모른다는 두려움, 그에 의해 거절당할지도 모른다는 두려움, 그의 비판을 받을지도 모른다는 두려움, 그가 내 자리를 차지할지도 모른다는 두려움 등에 의해 표출된다. 마지막으로 점잔 빼기는 종종 진실의 소리를 막으며 인간관계의 활력의 파도를 삼켜버리는 메마른 가면과도 같다.

> **예의란 꾸며진 무관심이다.**
>
> 폴 발레리[23]

타인의 환심을 사기 위한 점잔 빼기가 이루어지는 메마른 가면 뒤에는 빈혈증에 걸린, 개성 없는 인간관계가 맺어질 수 있는 위험이 항상 도사리고 있다. 또한 이런 인간관계는 종종 진실된 것으로 잘못 인식된다. 평생 콜라만 마신 사람이 있다면 이 사람은 포도주와 같은 다른 음료수를 맛볼 필요가 있을지를 전혀 상상하지도 못하면서 사는 셈이다. 그러니까 헛되게 사는 것이다.

변호사로, 기업 고문으로 약 15년 동안 활동하면서 나는 사업가들과 동료들의 사무실에서 맺는 이와 같은 종류의 인간관계를 수없이 많이 경험했다. 미소, 종종 정중하면서도 온정이 담긴 미소라고 할지라도, 이 미소 뒤에는 커다란 무관심과 평화적으로 일을 해결하거나 같은 사무실에서 그저 아무 탈 없이 지내려고 하는 단순한

---

23) (역주) 폴 발레리(Paul Valéry, 1871-1945): 20세기 프랑스 최고의 시인. 프랑스 세트(Sète) 태생. 시집으로 『해면의 묘지』 등이 있음.

계산만이 자리 잡고 있다. 모든 사람에게 너무나도 친절하게 대하는 사람들의 경우 도대체 그들이 어떤 사람들인지조차 알 수 없는 때도 없지 않다! 앞에서도 지적했듯이 이런 사람들은 마샬 로젠버그의 표현대로 "너무 친절한 나머지 죽은 거나 다름없는 사람들"인 것이다. 정체성도 없고, 자기 존재도 없고, 생명도 없는 사람들!

단기적으로 보면 솔직해지는 것보다는 점잔 빼는 것이 훨씬 더 쉽다. 어렸을 때는 화가 나거나 슬퍼도 이런 기분을 자기 안으로 구겨 넣는다. 물론 이렇게 하는 것은 가족들과 잘 어울리기 위해서다. 그러나 이때 무의식적으로 우리 자신의 모습을 진정으로 표현하는 것보다 점잔 빼는 것이 더 쉽다고 판단한다. 이렇게 해서 우리 자신에 대해 충실하지 못하는 법을 배우게 된다.

하지만 그로 인해 장기적으로 얼마나 큰 대가를 지불하게 되는가! 자기 자신을 되찾는다는 것은 얼마나 많은 시간과 에너지가 드는 일인가! 자기 자신을 잃지 않을 수만 있다면!

하지만 이런 나쁜 습관에 젖어 있다고 해도 다행히 거기로부터 빠져 나올 수 있다. 또한 그런 방식으로 '프로그램되어' 있다고 해도 우리는 다시 프로그램을 할 수 있다. 이렇게 함으로써 우리 자신의 진정한 본성과 겉으로 드러나는 모습 아래 감춰져 있는 진정한 인격을 되찾을 수 있다. 위에서 폴 발레리의 말을 인용했다. 그러나 진정한 마음에 포함되어 있는 참다운 예의까지를 모두 비난할 생각은 추호도 없다. 처세를 잘한다는 것과 예절을 갖춘다는 것이 살아가면서 맛보게 되는 여러 종류의 기쁨 가운데 하나라는 사실은 분명하다.

> 본성과 습관을 혼동하지 말라.
>
> 간디

강연을 할 때나 연수를 할 때 종종 다음과 같은 반응을 목격한다.

"간디의 말이 전적으로 옳기는 하지요. 하지만 감정과 욕구가 문
제될 때 이렇게 말할 수는 없을 것 같은데요."

내 판단으로 모든 일은 습관에 의한 것이 아니라면 결국 본성에
의한 것이다.
어린아이는 이렇게 말할 것이다.

"저는 화가 났어요(감정). 친구들과 놀고 싶은데 못 놀기 때문이
죠(욕구). 저는 슬퍼요(감정). 저 아이와 함께 있고 싶은데 그렇게
못하기 때문이죠(욕구)."

이 어린아이가 "……을 할 필요가 있기 때문에, ……할 시간이기
때문에, 당연히 ……을 해야 하기 때문에, ……하기로 정해져 있기
때문에" 이런저런 일을 하거나 하지 못하게 되는 것은 사회생활의
습득 과정에 속한다.
만약 여기에서 말하는 의미로 사용된 점잔 빼기가 결코 올바른
행동이 못 된다면, 진짜 올바른 행동은 결코 점잔 빼기가 아니라는
사실을 지적해야 할 것이다. 개인적으로 나는 점잔 빼기라는 분명
하지도 않고 위선적인 행동보다는 분명하고도 기탄없는 진실을 훨

씬 더 좋아한다. 부부, 가족, 직업적으로 만나는 사람들 사이에서 얼마나 많은 거짓말이 행해지는가! 별 문제 없이 사업을 경영하고 힘들어하지 않기 위해 거짓말을 안 하고 남을 속이지 않는 사람이 어디 있는가?

거짓말? 그렇다. 점잔 빼기 위해서다!

모든 것은 마치 진실이란 조정될 수 있는 것처럼, 진실을 자기 기분이나 타인의 기분에 따라 마음대로 왜곡시킬 수 있는 것처럼 진행된다.

지구촌의 한 구성원으로서 떠맡게 되는 책임이라는 면에서 볼 때, 나는 점잔 빼는 태도가 책임을 회피하는 태도임과 동시에 위험한 태도가 아닐까 우려한다. 또한 장기적으로 볼 때도 점잔 빼는 태도가 타인을 오염시키는 태도가 아닐까 우려한다. 게다가 이와 같은 태도가 입으로는 지구 보호라는 목표를 떠들어대는, 그러나 담배꽁초나 음료수 캔을 아무 생각 없이 차 밖으로 던지는 자들이 취하는 태도가 아닐까 우려한다.

물론 나는 인간의 본성을 신뢰한다. 그렇다고 해서 모든 진실을 언제 어떤 상황에서나 또 아무에게나 모두 털어놓을 수 있다고까지 주장하는 것은 아니다.

결코 그렇지 않다!

아무것도 말하지 않고 침묵을 지키는 것이 오히려 인내심을 갖고 참아야 할 필요성, 시간적 여유를 가져야 할 필요성, 조금 더 나은 기회를 찾아야 할 필요성, 좀 더 생각을 해보아야 할 필요성, 온정을 가질 필요성, 검토를 해야 할 필요성 등과 더 잘 어울리는 경우도 있다.

내가 아무것도 말하지 않는 것보다 그래도 무엇인가를 말하는 것을 선택하는 것은 진실을 존중하고 또 기분 내키는 대로 진실을 왜곡시키지 않기 위해서다. 결국 내 자신에게 다음과 같은 질문을 던지고 있는 것이다.

"내가 하고 싶은 일이 결국 이 세계를 혼란에 빠뜨리는 데 일조
(一助)하는 것은 아닌가?"

항공물리학자 허버트 리브스(Hubert Reeves)에 따르면 이 세계의 오염 문제는 그리 심각하지 않다. 이 문제는 단지 70억 개의 사소한 문제 가운데 하나에 불과하다는 것이다. 내가 보기에도 이 세계가 카오스나 무질서 상태에 빠지는 것은 그렇게 심각한 문제로 느껴질 것 같지 않다. 이 문제 역시 70억 개의 사소한 문제들 가운데 하나에 불과한 것으로 보인다. 각자 매일매일의 생활 속에서 다음의 두 가능성 가운데 하나를 선택할 수 있는 힘을 가지고 있다. 분명함, 투명함, 평화에 기여를 할 것인가? 아니면 그렇지 않을 것인가?

이것은 아주 흥미로운 문제이다!

결국 점잔 빼는 사람들, 즉 타인에게 해를 끼칠까 봐, 그에게 잘못 보일까 봐, 상처를 입을까 봐, 자신들의 약점을 내보일까 봐 두려워 자신들이 생각하는 것을 분명하게 말로 표현하지 못하는 사람들과 관계를 맺는 것은 아주 불안정하다는 사실을 유념할 필요가 있다. 타인과의 관계에서 편안함을 느끼기 위해서 이 사람이 "예"라고 말했으면 그것이 진짜 "예"인지, "아니오"라고 말했으면 그것

이 진짜 "아니오"인지를 분간할 수 있어야 한다. 만약 이 사람이 진실할 수도 있을 것이라는 점을 확신하지 못하기 때문에 우리가 이 사람의 진심이 무엇일까를 끊임없이 상상해야만 한다면, 그것은 아주 피곤한 일일 것이다. 그리고 상황의 반전, 곧 상황이 어떻게 전개될 것인가를 두려워하게 될 것이다.

예컨대 어떤 사람이 당신에게 도움을 주면서 "당신을 도울 수 있어 큰 영광입니다"라고 말하면, 이 사람이 내보이는 전형적인 행동이 어떤 것인지를 대략 안다. 실제로 이 사람은 당신을 도와주는 일을 못마땅하게 생각하고 있었으며, 당신을 도와주고 난 뒤에 감사의 표시로 충분한 답례를 받지 못했다는 점, 당신이 역으로 자기를 도와주지 않을지도 모른다는 점 등에 대해 불평을 했을 수도 있다.

하지만 이 얼마나 피곤한 상황인가!

발레리와 나는 결혼하면서 굳게 약속을 했다. 물론 젊은 부부들이 사용하는 전통적인 표현인 "절대로 안 돼"와 "항상 그래야 돼"를 기준으로 해서 보면 우리 부부의 약속은 아주 엉뚱한 것이었다. 하지만 둘이서 꾸려가는 삶의 안전과 편안함을 위해서는 기본이 되는 것이기도 했다. 약속 내용은 이렇다.

> "둘이 함께 있으면서 서로 절대로 점잔 빼지 않을 것과 항상 솔
> 직할 것을 약속한다."

이렇게 해서 어느 한 편의 행동이 조금 의심스러울 때, 또 '점잔 빼기 위해' 뭔가를 해야 하는 것이 부담으로 느껴질 우려가 있을 때, 서로 이렇게 물으면서 가면을 벗게 되었다.

"당신 점잔 빼는 거예요, 아니면 진솔한 거예요?"

그 결과 우리는 웃으면서 미래의 일을 조정할 수 있는 기회를 가졌고, 또한 그 일을 해야 할 이유를 알게 되었다. 결국 두 사람 가운데 누가 어떤 일을 할 때 그 누구도 어떤 일을 '그 일을 하는 것이 필요하기 때문에', '그것을 할 수 있는 다른 사람이 없기 때문에' 등과 같은 의무감 때문에 하는 것이 아니라, 부부생활의 행복에 기여하고 이를 증진시킬 수 있다는 신념에 입각해서 하게 되었다.

여기에서 내가 말하는 것은 세간에 널리 알려져 있지만 또 그만큼 실천에 옮겨지지 않고 있는 이른바 애정의 생태학에 적용되는 하나의 원칙이다. 만약 오래 지속될 수 있으나 만족스럽지 못한 인간관계 또는 만족스럽기는 하지만 오래 지속될 수 없는 인간관계를 맺기를 원한다면, 우리는 진실이나 진정성 없이도 지낼 수 있을 것이다. 하지만 이 진실과 진정성이라는 두 가지 가치나 욕구를 중요시하지 않을 경우 우리는 결코 오래가고 만족스러운 인간관계를 맺을 수 없다. 이것은 쉬운 일이 아니다. 왜냐하면 단기적으로 볼 때 솔직해지는 것은 항상 힘든 일이기 때문이다. 이 작업은 자기를 표현하는 데 필요한 힘과 타인을 수용하는 데 필요한 유연성을 얻기 위한 끊임없는 주의와 훈련을 요구한다.

6. 어떻게 "아니오"라고 말할까?

일을 하면서 나는 "아니오"라고 말하는 것이 야기하는 어려움과 관계된 여러 원인을 관찰하곤 했다. 우리는 "아니오"라고 말하는 것에 익숙하지 않고, 서로 다른 존재로 또는 이런 차이점을 편하게 여기며 사는 것에도 익숙하지 않다. 앞에서 살펴본 것처럼 우리는 '같은 것을 하거나', '같은 것을 되풀이하는' 것에 훨씬 더 익숙하다. 아버지, 어머니, 선생님께 동의하고, 습관, 종교, 사회나 직업적인 환경에 동의하는 것에 익숙하다. "친절한 사람은 '네'라고 말한다. 착한 소녀나 지각 있는 소년은 '네'라고 말한다. '아니오'라고 말하는 것은 아름답지 못하다."

이처럼 다르다는 것(의견, 성격, 우선권, 감수성 등)은 위협으로 느껴진다(이 장(章)의 3절을 참조할 것). 또한 복종은 오래 전부터 도덕적 가치로 여겨졌다. 종종 "아니오"라고 말하기도 힘들 뿐만 아니라 단순히 동의하지 않는다는 사실을 표현하기도 힘들다.

여러 세대를 거쳐 행해진 교육에 의해 세뇌된 생각과는 달리 복종을 하게 되면 책임감이 강한 사람보다는 꼭두각시가 되는 경우가 많다. 이런 생각으로 인해 스스로 책임지는 타인의 능력에 대해 경계심과 의심을 표현하게 되고, 또한 그와 진실로 만나는 것도, 그를 이해하는 것도 불가능하게 된다. 결국 우리 자신의 필요에 가치를 부여하지 못하고, 그것에 대한 타인의 존중을 받지 못하기 때문에, 우리는 대화를 나눠보지도 못한 채 그에게 그것을 강요하기도 하며 또 그의 복종을 기대한다.

자동 복종인가, 책임감 있는 지지인가?

종종 마음속으로는 "아니오"라고 말하고 싶은데도 '친절하려고' "네"라고 말하는 경우가 있다. 대부분 충돌을 피하기 위해서다. "반대하더라도 나를 사랑해줄 것인가? 동의하지 않더라도 내가 계속 사랑스런 존재가 될 수 있을까?" 아니면 패배에 대한 두려움과 반항심으로 철저하게 "아니오"라고 말하는 경우도 있다. 왜냐하면 그렇게 하는 것이 자신의 정체성, 안정감, 인정받고자 하는 필요성을 돌보는 유일한 방법이기 때문이다.

"나는 나 자신을 거스른다. 고로 존재한다."

"아니오"라고 말하는 것을 배우는 것은 특히 자기 자신을 존중하는 데 필요한 하나의 단계다. 왜냐하면 이 단계에서는 중요성을 부여하는 네 가지 가치에 대해 기본적인 훈련을 하기 때문이다.

• 내 것과 마찬가지로 타인의 감정과 필요를 존중하기.
• 내가 느끼는 것과 원하는 것을 확인할 시간을 갖기 위해 필요한 독립성.
• 다양한 문제들을 경청하고, 제기되는 모든 필요를 살피고자 하는 책임감. 그렇다고 해서 내 것을 희생하며 타인의 필요를 살피기만 하는 것이 아니며, 타인의 것을 희생하며 나의 필요를 챙기는 것도 아닌 책임감.
• 나의 반대 의견을 드러내거나 해결책을 제안할 수 있는 능력. 또는 어쩌면 내게 요구하는 것과 완전히 다른 태도라도 제안할 수 있는 능력.

이제 모든 요구의 배후에는 필요가 있음을 안다. 또한 그 두 가지를 자주 혼동한다는 것도 안다. 따라서 문제의 실체를 밝히기 위해 타인의 요구 근원 속에 있는 필요에 대해 주의를 기울여볼 것이다. 쉽게 경험할 수 있는 단순한 한 가지 예를 들어보자.

오랫동안 알고 지낸 여자 친구인 제르멘(Germaine)이 바비큐 파티에 초대하는 메시지를 세 차례 보내왔는데, 나는 아직 가타부타 답을 주지 않았다. 물론 제르멘을 좋아하고, 그녀를 만나는 것은 즐겁다. 하지만 파티에는 가고 싶지 않다. 정말 쉬고 싶고, 그러면서 기운을 회복하고 싶다. 예전 같으면 그녀를 실망시키지 않으려고(친절하려고) "물론이야, 갈게"라고 대답했을 것이다. 그리고 내 자신의 절반은 집에 남겨두고 무거운 발걸음으로 씩씩대고 투덜댈지도 모르는 마음으로 그곳에 갔을 것이다. 초대받은 사람들이 지루했다는 둥, 사람들이 많았다는 둥, 고기를 너무 익혔다는 둥, 덜 익혔다는 둥, 미지근하다는 둥 투덜댔을 것이다. 우리 자신이 느끼는 필요와 반대로 행동했을 경우 자신이든 타인이든 간에 반드시 그에 대한 대가를 치른다는 것을 상기하자. 아니면 상황을 모면하려고 이야기를 꾸며댈 것이다. "시간이 없는데. 일을 해야 하거든" 식으로 말이다. 친절하려고 거짓말을 하는 것이다.

제르멘이 네 번째 전화를 했을 때 전화를 직접 받았다.

"이 무심한 친구야! 내 메시지에 대답 안 할 작정이었어?"

"실망했나 보구나(감정). 좀 더 빨리 의견을 말했어야 했지(필요)?"

"물론이지. 매번 안 계시더군. 옛날 여자 친구들은 관심 없다 이건가 봐."

"제르멘, 화났어(감정)? 너를 잊지 않았다는 것을 확인하고 싶어(필요)?"

"그럼. 가끔이나마 내가 초대하지 않으면 아예 얼굴들 보기 힘들걸!"

"우리들의 우정에 나도 한 자리 해주면 좋겠다는 거야(필요)?"

"그렇고 말고. 그러니까 바비큐 파티에 와주면 좋겠다는 거야. 그날 저녁 시간 되니?"

"되고말고. 그날 저녁은 한가해, 제르멘. 나도 함께하고 싶어(감정). 또 끈질긴 네 초대에 감동도 됐고(감정). 나도 정말 만날 시간을 좀 마련했으면 해(필요). 그런데 이번 주는 너무 피곤하고, 만남과 약속이 너무 많았어(감정). 그래서 정말 혼자 있고 싶고, 주말을 조용히 보내고 싶어. 몇 주 동안 주말 내내 교육이 있었어. 그 이후 처음으로 한가한 주말이거든(필요)."

"알겠어. 나를 제쳐놓는 거로군."

"잘 들어 봐. 내가 바비큐 파티에 간다면, 기꺼운 마음으로 서로 만나는 것이 못 돼서 그래. 너도 알다시피 모든 사람들과 말하지만 아무하고도 말하지 않는 것과 마찬가지잖아. 그러니까 나는 너와 시간을 보내고 싶고, 네가 어떻게 지내는지 알고 싶어(필요). 다음 주 점심에 우리 둘이 만나면 어떻겠니? 같이 점심도 먹고, 이야기도 좀 나누게(요구)."

"그럴 시간이 있겠어? 넌 항상 바쁘잖아. 네가 나와 점심 먹을 시간을 마련하리라고는 상상도 못했어. 그래서 바비큐 파티에도 부른 것이고. 물론 나야 좋지. 나도 우리 둘이서 이야기 나누는 것이 더 좋거든."

단순한 예라고 했다. 이 예는 요구(바비큐 파티에의 초대) 배후에 있는 진짜 필요(우정을 돈독히 하자)를 발견하고, 같은 순간에 같은 필요를 공유하고 있음을 확인하고, 간단하고 편안한 다른 방법(둘이서만 점심식사를 하자)으로 필요를 충족시킨 경우다. 하지만 전혀 다른 필요를 가지고 있었고, 같은 감정도 공유하지 못했고, 타인이 제안하는 시간이나 에너지를 우리의 것과 전혀 다르게 사용해야 함을 확인했다면, 아마도 상황은 훨씬 더 어렵고 불편한 것이 되었을 것이다.

"아니오"라고 한 다음 어떤 것에 "예"라고 할 것인가?

더 어려운 상황에서 "아니오"라고 말할 수 있는 힘을 기르려면 더 쉬운 상황에서 훈련을 해야 한다. "아니오"라고 말하는 행위, 타인을 존중하면서도 그에게 부정적 의사를 전달하는 행위는 다음의 경우 훨씬 더 수월하게 이루어진다. 그러니까 자신에 대한 신뢰감, 내적 안정감, 인정받기, 정체성 등에 대한 필요를 실천하면서 우리 나름의 방법으로 그 강약 조절에 성공하는 경우다. 결국 자신을 알아가는 훈련을 하면서 우리가 어떤 것에 "예"라고 답을 하는가를 점점 더 잘 알게 된다.

그 결과 더 편안 상태에서 타인에게 "아니오"라고 말할 수 있게 된다. 그것도 더 건설적이고 창의적인 방법으로 말이다. 아니면 타인으로부터 오는 "아니오"라는 답을 별다른 거부감 없이 수용할 수 있게 된다. 단순히 반대의 뜻으로 "아니오"라고 말하는 것보다는 어떤 것에 대해 "예"라고 말하는지에 우리의 관심과 노력을 더 기울인다. 다음의 몇몇 예를 통해 어떤 것에 "예"라고 할 때 나타나게 되는 필요들을 보기로 하자.

"아니야. 지금 네가 음악을 듣지 않으면 좋겠는데."

이렇게 말할 수도 있다.

"그래 좋아. 하지만 좀 조용했으면 하는데. 네가 음악을 나중에 듣거나 다른 곳에서 들으면 좋겠어."

"안 돼. 네 나이에 나이트클럽에는 못 가."

이렇게 말할 수도 있다.

"좋다. 그런데 네가 가서 편안할지, 또 너와 같이 갈 사람들과 안전하게 시간을 보낼 수 있는지, 내가 안심이 되면 좋겠구나. 이런 신뢰감을 조금씩 쌓아나가도록 하자. 우선 내가 아는 사람들과 외출해보고, 그 후에 상황이 어땠는지에 대해 함께 이야기를 나눠보도록 하자."

"안 돼. 너는 더 이상 차를 몰지 마라."

이렇게 말할 수도 있다.

"좋다. 너의 위험한 운전 습관에 대해 생각해보자. 이 점에 대해 며칠간 심사숙고해보기 바란다. 운전대를 다시 잡아야겠다고 생각하기 전에 그것에 대해 다시 얘기하자."

우리가 어떤 것에 "예"라고 말하는지를 알게 되면, 타인이 "아니오"라고 말하면서 그가 진정으로 어떤 것에 대해서 "예"라고 하는지를 판단할 수 있다. 열린 마음을 갖는 것은 타인의 거절을 자신의 뜻에 거스르는 것으로 여기는 좋지 않은 습관을 피할 수 있는 소중한 자산이다. 거절에 대한 두려움으로 "아니오"라고 말하기 어렵다면, 거절에 대한 똑같은 두려움 때문에 "아니오"라는 소리를 듣는 것도 힘들어지기 때문이다. "나에게 '아니오'라고 하는 걸 보니, 나를 사랑하지 않는 거야."

의심하지 않고, 신뢰감을 상실하지 않으면서 "아니오"라는 소리를 들을 수 있는 것은 내면의 안정감 덕택이다. 또한 이 내면의 안정감 덕택으로 타인의 태도 배후에 있는 감정과 필요를 경청할 수 있으며, 타인이 어떤 것에 "예"라고 하는지를 가늠할 수 있다. 학교에 가야 할 시간에 머리를 빗는 여자 아이의 예는 "아니오"를 표현한다.

"아니야. 나는 식구들과 함께 내려가지 않을 것이고, 차도 타지
않을 거야."

그때 엄마가 "아니오"라는 대답을 듣고 난 뒤에 딸아이의 속마음을 들어줄 정도로 마음의 안정감을 가졌더라면 다음과 같은 말을 듣게 되었을 것이다.

"네, 엄마. 저는 아직 막내딸로서의 특별한 애정 표현이 필요해
요. 그래야 안심이 돼요."

분명 이랬더라면 매일 아침 부딪치며 싸우던 것보다 훨씬 건설적이고 만족스러운 해결책을 찾게 되었을 것이다.

7. 분쟁이 두렵다

분쟁에 대한 두려움의 배후에는 거의 감정적 안정감의 필요가 깔려 있다. 앞에서 여러 차례 살펴본 대로 이 경우 암암리에 다음과 같은 문제가 제기된다.

"내가 분쟁을 일으키더라도 여전히 나를 사랑할까? 내가 동의하지 않더라도 여전히 나를 사랑할까?"

이런 두려움에 대해 불평하는 사람들 — 그들의 숫자는 상당수에 이른다 — 에게서 다음과 같은 사실을 확인할 수 있다. 그들이 이런 분쟁을 여러 면에서 경험을 풍부하게 하는 기회로, 자기 자신을 충분히 알고, 서로 더 존중할 수 있는 기회 등으로 여기는 경우가 드물다는 사실이 그것이다. 이런 분쟁은 자칫 실패, 잘못 관리하고 잘못 이해했다는 스트레스, 쓸쓸하고 혼란스러운 느낌 등으로 이어지기 십상이다. 우리는 "누가 그르고, 누가 옳은가?"라는 역할놀이를 해보았고, "누구의 잘못인가?"도 결정해보았다. 하지만 이런 방식을 통해 실제로 완전히 만족스러운 결과를 얻은 것은 아니었다.

시스템 공학이나 시스템 과학을 통해 모든 시스템은 무엇보다도 지속되고 현 상태를 유지하려는 성향이 있다는 것을 배운다. 항상성의 법칙이 그것이다. 가족, 부부 또는 많은 다른 인간관계의 시스템에서 차이와 다양성은 두려움을 주기 마련이다. 왜냐하면 차이와 다양성은 균형을 잃게 만들어 시스템을 위태롭게 할 위험이 있기 때문이다. 이런 두려움에 직면하면 대개의 경우 조정이나 복종으로 다급히 만장일치를 구한다. 이렇게 해서 가족, 부부 또는 다른 사람들과의 관계에서 상호성이나 우리 자신의 시스템에 따르는 항상성을 되찾기 위해서는 다음의 두 가지 태도 가운데 하나를 취한다. 모든 사람에게 우리 자신의 해결책을 강요할 수도 있고, 아니면 아무런 대화 없이 단번에 우리 스스로 복종할 수도 있다. 도망가거나 공격하는 것이지 진실된 만남은 없는 것이다.

그런데 분쟁은 흔히 발전의 기회이기도 하다. 분쟁을 통해서 우리 내면의 안정성, 자주성 그리고 경청 및 공감의 능력을 단련시킬 수 있다. 분쟁은 우리로 하여금 타인을 더 많이 만나게 해주는 기회이기도 하다. 즉 내면의 강인함과 유연성을 동시에 성장시킬 수 있는 기회이기도 하다. 결국 분쟁은 함께 성장해나갈 기회이며, 창의성으로의 초대이기도 하다. 분쟁을 두려워하는 마음속에는 여전히 절망적으로 타인의 동의를 구하는 자세가 반영되어 있다고 생각한다. 우리 자신에게 신중하고 정당한 평가를 내리지 못한다면 자칫 타인의 곁에서 우리 자신에 대한 잘못된 평가를 절망적으로 찾아다니며 인생을 보내게 될지도 모른다.

8. 분노를 어떻게 다스릴 것인가?

자기 자신이 분노를 직접 표출하든 타인이 표출하는 분노를 듣든 간에 그것을 견디기 힘들게 하는 것은 다음과 같은 두 가지 이유가 있는 것으로 보인다. 첫 번째 이유는 거절에 대한 두려움이다. 따지고 보면 이것은 "아니오"라고 말하는 것을 주저하게 만드는 것과 같은 성질의 것이다. "네가 화내면 너를 사랑하지 않을 거야"라는 말을 귀가 따갑게 들었다. 원만한 사회생활을 하려면 화를 내서는 안 된다. 화를 내는 사람은 결코 환영받지 못한다. 이처럼 우리 자신의 분노는 위협으로 나타난다. "내가 분노를 표출해도 사랑받을 수 있을까?" 또한 타인의 분노 역시 위협적이다. "사람들이 나에 대해 화를 내는데도 나는 여전히 사랑받을 수 있을까?" 화가 나도 입을 다물거나 타인의 분노를 피하는 두 번째 이유는 사람들이 쉽게 휩싸이는 분노에서 발생하는 비극적인 결과들, 예컨대 욕설, 주먹다짐, 범죄 등을 일상생활에서 항상 목격하기 때문이다. 불행하게도 세계 도처에서 분노가 표출된다. 이렇게 표출되는 분노의 결과가 파괴적이기 때문에 분노 자체가 파괴적이라고 생각하기 쉽다. 사실 분노의 감정과 이런 감정을 가지고 행동하는 것을 종종 혼동하고 있다.

만약 분노의 결과가 비극적이라면, 분노 그 자체는 유익한 감정이라고 할 수 있다. 왜냐하면 그것은 우리 내면에 있는 거대한 활력소를 의미하기 때문이다. 우리의 감정이 계기판의 등불이라면 분노는 위급한 신호를 보여주는 붉은색 등불이라고 하겠다. 위급한 등불은 충족되지 못한 역동적 필요를 가리키는 것이며, 모든 일을 멈추고 그것에 집중하는 것이 시급하다는 사실을 알려주는 것이다. 왜냐하면 그것들을 조정할 수 있는 조정자가 없기 때문이다. 흔히 사용되는 "나는 자제력을 잃었다"라는 표현은 자제력을 찾는 일이 제일 중요하고도 시급하다는 것을 보여준다. 이처럼 분노를 통해 우리 자신의 속마음에 대한 경청과 공감에 '좀 더 집중할' 것을 요청받게 된다.

분노를 '감추는 것'은 지뢰를 묻는 것이다

한 미친 사람이 군중 속에서 총을 꺼내들고 부인과 아이들을 죽이고 자살했다는 소식을 신문에서 읽을 때가 있다. 이럴 때 듣게 되는 이웃들의 증언은 종종 그 사람은 너무나 친절했고, 말수가 적은 사람이었으며, 아주 조용한 사람이었다는 것이다. 결국 분노를 조금씩이라도 표출할 기회가 없었기 때문에 엄청나게 쌓였던 분노가 한꺼번에 폭발한 것임을 짐작할 수 있다.

실제로 어려서부터 분노를 마음속에 차곡차곡 묻어왔거나 가면으로 가려왔다면, 또한 30, 40년 전부터 조심스럽게 분노를 피해왔다면, 이것은 그만큼의 폭탄을 숨겨왔다는 것과 마찬가지다. 겉으로는 잘 정리된 평원 같지만 안으로는 지뢰밭이다! 우리는 지뢰밭에 앉아 있는 것이고, 그것은 폭발하게 될 것이다. 흔히 사소한 반감이나 욕구불만이 쌓여 자아 속에 숨어 있다가, 마지막 잘못 묻은 지뢰처럼 아주 사소한 무게에도 곧 폭발한다! 40년 동안 눌렸던 분노가 한 번에 솟구친다!

결국 한 방울의 물이 항아리를 넘치게 한다!

항아리를 정기적으로 비우는 데 주의를 했더라면 왜 한 방울의 물에 항아리가 넘치겠는가? 분노를 정기적으로 완화시켜주었다면 왜 분노에 찬 극단적인 폭발이라는 결과가 나타나겠는가?

내 항아리가 넘치는 것은 타인의 책임이 아니다. 내 항아리를 정기적으로 비워주는 데 신경을 쓰지 못한 내게 전적인 책임이 있다. 항아리를 정기적으로 비워준다는 것은 친절하기보다는 진실해야 한다는 것을 의미한다!

그렇다면 어떻게 해야 타인을 공격하지 않으면서 분노를 진정으로 표출할 수 있는가?

대부분의 경우 분노는 타인의 책임을 전제로 한다. "네가 ……해서 나는 화가 난다." 이런 마음 상태에서 우리는 분노를 표출하지 않으려 억누르거나, 아니면 분노를 유발한 대상인 타인의 머리 위로 직격탄을 쏘아대는 경향을 갖는다. 종종 타인은 상황 이상으로 분노의 소나기 세례를 받게 된다. 그 까닭은 여러 개의 지뢰가 똑같은 감정으로 일시에 터지기 때문이다.

분노를 타인에게 쏟아부으면서 표출하는 이런 방법은 탁구를 치면서 공을 주고받듯이 분노를 표출한 당사자에게 되돌아오곤 한다. 그렇게 되면 대부분의 경우 분노 표출의 악순환이 시작된다. 타인은 회피할 수도 있고, 침묵, 심술, 반항, 냉전 등의 태도를 취하면서 마음의 문을 닫아버릴 수도 있다.

경험을 통해서 보면 이런 방법으로 표출되는 분노를 만족스럽게 해결할 수는 없다. 이런 방법으로 얻을 수 있는 유일한 결과는 그저 분노를 터뜨리고, 극도로 치솟은 분노의 긴장을 누그러뜨리거나, 타인에게 '나쁜 점을 확실히 말해주는' 정도이다.

이상하지 않은가?

진실을 말하려면 화를 내야 하는 것일까, 아니면 알리바이를 만들어야 하는 것일까? 부드럽고 호의적인 자세로 진실을 나누는 것이 왜 그렇게 어려운가? 내면에서 끓어오르는 분노의 위력을 말하고 표출하는 데 이 정도까지 어려움을 겪는가?

분노를 달래기

비폭력 대화에서는 분노를 다음과 같은 두 경로를 통해 검토한다. 책임 문제를 살펴보는 것과 대화에 참여하는 한 편이 다른 편의 말을 경청하는지를 살펴보는 것 두 가지다. 물론 그러기 위해서는 자제력을 상실해서는 안 되며, 항상 자제력을 유지해야 한다는 것은 말할 나위가 없다.

1. 첫 번째 단계는 입을 다물고 분노를 폭발시키기보다는 우선 침묵하는 단계다. 이렇게 하는 것은 분노를 억누르기 위해서가 아니다. 그것을 참고 정화시키기 위해서다. 좀 더 구체적으로는 힘을 모아 그것에 몰두하는 것이다. 타인 앞에서 분노를 쏟아낸다면 우리의 말을 경청해주고 우리의 욕구불만을 이해해줄 대화 상대를 만나지 못할 것이라는 점은 명약관화하다. 이와는 반대로 타인은 오히려 거부하는 태도로 반항해올 것이며, 공격적인 태도로 괴롭히거나 이미 멀찍이 달아나 있을지도 모른다!

그렇다면 분노를 표출할 때 필요로 하는 것은 무엇인가?

그것은 욕구불만과 충족되지 못한 필요에 대한 폭넓은 이해를 해줄 수 있는 타인이 우리의 말을 경청해주는 것이다. 물론 그렇게 하려면 먼저 우리 자신의 말을 우리가 경청해야 한다.

2. 두 번째 단계는 분노를 다 수용하고, 그것도 폭넓게 수용을 하되 거래하지 않고 수용하는 단계다. 내 자신을 상대로 한 경험을 통해서 우리들 가운데 상당수는 분노를 일종의 금기사항으로 간주한다는 사실을 확인할 수 있었다. 그래서 우리가 화내는 것을 상상하기조차 어려운 것이다. 항상 우리는 슬프다, 실망했다, 염려스럽다는 식으로 말한다. 분노가 마음속에 그대로 머물러 있게 내버려두기보다는 의식적으로 그 감정을 이렇게 사회적으로는 지나치지 않은 그런 표현을 사용함으로써 그냥 삭이는 것이다.

따라서 이 두 번째 단계는 아주 중요하다. 이 단계에서는 화가 났음을 인정하고, 분노하는 것을 보고, 머릿속에 스치는 모든 이미지나 환상도 수용하고, 밀려드는 폭력의 이미지도 수용해야 한다. 타인을 창 밖으로 내던지고, 자동차로 짓뭉개고, 낡은 총을 꺼내드는 것……. 이와 같은 이미지를 내면적으로 수용함으로써 산더미같이 쌓인 접시들을 바닥에 내던지거나 의자를 벽에 던지는 것과 유사한 효과를 낼 수 있다. 이렇게 하는 것은 화를 가라앉히고, 분노를 자아낸 과도한 에너지와 자신의 속마음을 경청하기 어렵게 만든 요소들을 배출하는 효과를 낳을 수 있다. 이런 이미지와 투영으로 발생하는 정서적 이완으로 다소 차분해질 수 있을 뿐만 아니라 우리 자신의 내면으로 내려갈 수도 있다. 하지만 이 단계를 원만히 통과하는 것은 결코 쉽지 않다. 왜냐하면 그 과정에서 우리 자신에 대해 간직하고 싶은 착한 소년이나 소녀의 이미지가 손상될 위험이 있기 때문이다.

> "나처럼 착한 소년이, 나처럼 깍듯한 소녀가 타인의 머리를 벽에 박는 것을 상상해봐. 이런 폭력은 다른 사람들 얘기지. 내겐 해당 사항 없어!"

분노와 폭력에서 벗어나려면 그것들을 정면으로 바라보아야 한다.

3. 세 번째 단계는 충족되지 못한 필요들을 확인하는 단계다. 전단계에서 긴장이 다소 누그러졌기 때문에 충족되지 못한 필요를 확인하게 되면 타인에게 책임을 전가하기보다는 우리에게 일어난 일을 좀 더 면밀히 살펴볼 수 있다. 이와 같은 필요들을 '우선권을 가진 필요들'이라고 부를 수 있을 것이다.

4. 네 번째 단계는 이렇게 해서 결국 드러날 수 있는 새로운 감정을 확인하는 단계다. 앞에서 지적했듯이, 종종 분노는 사회적으로 문제가 없는 그런 감정의 가면을 쓰고 있다. 분노는 가리개처럼 작용할 수도 있으며, 따라서 이런 분노로 인해 다른 감정들이 가려질 수도 있다. 이런 감정들은 대개 반복되는 상황에 대한 피로감, 슬픔, 두려움 등으로 나타난다. 좀 더 구체적인 이 감정들을 통해 우리 자신의 내면의 진정한 필요들이 모습을 드러낸다. 그러면 분노를 일으킬 만한 모든 요소를 체크하고 목록을 만들 수 있다. 피로감은 변화와 발전에 대한 필요로 해석될 수 있다. 슬픔은 이해, 경청, 지지에 대한 필요로 간주될 수 있다. 두려움은 감정적, 물리적 안정감에 대한 필요를 뜻할 수 있다.

5. 드디어 다섯 번째 단계에 접어들었다. 지금 타인이 경청해줄 절호의 기회라는 생각으로 입을 열어 우리의 분노를 그에게 말하는 것이다. 실제로 타인의 면전에서 내면의 소리를 재빨리 경청한다는 것은 쉬운 일이 아니다. 그래서 다음과 같이 말하는 것이 적절할 것이다.

"지금 너무 화가 나서 너에게 제대로 말을 할 수 없다. 우선 내 분노를 헤아려보고 이해해봐야겠다. 나중에 이야기하자."

긴장이 너무 커서 타인 앞에서 분노를 터뜨렸다고 하자. 이 경우에도 우리 자신과 마음속으로 대화를 나누고, 그리고 우리 자신의 분노를 그런 말과 억양(감정)으로 표현해서 미안하다고 말하면서 타인에게 사과할 수 있다. 또한 원하고 원치 않았던 내용(필요)을 그에게 좀 더 다정한 방법으로 전달했으면 좋았을 것이라는 의견을 피력할 수도 있다. 마지막으로 그 과정에서 우리는 타인에게 우리의 분노를 지금 들어줄 준비가 되었는지 알고 싶다는 의견을 피력할 수도 있다(요구).

분노가 우리 안에, 타인과 우리 사이에 오래 머물도록 방치하지 말자. 시간이 걸리더라도 그것을 반드시 비우도록 하자. 그렇지 않으면 언제든 간에 모든 인간관계가 악화될 우려가 있다. 모든 인간관계가 지속적이고 만족스럽기를 바란다면 이 관계를 잘 유지해야 한다는 것을 상기하자. 많은 사람들이 원치 않는 분노를 가지고 살아간다. 많은 에너지가 무의식적으로 이런 분노를 억제하는 데 쓰인다. 사람들이 친밀감, 온유함, 관계의 지속성과 만족감, 내면의 평안함, 창의성 등에 마음의 문을 열지 못하기 때문에 그러하다. 삶에의 도약은 방해받고, 홀로 자아를 훈련시키면서 해결의 길을 헤쳐나가고 있다.

게다가 타인의 분노를 경청하는 일에서도 우리는 종종 공격성이나 도피와 같은 방식을 택한다. 타인의 분노를 경청해주는 데 필요한 인내력이나 안정감을 갖추고 있거나, 공감을 나눌 수 있는 사람들은 별로 많지 않다. 타인의 태도가 공격적이라고 생각하기 때문이다.

"화가 나 있는 걸 보니 그(또는 그녀)는 나를 사랑하지 않아. 그러니까 나는 사랑스럽지 않은 거야."

바로 이런 위험으로부터 스스로를 방어하기 위해 우리는 공격하든지 달아나는 것이다. 하지만 이런 반응은 만족스럽지 못하다. 기껏해야 속에 있던 스트레스를 분노로 터뜨려 풀 수 있다. 하지만 잘 못되면 둘 다 끔찍한 악순환으로 빠질 수도 있다. 달아나는 것도 적당히 손을 뗀 것 같은 느낌을 줄지 모른다. 하지만 결국 이것 역시 만족스러운 것은 못 된다.

이제 충족되지 못한 필요는 불편한 감정으로 표현된다는 것을 안다. 분노는 생활하는 데 불편한 감정이다. 따라서 타인의 분노를 확인하게 되면, 그의 태도, 언어, 목소리의 톤, 행동에 주목하기보다는 충족되지 못한 필요에 주목해야 한다. 그리고 그것들에 이름을 붙이도록 노력해야 한다. "좀 더 존경받고 싶고, 인정받고 싶고, 격려받고 싶고, 신뢰받고 싶지. 그런데 그렇지 못해 너는 화가 난 거지." 물론 문제가 되는 타인의 필요를 정확히 찾아내지 못할 수도 있다. 하지만 타인도 우리가 단지 합리화하고, 반격하고, 달아나는 대신 그의 말을 경청해주기 위해 거기에 있다는 사실을 모를 리 없다. 다만 이런 태도에 익숙하지 않은 것이다. 그래서 놀라는 것이다. 대화가 이루어지게 되면 첫 대화에서부터 아주 규칙적으로 억양이 가라앉는 것을 종종 목격할 수 있다. 타인이 대답한다.

"그래, 맞아. 나는 네가 ……하기를 바라는데", 혹은 "아니, 그렇지 않아. 난 네가 ……하기를 원했어."

그러니까 아주 부드럽게 만남이라는 춤을 춘다. 다시 한번 강조하자. 타인의 필요를 인식한다는 것은 곧 우리가 그것을 수용하거나 충족시킨다는 것을 의미하는 것이 아니다. 그것은 최소한 우리가 함께 머리를 맞대고 만남을 찾는 것이다.

물론 그것이 쉽다는 얘기가 결코 아니다. 단지 그것이 해볼 만하다는 얘기다. 항상 그렇게 하라는 것이 아니라, 노력할 만한 가치가 있는 것이다.

왜 그런가?

사태를 악화시키기보다는 불화를 해결하려는 노력에 더 큰 기쁨이 있기 때문이다. 옳고 그름을 놓고 안간힘을 다해 방어하거나 공격하기보다는 상호간의 책임을 확인함으로써 진정한 만남을 준비하는 것에 더 큰 기쁨이 있기 때문이다. 두 가지의 의견이 있을 수 있다는 가능성을 기꺼이 받아들이는 사람보다 잘못된 것을 단념하지 않고 어떻게든 옳다고 우기려는 사람들이 있다는 사실을 알고 있다!

우리 모두가 과감하고도 너그럽게 분노를 표출하고 또 타인의 그것을 경청할 수 있게 되는 것, 이것이 나의 바람이다. 어느 날 지뢰밭에서 치명적인 부상을 입으면서 공중으로 솟구치는 사람이 없도록 하기 위해서라도 말이다.

제6장
서로 가르쳐주고, 서로의 가치를 나누어 갖기

나에게 "와라"라고 말하는 대신
"네가 원하는 데로 가라"라고 말했다.

윌리엄 셸러

제6장 서로 가르쳐주고, 서로의 가치를 나누어 갖기

강연을 해보면 다음과 같은 질문이 거의 매번 나온다.

"그렇게 말하는 것은 좋다. 하지만 한계를 설정해야 한다!"

그렇다. 매사에 기준을 정해야 하고, 사람들, 사물들, 사건들과의 관계 속에서 분명하게 자리를 잡아야 할 필요가 있다. 그렇다면 똑같은 정도로 다른 사람들에게 강요하고 강제하는 것 역시 필요할까?

1. 꼭 그래야만 한다, 너는 ……해야만 한다, 매사가 그런 거야, 선택의 여지가 없어……

제1장에서 무책임한 언어라고 불렀던 이런 표현들은 폭력의 원

인이 되는 네 가지 정신적 기능의 특징들을 잘 보여준다. 이런 종류의 언어 — 그리고 특히 이 언어를 통해 표현되는 정신의 수준 — 는 자유를 허용하지 않고, 말하고자 하는 의미도 전달해주지 않는다. 더 나쁜 것은 이런 언어는 정신과 책임의식을 마비시킨다는 점이다.

몇 년 전 남아프리카공화국에서 인종차별주의의 가해자와 피해자들의 사면을 위한 캠페인이 벌어졌다. 한 신문에서 가해자들이 가졌던 인터뷰를 읽은 적이 있다. 사면에 대한 대가로 그들이 가했던 차별적인 행동이 어떤 것이었는지를 밝히라는 내용이 거기에 포함되어 있었다. 그들 가운데 한 명은 가장이자 음악가였으며 감옥에서 일하는 사람이었다. 그는 다음과 같은 질문을 받았다. 직장에서 사람들을 고문하면서 하루를 보내고 나서 어떻게 집으로 돌아와 딸들과 함께 놀거나 피아노로 즉흥곡을 칠 수 있느냐는 내용의 질문이었다. 그의 대답은 이랬다. "그것이 내 직업이에요! 그 일에 대한 대가를 받는 거죠. 그렇게 해야만 합니다." 나는 그 신문을 읽다가 손에서 떨어뜨렸다. 의무와 복종이라는 이 이중의 결합으로 인해 한 인간이 고문하는 기계가 된다는 것, 그것도 아무런 죄의식이나 자의식 없이 그렇게 된다는 것이 가능할까? 왜 천인공노할 죄를 저질렀는가 하고 심문을 받은 나치들도 거의 비슷한 대답을 하고 있다. 의식의 마비, 동정심의 마비, 심지어는 로봇화와도 똑같다.

일상생활에서 행동이 비극적인 색채로 물들여지지 않고서도 그처럼 로봇화되고, 자의식, 영혼, 의미 없이 다른 사람에게 영향을 미칠 수 있다. "성공해야만 한다, 너는 일을 해야만 한다, 학교에 가야만 해, 쓰레기통을 밖에 내놓아야만 해, 벌어먹고 살 수밖에 없어, 나는 선택의 여지가 없어 등등." 이런 표현들이 그 좋은 예다.

구속에서 자유로: '······해야만 한다'와 '······해주시길 원하는데요'

마샬 로젠버그는 제1기 비폭력 대화 교육 과정에서 다음과 같은 말을 화두로 삼았다.

> "저는 여러분들과 함께 어떻게 하면 노예 상태로부터 벗어날 수 있는지, 또 어떻게 하면 나는 ······해야만 한다, 나는 선택의 여지가 없다 등과 같은 말에서 벗어날 수 있는지를 알아보고자 합니다."

그러고 나서 그는 좌중을 둘러보며 원하든 원하지 않든 간에 뭔가 꼭 해야만 할 일이 있다고 생각하는 사람이 있느냐고 물었다. 나는 즉각 대답했다.

> "그렇고말고요. 원하든 원하지 않든 간에 꼭 해야만 할 일이 있다는 것은 분명합니다."
> "아, 그렇습니까. 그렇다면 그런 일을 열거할 수 있나요?"
> "예. 저는 일을 해야만 합니다. 선택의 여지가 없지요. 상황이 그러니까요. 일을 하면서 버는 수입밖에 없는 상태입니다. 해서 신세 지지 않고 살기 위해서는 당연히 아침에 남들보다 일찍 일어나야만 합니다!"
> "아, 그러십니까. 그렇다면 선생께서는 '일을 하면서 버는 수입밖에 없는 상태입니다. 해서 신세 지지 않고 살기 위해서는 당연히 아침에 남들보다 일찍 일어나야만 합니다'(관찰)라고 말할 때, 스스로 어떤 느낌을 가지시는지요(감정)?"

"피곤합니다. 그리고 걱정되기도 합니다."

"그렇다면 선생님의 욕구는요(필요)?"

"우선 피곤함을 느낍니다. 왜냐하면 저는 제 시간을 좀 더 창조적으로 이용하고 싶고요, 좀 더 남을 위해 쓰고 싶기 때문입니다. 또한 걱정되기도 합니다. 왜냐하면 저는 물질적으로 안락한 삶을 필요로 하기 때문입니다. 예, 그렇습니다. 저는 안락함을 느끼고 싶습니다. 예를 들어 제가 아파트를 얻어 살 수 있는 그런 상태에 있는지를 알고자 합니다. 이제 더 이상 기숙사 방에서 살고 싶지 않으니까요. 노후에 연금을 받을 수 있는지도 알고 싶습니다. 왜냐하면 저는 65세가 되어 굶어 죽고 싶지 않으니까요. 또한 자가용을 구입할 수 있는지도 알고 싶습니다. 왜냐하면 저는 이제 더 이상 걸어서 다니거나 전철을 타고 다니고 싶지 않으니까요. 게다가 저도 종종 휴가도 가고 싶고, 여행도 하고 싶고, 친구들과 파티도 열고 싶습니다. 종종 교육도 받고 싶고요."

"그러면 기숙사 방보다 더 쾌적한 아파트에서 살고, 노후를 위한 연금을 보증해주고, 자가용을 타고, 휴가도 떠나고, 교육도 받는 것이 가능하기 때문에 일을 한다는 사실을 자각하게 될 때 선생님께서는 어떤 느낌을 가지시는지요?"

"저 자신도 놀랍습니다. 몹시 놀랍습니다. 저는 여태까지 상황을 그런 식으로 바라본 적이 없었습니다. 물론 아침에 직장에 가면서 어떤 옷을 입을 것인지, 어떤 넥타이를 맬 것인지를 선택하긴 합니다. 저 자신을 제외하고는 그 누구도 제가 남은 인생을 몽골이나 티에라 델 푸에고(Tierra del Fuego)[24]에 가서 보내는 것을 방해할 수는 없다는 것은 사실입니다. 물론 저는 약간의 안락함, 어느 정도의 사회적, 가정적 통합을 선택할 수도 있고, 또한 제가 원할 경우 포기할 수도 있는 약간의 자유를 가지려고 할 수도 있습니다. 또한 수입원이 없이 몽골로 가거나 아니면 경작지 없이 티에라 델 푸에고에 별로 가고 싶은 마음이 없을 수도 있습니다. 이와 동시에 갑작스럽게 직업을 바꾸고 싶은 마음이 들 수도 있고, 그렇게 하기 위해 교육을 받으면서 만족을 할 수도 있을 것입니다."

이처럼 '……해야만 한다'에 속하는 것들, 예컨대 물질적 안락함에 대한 필요와 더 만족스러운 일자리를 갖기 위한 변화의 필요를 분명하게 밝히자마자, 나는 곧바로 여태까지 나를 마비시키고 있었던 다음과 같은 이원론적 체계의 함정으로부터 벗어날 수 있다는 것을 깨닫게 되었다. 즉 안락한 생활을 함과 동시에 권태로운 생활로 고통을 받는다는 생각과 변화하고자 하지만 몹시 겁을 내고 있다는 또 다른 생각의 대립이 그것이다. 그 이후 나는 법률자문위원으로 일하는 시간을 점차 줄여나갔고, 그 효과로 인간관계의 범위를 점차 넓혀갔다. 이제 구속("밥벌이를 해야만 한다")은 든든한 버팀목("이 일 덕분에 나는 안전하게 직장생활을 변화시킬 수 있다")이 되었다. 이 과도기를 통과하면서 내가 갖게 되었던 에너지는 지금까지의 그 어떤 에너지와도 그 성격이 다른 것이었다. 왜냐하면 지금까지 내가 추구해왔던 가치(혹은 필요)가 이제 분명해졌기 때문이다.

---

24) (역주) 스페인어로 '티에라 델 푸에고(Tierra del Fuego)'라고 불리며, 불어로 '테르 드 푀(Terre de Feu)'라고 불리는 이곳은 남아메리카 남단에 있으며, 아르헨티나와 칠레가 분점하고 있는 군도임.

자유는 구속보다 더 부담스럽다

이처럼 모든 '……해야만 한다', '선택의 여지가 없다' 등과 같은 표현들의 가치를 검토하기 위해서 이 모든 표현들을 의식의 체로 선별할 것을 나는 열렬히 권장하는 바이다. 이렇게 함으로써 결국 이 표현들을 체로 거른다. 종종 오래 전부터 사용되었고, 그 뒤로 달라지지 않은 '……해야만 한다'는 표현을 계속해서 입에 달고 다닌다. '……해야만 한다'는 표현 말고 '……하고 싶은데요'와 같은 공손한 표현이 사용되지 못하는 이유는 어디에 있을까? 그것은 앞의 표현이 더 오래 전부터 사용된 것이기 때문이다. 하지만 그보다는 오히려 이 표현이 책임 있는 의식에서보다는 자동반사적으로 나오는 것이기 때문이기도 하다.

하지만 이런 표현을 선별하는 것만으로도 커다란 변화를 가져올 수 있다. '……해야만 한다' 등과 같은 표현들을 떨쳐버린 후에 아이들과 함께 프랑스 전역을 마차를 타고 돌아다니기로 결정한 친구들을 나는 안다. 그렇다면 아이들의 학교는? 물론 아이들은 마차 안에서 호롱불을 켜고 공부를 했다. 수입원은? 길을 가다가 손에 잡히는 대로 잡일들을 하면서 돈을 벌었다. 여행 중에는 필요한 것들이 많이 줄어들기 때문이다. 여행에서 돌아온 후에 아이들이 다른 아이들과 잘 어울릴 수 있을까? 사람은 오히려 현재에 사는 것이 아닐까? 믿음이 있다면 말이다.

부모와 아이들을 포함해 몇몇 가족들과 같이했던 연수에서 한 교육자 어머니가 질문을 던졌다.

"어쨌든 우리가 원하든 그렇지 않든 간에 해야만 할 일이 있는 것이 아니겠어요?"

"예를 하나 들어보시지요."

"그렇게 하지요. 예컨대 저 같은 경우는 주부로서 매일 저녁 식사를 준비해야 하지요. 선택의 여지가 없어요."

"어머니께서 그렇게 말씀하시면서 어떻게 느끼시는지요? 욕구가 어떤 것이지요?"

"지친다는 느낌이지요. 일주일에 하루라도 좋으니까 고삐를 놓아버리고 싶기도 하고요, 학교에서 돌아오면 뜨거운 물로 목욕이나 했으면 합니다."

"그러니까 어머니께서는 지친다(감정)는 느낌이란 말씀이지요? 하루 일과 후에 자신을 위한 약간의 시간이라도 갖고 싶기 때문이지요(필요)?"

"예, 그렇습니다. 하지만 제가 저녁을 준비하지 않는다면, 아이들은 아무렇게나 먹겠지요. 아이들은 골고루 영양을 섭취할 필요가 있지요."

"어머니께서는 아이들의 영양상의 균형 문제를 걱정한다고 느끼지요(감정)? 그리고 아이들이 잘 먹어야지만 안심을 한다는 것이지요(필요)?"

"예, 당연하지요. 제게 있어서는 그 문제가 제일 우선이에요."

"어머니께서는 결국 자신을 위한 시간, 예컨대 뜨거운 물에 목욕을 하고 싶다는 욕구와 아이들에게 균형 잡힌 음식을 해주어야 한다는 욕구를 나누어 갖는다고 느끼시지요?"

"바로 그것이에요. 하지만 아이들은 이해하지 못할 거예요. 그들이 저녁식사를 기다리고 있는 동안 에미라는 사람이 태연히 목욕을 하고 있다면요."

"어머니께서는 아이들이 그걸 이해할 수 없을 거라는 건가요?"

"그렇지요! 그들은 전혀 이해하지 못할 거예요."

"그러면 아이들이 마침 이 자리에 있으니까 그들에게 물어보기로 하지요. 그들이 전혀 이해할 수 없을 것이라고 단정하기 전에 그 점에 대해서 그들이 어떻게 느끼고 있는가를 말입니다."

나는 교육과정에 참가하고 있는 아이들에게로 몸을 돌려 물어보았다.

"어머니께서 말씀하신 내용에 대해 어떻게 하겠어요?"

"(이구동성으로) 벌써 몇 년 전부터 계속해서 말씀드렸어요. 저녁식사를 준비하기 전에 조금 쉬는 시간을 가지시든지 아니면 저희들에게 맡겨주시라고요. 저희들은 이미 잘 알고 있어요. 엄마가 숨을 돌릴 시간이 필요하다는 사실뿐만 아니라 요리하는 것을 별로 좋아하지 않는다는 사실을요. 엄마가 좋지 않은 기분으로 요리를 하기 때문에 늘 분위기가 문제지요. 이 때문에 저녁식사 시간이 엉망이 되는 경우도 있어요. 엄마가 저희들을 믿고, 저희들이 그럭저럭 상황을 해결할 수 있다는 생각을 하실 수도 있을 법도 한데요. 그러니까 저희들끼리 저녁식사를 준비할 수도 있고, 또 어떤 때는 괜찮은 요리를 준비할 수도 있다는 그런 생각 말이에요. 남아 있는 비스킷이라든지 초콜릿 등으로 한 끼를 해결하는 나이는 이미 지났어요."

"(다시 어머니에게로 행하면서) 딸들의 의견을 들으시면서 어떤 느낌을 가지셨는지요? 자신들을 조금 믿어줄 수도 있을 텐데, 혹은 어머니가 손수 저녁을 준비하시기 전에 조금이라도 긴장을 푸는 시간을 가져도 좋으련만 하는 등의 의견 말입니다."

"당황스럽기도 하고 마음이 놓이기도 하는데요. 딸들이 그런 말을 가끔 했지만, 제가 듣지 않았던 것은 사실이에요. 저는 제 어머니가 정말로 저에게 잘해주기 위해서, 훌륭한 엄마가 되기 위해서 너무나도 자신을 희생하는 것을 쭉 보면서 자라왔어요. 그래서인 것 같아요. 제 아이들이 저에게 그렇게 하지 말라고 말을 해도 엄마가 되는 시나리오에서 벗어나지 못한 것 같습니다. 그런 시나리오가 아이들에게는 적합하지 않다고 생각한 것이지요."

이런 의견 교환을 통해 자기 자신에 대한 믿음("훌륭한 엄마란 당연히 그래야지요")과 타인에 대한 믿음("아이들은 이해를 못할 거야, 감히 그들에게 어떻게 그런 말을 해, 나는 아이들이 무슨 대답을 할지를 알고 있어") 속에 자기 자신이 갇혀버리는 일에서 벗어난다. 오로지 타인과의 진정한 만남을 통해서만 이런 함정에서 벗어날 수 있는 것으로 보인다.

오랜 관찰에 따르면 자기 자신의 책임을 인정하는 것이 얼마나 어려운 일인지, 그리고 자기에게 발생한 사건에 대한 책임을 타인이나 그 사건 자체로 돌리는 경향이 얼마나 강한지를 쉽게 알 수 있다. 위에서 예로 든 어머니의 경우에서도 도움이 없었다면 혼자서는 도대체 상황이 어떻게 돌아가고 있는지를 정확히 보는 것은 아주 어려웠을 것이다. 또한 아이들과 의견을 나누면서 자신의 책임의 소재를 분명히 하는 일 역시 아주 어려웠을 것이다. 우리는 종종 무의식적으로 활짝 열려 있는 문을 통해 바깥으로 훨훨 날아가는 것보다 손수 만든 새장의 횃대에 앉아 있기를 선호하는 경향이 없지 않다. 그런데 이 새장의 문은 열려 있다. 그것도 아주 활짝 말이다. 이 책의 시작 부분에서 인용했던 시인 기율라 일리예스(Gyula Illyes)의 시구에서 볼 수 있는 것처럼 말이다. 그런데 왜 바깥으로 날아가지 못하는 그런 현상이 발생하는 것일까? 아마도 때로는 자유가 구속보다 더 두렵기 때문이 아닐까?

아마 구속이 무엇인지 모르는 사람은 없을 것이다. 그것은 익숙하다. 불편한 것이기는 하지만 익숙한 것이다. 하지만 자유는? 자유는 새로우며, 따라서 미지의 것에 대한 공포처럼 겁을 먹게 한다. 의무와 관습에 익숙하고 그것을 지키라는 오래된 교육을 받은 후에 자유롭게 선택하고 마음이 가는 대로 행동하는 것을 선택하는 것은 어려운 일이다. 하지만 그렇게 하는 것은 매우 중요하다. 이 세계가 마비되지 않기 위해서는 우리 각자가 마음의 도약을 다시 발견하는 것이 그 무엇보다도 중요하다.

실내화를 신어야 돼!

또 다른 상담이 진행되는 동안 한 어머니가 이렇게 말했다.

"여섯 살 된 딸아이에게 집에서 잠옷을 입고 뛰어다니면서 왜 반드시 실내화를 신어야만 하는지를 이해시킬 도리가 없습니다."

이 질문을 받고 그 어머니에게 이런 제안을 했다. 즉 내가 여섯 살 난 딸아이라고 생각하고 평소에 딸에게 보여준 태도를 그대로 내게 보여달라고 말이다.

"벌써 몇 번이나 얘기했지. 실내화를 신으라고. 말귀를 알아듣게 하기 위해 도대체 무슨 말을 해야 할지 모르겠구나. 당장 실내화를 신지 못해!"

"만약 제가 어머니의 딸이라면, 그리고 제가 어머니의 그 말씀을 들었다면, 분명 정반대로 행동하고 싶어했을 거예요. 그것은 적어도 다음과 같은 두 가지 이유 때문입니다. 하나는 어머니의 말씀을 이해하지 못하겠다는 것입니다. 맨발로 뛰어다니면 아주 즐거운데요."

"하지만 저는 이미 아이에게 이런 말을 했어요. 네가 맨발로 다니면 감기에 걸릴까 봐 겁난다, 그렇게 되면 너를 보살펴주기 위해 휴가를 받아야만 한다 등등. 그리고 이렇게 한 번 말하고 나서 저는 딸아이가 제 말을 이해했다고 생각했습니다. 해서 제 요구를 다시 한번 반복하지 않은 채 신경질을 낸 것이지요."

"아마도 따님이 어머니의 요구에 어머니와 똑같은 중요성을 부여하지 않았다고 할 수도 있겠지요. 실제로 어린 딸아이의 입장에서 보면 감기에 걸려 엄마랑 같이 집에 있는 것이 엄마가 생각하는 것과 똑같이 귀찮은 일이 아닐 수도 있다는 점을 쉽게 상상할 수 있지 않을까요? 앞에서 이미 한 번 지적한 바 있습니다만, 어떤 욕구가 내가 생각하는 것과 똑같이 타인에 의해 생각될 수 있다고 생각하기보다는 오히려 그것을 다시 한번 반복하면서 분명하게 하는 것이 더 낫지 않을까요? 어머니께 이렇게 여쭤보고 싶네요. 어머니가 원하시는 것을 따님에게 말하고 또 요구하면서 혹시나 따님이 동의하지 않을 수도 있다는 자유를 존중하지 않은 것은 아닌지요?"

"(웃으면서) 아니에요, 절대로 그렇지 않아요."

"제가 만약 어머니의 딸이라면 실내화를 신고 싶지 않은 두 번째 이유가 바로 그것입니다. 내가 비록 어린아이에 불과하지만 나의 자유가 존중되었으면 하는 그런 필요성을 느낀다는 것입니다!"

"아, 그거요? 어려운 일이지요. 타인이 동의하지 않을 것이라는 것을 받아들인다는 것, 이것은 아주 어려운 일입니다."

"물론이지요, 쉽지 않죠. 하지만 보통의 경우 요구사항을 명령처럼 부과하게 되면 그때는 복종이나 반발이 있지, 참다운 의미에서 만남은 없게 되지요. 지금 어머니께서 '그거요? 어려운 일이지요' 라고 말씀하셨죠. 그렇게 말씀하시면서 혹시 어머니의 요구사항을 포기하지 않은 채 따님이 동의하지 않을지도 모른다는 사실을 받아들일 준비가 되어 있지 않은 것은 아닌지요?"

"아니에요, 그렇지 않아요. 말하자면 저는 딸아이가 건강하기를 바라고, 그 정도 사소한 일은 이제 혼자서도 처리할 나이가 되었으면 하고 바랐지요. 예컨대 날씨가 추워지면 혼자서도 실내화를 신는다는 것이지요."

"그럼 어머니께서는 따님을 믿을 수 있나요? 실내화를 신을 경우 따님이 하나 둘씩 혼자서 작은 일이라도 결정할 수 있다는 것을 용인하고 받아들일 수 있으신지요?"

"(긴 한숨을 내쉬고 잠시 동안의 침묵이 흐른 후에) 믿을 수 있다는 것, 그것은 말에 불과해요. 저는 딸아이를 믿기가 힘들어요. 그래서 매사를 다 통제하는 거죠. 그래서 힘들어요."

상담이 진행되는 동안에 이 어머니는 계속해서 자기가 남을 믿는 것을 왜 힘들어하는가를 알게 되었다. 또한 그녀는 아이들이나 배우자와의 관계를 개선하기 위해 자기 자신이 뭔가를 직접 해야 한다는 것을 이해하게 되었다. 교육은 며칠 동안 계속되었다. 어느 날 아침에 그녀가 아주 환한 표정으로 와서 이렇게 말하는 것이었다.

"딸아이에게 아직도 내가 무엇을 요구하는지를 분명하게 표현하지는 못했어요. 하지만 어제 저녁에 신경질을 내는 대신에 이렇게 물어보았어요. 왜 엄마가 그렇게 실내화를 고집하는지를 아느냐고요. 그랬더니 딸아이가 이렇게 분명하게 말하지 뭐예요. '감기에 걸리지 않게 하기 위해서지.' 저는 몇 분 후에 딸아이에게 전혀 강요하지 않고서도 혼자서 실내화를 신게 하는 데 성공했어요. 딸아이가 혼자서 실내화를 신는 것을 확인했어요!"

타인은 이처럼 우리가 사용하는 '……해야만 한다', '너는 ……을 해야만 해'라는 표현을 그 나름대로 해석할 수 있다. 이 사실을 용인하면서 우리 자신을 다시 한번 돌아보는 기회를 가질 수 있다. 또한 그렇게 함으로써 우리 자신의 책임에 대해 다시 한번 생각하게 하는 기회를 가질 수 있다.

왕성하게 활동하고 있는 한 남성 정치인이 상담을 요청해왔다. 이 정치인은 종종 자기 비서진과의 관계에서 어려움을 느끼곤 했다. 그는 늘 차가운 어조로 말을 하곤 했다. 그는 비서진의 시너지 효과와 협동을 원하는데, 실제로는 그 자신의 권위에 대해 일종의 반박이 이루어졌다. 그래서 매사가 효과적으로 이루어지지 않았다. 선거가 끝나고 나서 비서진을 개편하는 기회에 그는 장차 자신의 의도와 목표를 전달하는 방식을 분명히 해두고자 했다. 특히 진실로 공공 서비스와 공동체의 이익을 위해 일하는 사람들을 곁에 두고자 했으며, 경력만을 내세우는 사람들과는 더 이상 일을 같이하지 않기로 결정했다. 이 정치인의 생각은 아주 현명했으며, 따라서 거기에 일조를 할 수 있다는 생각에 나 역시 아주 흡족해했다.

그런데 이 정치인이 비서진 앞에서 하게 될 연설의 초고를 보았다. 거기에는 놀랍게도 "절대적으로 ……해야만 합니다, ……하기에 아주 좋은 시기입니다, ……하는 것은 도저히 있을 수 없습니다" 등과 같은 표현들이 가득했다. 그러니까 모든 표현들이 각자의 의무나 정신적이고 도덕적인 문제와 연결되어 있었다. 나는 이 정치인이 촉발시킨 다양한 논의들에 대해 전혀 놀라지 않았다. 어쨌든 그는 다른 사람들에게 득이 되는 일을 잘 알고 있다는 인상과, 그들을 위해, 그것도 그들의 이름으로 매사를 결정한다는 인상을 주곤 했다.

그 이후 이 정치인과 나는 해결책을 찾기 위해 공동으로 노력을 했다. 우선 그가 연설을 하면서 사용하는 단어들을 통해 그의 의도가 정확히 표현될 수 있게 하기 위해 그의 감정, 욕구 하나하나를 검토했다. 그렇게 해서 다음과 같은 연설문 원고를 작성해냈다.

"저는 지쳤으며, 조금은 실망하기도 합니다. 저는 공동 작업에서 효율성을 필요로 합니다. 또한 이를 위해 우리 모두가 공공 서비스와 공동체의 이익을 위해 일을 한다는 공동 목표를 나누어 가졌다는 단호한 확신을 필요로 합니다. 우리들 각자가 마음속으로 어떤 일에다 우선권을 두어야 할까를 결정해주길 바라는 바입니다. 그리고 저는 우리들의 언어와 태도에서의 일관성을 몹시 필요로 합니다. 우리 모두는 구체적인 행동 하나하나가 어떤 중요성을 갖는지, 그 지속 기간과 그 총체적인 결과에 대한 책임을 더욱 더 의식하는 그런 정책을 펼쳐나가길 바랍니다. 과연 우리들 각자는 매일매일의 임무를 수행하는 방식에서 이와 같은 이상적인 목표와의 관련 속에서 일관적인 태도를 가지고 있는 것일까요?"

이렇게 서론을 시작함으로써 이 정치인은 명령과 단죄를 포함하고 있는 '……해야만 한다'라는 투의 언어 사용을 자제하고 비서진들을 마음으로 이해하는 만남이 이루어질 수 있는 훨씬 더 많은 기회를 갖게 되었다. 또한 그는 비서진의 회의가 진행되는 방식에 대해서도 아주 흡족해했다.

쓰레기를 치워야 돼!

혹시 다음번에 "쓰레기를 치워야 돼!"라고 말할 기회가 있으면 잠시 멈추고 긴장을 해소하길 바란다. 부엌, 방, 심지어는 목욕탕에 몇 주 동안 쓰레기를 치우지 않고 쌓아놓고 있다고 해서 경찰이 체포하러 오는 것도 아니고, 당신에게 그 어떤 종류의 최후의 심판도 내려지지 않을 것이기 때문이다! 쓰레기를 치운다면, 그것은 당신이 질서, 깨끗함, 위생, 아름다움, 안락함, 요컨대 당신이 거주하는 장소를 쾌적하게 만들기 위해서가 아닐까?

'……해야만 한다'와 같은 구속과 강제에 복종하는 대신에 당신이 중요하게 생각하는 가치와 접하게 될 때 당신의 내부에서 어떤 힘이 느껴지는가를 자문해보라!

나는 선택의 여지가 없어, 나는 시간이 없어!

물론 어떤 상황에서는 선택의 가능성이 아주 제한되어 있을 수 있고, 또한 심지어는 그런 가능성 자체가 아예 없을 수도 있다. 예컨대 신체적 폭력이나 구속이 타인들의 행동의 자유를 방해할 수 있다. 하지만 자신들이 손수 결정하고, 거부하고, 변화시키는 그런 결정적인 힘을 결코 가지고 있지 못하다는 점을 인정하는 사람들의 용기, 그리고 자신들에게 적합하지는 않지만 어쨌든 몇몇 욕구 — 물질적, 정신적, 감정적 안정을 예로 들 수 있다 — 를 만족시켜줄 수 있는 상황을 선택하는 경우도 있다는 점을 인정하는 용기를 가진 사람들을 나는 항상 높이 평가한다. 또한 모든 것을 상황이나 다른 사람의 탓으로 돌리는 것보다는 자기 책임으로 인정하는 것을 용기 있는 행동이라고 생각한다.

"나는 선택의 여지가 없어, 나는 시간이 없어"라고 말하는 것은 모두 언어적 관습의 문제로 여겨진다. 만약 우리 자신의 욕구를 더 잘 알고 있다면, 어떤 욕구를 먼저 만족시키는 것이 더 바람직한가를 알 수 있을 것이다. 또한 그 경우 시간의 사용이 그런 선택의 반영이라는 점 역시 알게 될 것이다. 하루에 10~12시간씩 일을 하는 사람, 따라서 "일 때문에 전혀 시간이 없어, 선택의 여지가 없어"라고 말하는 사람은 예컨대 이렇게 말하면서 이런 표현을 감출 수도 있다. 즉 "현재 가장 역점을 두는 것은 내 자신의 물질적 안정과 가족의 안정이야. 아직까지는 내 시간을 마음대로 이용할 수 있는 보수가 나은 그런 직업을 가질 기회가 없었어." 혹은 "나는 정말로 중요한 책임을 완수하고, 나를 거기에 완전히 다 바치고 싶어. 그렇게 하면 내가 필요한 존재라고 느끼는 욕구를 만족시킬 수 있고, 하는 일에서 약간의 자극과 기쁨을 발견할 수도 있을 거야. 물론 그렇게 함으로써 물질적 안정도 도모할 수 있겠지. 그래서 지금으로서는 하루의 상당 부분을 일을 하는 데 투자하기로 했지." 여기에서 '아직까지는'과 '지금으로서는'이라는 표현은 변화의 자유에 대한 가능성의 문을 열어놓고 있는 것이다.

결국 자신이 하는 것을 정확히 아는 것, 어떤 일에 시간과 에너지를 할애하는가를 정확히 아는 것, 그리고 만남의 대상이 되는 사람들이 어떤 자들인가를 정확히 아는 것으로도 충분할 것이다. 이런 요소들은 우선권이 어디에 있는가, 따라서 선택에서 어떤 것이 먼저인가를 알려주는 아주 훌륭한 지표가 될 것이다.

하지만 주의하자!

자신이 하는 것을 먼저 아는 것보다는 오히려 그것이 내부에서 만족시키는 욕구가 어떤 것인지를 아는 것이 더 중요하다.

한번 더 강조하자. 자신의 선택이나 시간의 사용에 대해 책임을 질 수 있을 때에라야만 비로소 하고 싶어하는 것을 변화시킬 수 있는 힘을 가질 수 있을 뿐이라는 사실을 말이다.

영국의 한 잠언은 유머스럽게 이렇게 말하고 있다.

"좋아하지 않으면 바꿔버려라. 바꾸고 싶지 않으면 좋아해버려!"

2. 방파제 혹은 등대, 목동 혹은 철조망?

폭력과 비겁함 가운데 반드시
하나를 선택해야만 한다면,
나는 폭력을 선택하라고
충고할 것이다. (중략)
하지만 비폭력이 폭력보다
훨씬 더 우월하다고 생각한다.

간디

어느 날 자동차로 작은 마을을 통과하는 길이었다. 그때 경찰이 차를 세웠다. 내가 무심코 길 위에 표시된 정지선을 '위반'했다는 것이다. 얼른 보아 경찰의 시선만으로도 부주의로 인해 내가 어떤 결과를 낳았는지를 알 수 있었다. 그의 시선 때문에 내 마음속에서는 보통 있을 수 있는 '자신의-일을-맹목적으로-수행하는 자의-멍청하고-심술궂은-권리'에 대한 익숙한 반란을 불러일으키고 있었다! 그리고 낡은 편견에 따라 나는 다음과 같은 딱딱하고 행정적인 내용의 설교를 들을 준비를 하고 있었다.

"당신은 교통법규 ○조를 위반했습니다. 벌금은 ○○유로입니다. 어쩔 수 없습니다. 다른 선택의 여지가 없습니다."

혹은 이런 교화적인 연설을 들을 준비를 하고 있었다.

"도대체 정신이 있는 거예요? 마을에서 그런 식으로 운전을 하다니요. 제 정신이 아니군요!"

차를 길가에 세웠다. 경찰이 다가와서 아주 정중하게 인사를 했다.

"선생님, 매우 걱정스럽습니다. 저는 지금 하교시간에 맞춰(필요) 이 마을의 교통안전을 책임지고 있습니다. 선생님께서 정지선을 위반하신 것을 목격했습니다. 선생님께서는 거기로 무심히 지나갈 수 있는 어린 학생들의 위험을(필요) 조금 등한시하신 것은 아닌가 합니다(필요). 선생님 생각은 어떠신지요?"

내 귀를 믿지 못해 나는 경찰에게 지금 한 말을 다시 한번 반복해 달라고 거의 애원하다시피 했다. 이 경찰은 나를 판단하지 않은 채 사태를 정확히 관찰했고, 자신이 느낀 바를 말해주었다. 또한 나의 반응을 고려하면서 동시에 그 자신의 요구사항을 전달하는 데 성공했던 것이다! 나는 이 경찰의 높은 의식 수준에 놀랐다. 그가 길거리에 서 있는 것은 벌을 주기 위해서도, 꾸중을 하기 위해서도, 구속하기 위해서도 아니었다. 이와는 정반대로 그는 '안전'이라는 가치와 필요를 보여주기 위해 거기에 서 있었던 것이다. 그것도 위협이라든지 처벌을 통해서가 아니라 책임지는 행위를 통해서 보여주었던 것이다. 나는 그 경찰에게 이렇게 대답했다.

"저의 불찰로 인해 곤란할 뻔했군요. 저 역시 보행자들, 특히 어린아이들의 안전 문제에 신경을 쓰고 있습니다. 그리고 선생님의 책임 있고 깨어 있는 충고와 태도 덕분으로 핸들을 잡고 있는 동안 운전자의 책임이 어떤 것인지를 다시 한번 뼈저리게 깨닫게 되었습니다."

그 기회를 통해 훨씬 더 운전에 조심을 하게 되었다는 것은 말할 나위도 없다. 단지 "교통법규를 위반했으니 벌금을 내야 합니다"라고 말하면서 방파제와도 같은 태도를 취할 수도 있었을 그 경찰의 모습은 항상 등대와 같은 불빛으로 지금도 기억 속에 오래 남아 있다. 항상 존경하는 마음과 우정으로 내가 가끔 생각하곤 하는 그런 기준으로, 그리고 운전을 하면서 항상 나로 하여금 주의를 환기하게 하는 그런 기준으로 말이다.

규칙을 지킨다는 것은 그것에 대한 이해를 내포한다

"젊은이들이 규칙을 지키지 않는 것은, 그들이 이 규칙을 이해하
지 못하기 때문이다."

이것은 '경찰과 불량배들의 모임'을 결성한 피에르 베르나르 벨
즈(Pierre-Bernard Velge)가 가르쳐준 말이다. 나는 '가르쳐준'이
라고 했다. 왜냐하면 변호사 일을 하고 있던 나에게도 그것은 엄연
한 '배움'이었기 때문이다. 즉 하나의 규칙이 의미를 갖는 것은 단
순히 그것이 존재하기 때문만이 아니며, 특히 그것이 모든 사람에
게 같은 의미를 갖기 때문도 아니다.

더군다나 앞에서 지적했지만, '이해한다는 것'은 행동할 수 있는
힘을 준다. 맹목적으로 규칙을 지키려고 노력하는 대신에 규칙의
의미, 규칙에 의해 표현되는 가치 등이 모든 사람들에 의해 같은 방
식으로 인지되지 않을 수도 있는 가능성을 보아야 한다. 하나의 규
칙이 일상생활에서 하나의 가치를 표현하거나 보여주기 위한 시도
라는 것을 모르고 있다면, 규칙을 단지 신경질을 자극하는 강제에
불과한 것으로 체험할 수 있는 기회는 그만큼 더 많아진다.

젊은이들과 함께 사하라 사막을 횡단하는 탐험을 하던 중에 어느
날 그들 사이에 뭔지 모를 긴장과 공격적인 분위기가 감돌게 되었
다. 개인 소지품 도난 사고가 발생하기도 했으며, 어떤 이들이 맡은
바 일을 하고 있는 동안 어떤 이들은 쉬고 있었다는 얘기들이 들려
왔다. 하지만 한동안 그들을 그냥 '끙끙 앓도록' 방치해두었다. 그
리고 어느 날 저녁식사 후에 모닥불 주위에 모여서 각자가 하고 싶
은 말을 하자는 제안을 했다. 그 기회를 이용해 각자는 자신의 생각
을 말할 수 있는 시간을 충분히 갖게 되었다. 다음에서 보는 것은
탐험에 참여했던 세 명의 젊은이들과 탐험대의 리더들 사이에 오간

대화의 요약이다.

"티에리, 먼저 말할래?"

"예. 내 소지품을 훔친 자가 있어요. 나쁜 자식들이에요. 알기만 하면 한 방 먹여줄 거예요."

"화가 단단히 났구나. 다른 사람들이 너의 욕구와 너 자신을 존중해주었으면 하는 거지?"

"예, 그래요. 남이 나를 존중해주고, 또 정직했으면 좋겠어요."

"자닌, 너도 한번 말해볼래?"

"예, 그렇게 할게요. 저도 지겨워요. 두세 명이 같이 짐차에서 짐을 내리고 텐트를 치면서 서로 도와 힘쓰고 있는데, 어떤 사람은 아무것도 하지 않고 계속해서 빈둥빈둥 놀고 있잖아요!"

"저런, 화가 많이 났구나. 상부상조가 필요하고 임무를 분담하는 것이 필요한데, 그렇지 못하다는 거지?"

"예, 그래요. 서로 잘 협조한다면 그처럼 멋진 일이 없을 거예요. 일도 빨리 끝나고요. 그러고 나면 우리들 모두는 자기 물품들을 정리할 수 있는 충분한 시간을 가질 수 있을 거예요."

"장 뤽, 너 역시 뭔가 할 말이 있지?"

"예. 등 뒤에서 소곤거리는 데 진력이 났어요. 코린느와 앙제라는 사실도 아닌데 계속에서 저에 대해 뭔가 수군대요."

"그래서 화가 났구나. 실망도 하고. 그들이 너에게 뭔가 할 말이 있으면, 네게 직접 와서 당당하게 말하는 것을 바라지?"

"예, 그래요. 등 뒤에서가 아니라 솔직하게 말해주었으면 해요. 또한 사실이 아닌 말을 지어내지 않았으면 좋겠어요!"

이렇게 해서 하나둘씩 차례로 모든 사람의 말을 들었다. 그러면서 그들 각자의 감정과 필요에 대해 판단하지 않고 있는 그대로 생각해보았다. 먼저 그들의 입을 통해 사회생활의 유지와 안락에 필요한 모든 가치들이 토로되었다. 예컨대 존중, 정직, 협력, 평등, 솔직함, 진실 등이 그것이다. 그들 대부분이 경범죄가 아니라 중범죄로 기소된 까닭에 한 명 한 명에 대한 법적 기록은 꽤 긴 편이었다. 그들 가운데 몇 명은 재범이 가능한 전과자로 분류되어 있었다. 따라서 보증을 서고서야 비로소 탐험에 참여할 수 있을 정도였다. 하지만 가정의 모든 구속과 반항과는 거리가 먼 사막 한가운데 고립된 채 있게 되자 그들은 자신들이 가지고 있는 많은 아름다운 생각들을 공유할 수 있었다. 그들은 자신들의 내면에서 이와 같은 가치들을 소중하게 생각한다는 사실을 알게 되었다. 비록 그들이 자신들의 자리를 발견할 수 없는 사회에서는 그런 가치들을 어쩔 수 없이 내팽개쳤다는 인상을 주었지만 말이다. 그러니까 단번에 이런 가치들은 분명한 의미를 갖게 된 것이다. 그들 스스로가 만약 그런 가치가 없다면 이 사회는 불화와 비참으로 얼룩질 뿐이라는 것을 확인하고 있는 것이다.

이 젊은이들에게 다음과 같이 말하면서 간수 역할을 했다고 상상해보자.

"너희들, 서로 존중하고 서로 도와야만 한다. 그렇게 하지 않으면 처벌을 받게 하거나 아니면 첫 번째로 지나가는 낙타로 다시 감옥으로 보내겠다."

만약 이렇게 했다면 십중팔구 그들에게서 빈정거림이나 야유 이

외에 다른 반응을 볼 수 없었을 것이다. 아니면 더 나쁘게도 그들에게서 다음과 같은 신념을 더 강화시키는 부정적인 효과만을 낳을 수도 있었을 것이다. 그러니까 그들은 일반 사람들과 다르고, 사회에 통합될 가능성이 없고, 격리되어서 살아야 하고, 따라서 있으나 마나한 그런 존재들이 되고 말 것이라는 신념을 말이다. 또한 그들은 자신들의 비행과 악행의 강도를 더 높일 수도 있었을 것이다. 왜냐하면 불신과 불행과 마찬가지로 싸움, 불화 등을 통해서만 적어도 자신들이 존재한다는 느낌을 얻을 수 있을 뿐이기 때문이다. 불행하게 사는 것도 어쨌든 사는 것이니까 말이다. 하지만 그날 저녁의 대화와 그 이후에도 계속되었던 탐험을 통해 이 젊은이들은 자신들 역시 안락함, 상호 존중, 그리고 신뢰 속에서 살아간다는 사실을 알 수 있는 많은 기회를 가지게 되었다.

이 일화가 주는 교훈은 이렇다. 즉 만약 어린 시절부터 긴장, 불화, 불안 속에서 교육을 받았다면, 만약 어려서부터 타인을 공격하고 방해하는 것이 사회에서 자리를 잡는 유일한 수단이라고 믿어왔다면, 우리 내부에는 평안함에 대한 일종의 저항이 자리 잡게 된다는 것이다. 왜냐하면 평안함이란 것이 무엇인지를 모르는 경우 그것은 불편함보다 더 중요하지도 않고 또 더 안정적이지 않은 것으로도 보일 수 있기 때문이다. 그렇게 되면 우리 내부에서는 무의식적으로 익숙하고도 더 중요하다고 생각되는 그런 분위기만을 우선적으로 만들어내려고 하는 위험이 생겨날 수도 있다.

우연한 기회에 나는 더없이 점잖고, 친절하고, 우아한 사업가 한 명을 알게 되었다. 하지만 그는 어린 시절 아주 권위적인 아버지로 인해 마음속에 깊은 상처를 입은 적이 있었다. 그는 특히 아버지 곁에서 혹독한 참을성의 시련을 겪었다. 그것은 이른바 고통을 느끼지 않기 위해 아버지에게 익숙해지는 것이었다. 하지만 지금 그가 힘들어하는 것은 그 자신이 권위 앞에서 내보이는 반응 때문이다. 그는 권위와 싸우기 위해 늘 자신이 권위와 적대관계에 있다는 사실을 깨닫게 되었다! 그는 일 속에서 법적, 행정적인 모든 강제를 철저하게 부정했다. 물론 그렇게 하면서 그는 단지 그에게 행정적인 질서를 요구하는 공무원이나 여러 부서의 책임자들에 반대하기 위해 거의 광적으로 에너지를 낭비하곤 했다. 그는 이런 사실을 단순히 순찰을 하는 교통경찰에게 마구 욕설을 퍼부었다는 이유로 경찰서에 연행된 이후 알게 되었다.

그러니까 이 사업가는 바로 그 순간에 자신의 욕구를 충족시키면서, 그렇게 행동하지 않고서는 이 사회에서 자기에게 합당하다고 생각되는 자리를 차지하고 있다는 강한 자신감과 확신을 가질 수 없었다. 그는 이 사실을 그때서야 알게 되었다. 이렇게 해서 우리는 함께 과거 그의 아버지에게서 볼 수 있었던 모든 권위주의적인 태도에 연결되어 있는 분노와 반항을 철저하게 분석했다. 그가 이 모든 작업을 끝냈을 때, 과거에 아버지는 어떤 욕구를 가졌기에 그렇게 행동할 수밖에 없었을까를 알기 위해 노력했다. 물론 이 모든 것은 아버지를 이해하기 위함이었다. 이 과정을 거쳐서 그는 마침내 다음과 같은 자기 내부의 욕구를 밝혀냈다.

"오늘 나는 저항과 공격성과는 다른 방식으로 살아가고자 하는 욕구를 느끼게 되었다. 나는 이제 과거 아버지에게서 받지 못했던 모든 자리와 존경을 나 자신에게 모두 주어야 할 필요성을 발견하게 되었다."

부르주아에 속하는 사람이건, 길거리의 어린아이이건, 경찰서에 간 사업가이건 간에 우리는 예외 없이 모두 삶의 의미와 그 강도를 느끼고자 하는 욕구를 가지고 있다. 특히 자기 자신을, 폭력의 메커니즘을, 따라서 자신의 행동과 기능의 메커니즘을 이해하려고 노력하지 않는다면, 우리 모두는 자신을 보호하기 위해 아주 오랜 동안 계속해서 철조망이나 철의 장막을 쳐야 할 위험을 무릅쓰게 될 수도 있을 것이다.

서둘러, 서둘러라! 시간이 없다!

이 절의 부제목인 '목동 혹은 철조망'은 2년 전 어느 날 25년 전에 가보았던 프랑스의 한 지역을 다시 지나가다가 문득 떠오른 것이다. 그 당시 이 지역은 전혀 개발이 되지 않은 채로 남아 있어 많은 사람들에게 자연으로 되돌아간다는 꿈이 어떤 것인지를 잘 보여주고 있었다. 그때 나는 거기에서 양을 치고 있던 목동의 모습에 넋을 빼앗겼다. 그 소년의 모습은 이 세계 속에 완전히 빠져 관조하는 시인의 모습을 그대로 보여주었다. 그는 양떼들을 황량한 가시덤불, 높지 않은 언덕, 경작지 등에서 자유로이 노닐도록 했다. 즐거운 마음으로 양떼를 모는 그의 태도를 통해 그가 양 한 마리 한 마리를 정확히 알고 있다는 것을 알 수 있었다. 특히 언제 침묵을 지키고, 또 언제 명령을 내려야 하는가를 정확히 알고 있는 것 같았다. 그는 양떼의 안위를 고려하면서 자기 발걸음과 방향을 조정했다. 25년 후에 다시 이 지역을 지나가면서 나는 양떼를 가두고 있는 울타리와 담장을 보고 충격을 받았다. 목장 저 멀리에는 철조망이 쳐져 있었다! 물론 양떼는 그 안에서 종종거리고 있었다. 그리고 시간이 없다는 구실로 목동은 철조망을 지키는 사람이 된 것이다.

종종 나는 학교, 가정, 기숙사, 교도소 등과 같은 이른바 사람들을 수용하고 교육시키는 그런 장소들, 사람들이 항상 '시간이 없다'고 불평하는 그런 장소들을 생각한다. 또한 인간관계의 질(質)을 생각한다. 물론 나는 실제로도 또는 비유적인 의미로도 그 누구에게도 목동이 되는 것을 바라지 않는다. 하지만 타인에게 도움을 주고 또 교육을 담당하는 입장에 있는 모든 사람들이 위에서 예로 든 목동처럼 자유롭게 느낄 수 있는 시간의 여유를 갖기를, 그리고 그런 상태에서 각자에게 가장 잘 들어맞는 여정을 갈 수 있도록 할 수 있기를 바란다. 배우는 입장에 있는 모든 사람들 역시 도움을 요청하고, 그들의 말이 다른 사람들에 의해 제대로 이해되기를 바란다. 그들 모두가 자신들의 두려움, 자신들의 말이 제대로 경청되지 않고 있다는 사실을 말할 수 있기를 바란다. 그들이 뭔가에 성공하지 못했다, 하지만 위안을 받고 싶다는 사실을 거리낌없이 말할 수 있기를 바란다. 그리고 담장 안에 갇혀 그 안에서 강제로 종종거리지 않으면서 자신들의 정신적 동요를 드러내고, 그렇게 함으로써 남들로부터 이해를 받고자 한다는 사실을 분명하게 드러낼 수 있기를 바란다.

나는 정기적으로 학교에서 학생들에게도 강연을 한다. 그때마다 "도대체 시간이 없어요"라는 불평을 듣게 된다. 브뤼셀에 있는 규모가 큰 한 학교에서 위에서 예로 든 목동의 이야기를 하고 나자 그 학교의 교장 선생님께서 이렇게 말씀하셨다.

"선생님 말씀이 전적으로 옳습니다. 학부모들도 학생들도 여유를 갖는다는 것이 뭔지를 잘 모릅니다. 학생들은 계속해서 다음과 같은 말을 항상 듣고 있는 실정입니다. '서둘러, 서둘러라!'와 '빨리, 빨리!'"

하지만 생각해보자. 정말로 시간이 없는 것일까? 어떤 일에 우선권이 있다는 것을 알고자 하지 않는 것이 아닌가? 종종 가정일이라든지 집의 관리 등이 문제가 될 때도 있다. 예컨대 집을 개조하고 있기 때문에 저녁식사 시간을 제외하고는 아이들을 볼 '시간이 없다'고 하는 부부가 있다. 그들은 부엌, 거실, 정원 등을 모두 새로이 개조하기를 원했다. 게다가 낡은 자동차를 '바꿔야만 했고', 따라서 디젤 터보 엔진이 달린 새 차를 구입했다. 아이들은 부모들과 같이 지낼 수 없다고 불평해댔고, 점차 말썽을 피우기 시작했다. 화를 내고, 학교에서 친구들과 자주 싸우고, 시험에서 좋은 성적을 얻지 못하고, 뾰로통하기도 하고……. 버릇이 없다고, 예의가 없다고 아이들을 비난하기 시작한 부모들은 한동안 집 개조와 물질적 안락에 우선권을 주었을 뿐이라고 주장할 것이다. 그 때문에 일도 많고 돈 걱정도 된다고 말이다. 하지만 아이들과의 관계를 알고 나서 그들은 자신들의 시간을 달리 조정해서 다른 일에 우선권을 주게 되었던 것이다.

아이 혼자 밥을 먹거나 싫은 표정을 하면서 먹는다면 새로 고친 부엌이 대체 무슨 소용이 있겠는가? 조용히 앉아서 시간을 보낼 여유가 없다면 안락한 거실이 무슨 의미가 있겠는가? 여행을 할 시간이 없다면, 숲속에서 한가로이 거닐거나 휴가를 갈 시간이 없다면 새 차가 무슨 대수란 말인가?

의자에 우선권을 줄 것인가? 듣는 것에 우선권을 줄 것인가?

몇 년 전에 비폭력 대화의 교육에 여러 번 참가한 적이 있는 프랑수아(François)가 도움을 청하기 위해 나에게 전화를 했다. 그는 얼마 전에 브뤼셀에서 환경이 열악한 지역의 젊은이들을 수용하는 한 장소의 운영자로 선출되었다. 그가 부딪친 상황은 끔찍했다. 이 지역의 젊은이들은 항의를 하고 있었으며, 그런 행동의 일환으로 만남의 장소와 레크리에이션 장소로 사용되는 이 건물의 거실에 있는 모든 것을 때려 부쉈던 것이다. 프랑수아는 사회 활동과 봉사 활동 분야에서 꽤 오랜 경력을 가지고 있었다. 하지만 지금까지 이른바 부랑아들을 맡아본 적은 없었다. 이렇게 해서 나는 프랑수아와 그 지역을 잘 아는 그의 동료들과 알게 되었다. 우선 나는 이들 젊은이들의 반항에 대해 조금 알게 되었고, 그들 가운데 몇 명과는 이 문제에 대해 진지하게 토의하기도 했다. 얘기를 듣고 나서 이전의 집행부가 그들을 위해 많은 계획과 활동을 제안했으나 약속을 지키지 못했다는 사실을 알게 되었다. 그러니까 젊은이들은 큰 기대에 마음이 부풀었으나 결국 실망했던 것이다. 그리고 어느 날 계획이 완전히 백지화되었다는 최후통첩에 그들은 화가 나서 거기에 있는 모든 의자와 소파를 때려 부쉈던 것이다.

프랑수아의 말에 따르면 이 수용소의 행정을 맡은 상관들이 자기에게 빠른 시일 내에 모든 것을 정상으로 돌려놓을 것을 강하게 주문했고, 부서진 집기들도 구입하라고 했다는 것이다. 그는 문제 전반에 대해 의견을 물어왔다. 나는 그에게 다음과 같은 대답을 해주었다.

"폭탄이 제거되지 않았는데 건물을 다시 지으면 무슨 소용이 있을까? 거의 도발적인 조치라고 할 수밖에 없겠는데. 왜냐하면 젊은 이들은 이렇게 생각하지 않을까? '사람들을 돌볼 돈은 없으면서 집기들을 새로 구입할 돈은 있네'라고 말이야. 이것은 다시 뇌관을 건드리는 지름길이야. 그들은 이런 느낌을 가질 거라고 봐야겠지. 그들의 생각이 옳든 그르든 말이야. 그러니까 '사람들이 계획에 따라 자기들을 이리저리 마음대로 할 수 있는 물건 정도로밖에 생각하지 않는구나' 하는 그런 인상 말이야. 내 생각으로는 현 상태에서 가장 시급한 일은 그들을 인간적으로 대하는 것, 그들의 말을 잘 들어주는 것, 그리고 그들의 욕구불만을 이해하려고 노력하는 것이 아닌가 해."

청년들의 말을 들어주고, 그들과 함께 평화를 되찾는 시간적 여유를 가져보자는 나의 제안을 그는 받아들였다. 그는 또한 집행부에 제출할 수 있도록 내게 몇 개의 제안을 작성해주길 바랐다. 이 일로 인해 얼마나 많은 시간을 들여야 할지 깊이 생각해보지도 않은 채 나는 그 당시 벨기에 프랑으로 2만 프랑[25]의 예산으로 네 차례에 걸쳐 네 시간 정도 15명 정도의 젊은이들과 대화를 가져보기로 했다.

일주일이 지난 후에 프랑수아는 내게 전화를 해서 이 제안이 거절당했다는 소식을 전했다. 금년 예산을 다 써버린 집행부에서는 예비비에서 15만 프랑을 들여 부서진 수용소를 수리하고 의자들을 구입

---

25) (역주) 우리 돈으로 약 2백만 원 정도에 해당.

하는 계획안을 가결시켰다는 것이다. 더군다나 집행부는 이 일을 가장 우선적으로 처리하고자 한다는 사실도 알려주었다. 그러니까 젊은이들에게 편안함을 제공해주기 위해서는 무엇보다도 인테리어가 마음에 들어야 한다는 것이다. 하지만 집행부는 새로운 집기들을 지키기 위해 감시를 더욱 강화할 방침을 세워놓고 있다는 것이다.

물론 수용소의 인테리어 역시 매우 중요한 요소임에 분명하다. 하지만 마음속에 반항심과 증오의 감정을 가지고 있는 젊은이들에게 그것이 과연 무슨 소용이 있을까? 수용소 내부를 잘 꾸미는 것은 좋은 일이다. 하지만 그것이 참다운 인간관계의 수립에 도움이 될 수 있을까? 집기들을 보호하는 것이 중요하기는 하다. 하지만 그렇다고 감시를 강화하는 것이 정말로 모든 사람들을 가장 효과적인 방식으로 만족시켜주는 수단일까?

내가 직접 체험한 이 일화를 통해 얻을 수 있는 교훈은 이런 것이다. 즉 수용소에서 일하는 사람들이 자신들의 일에서 인간적인 측면을 완전히 도외시하고 있다는 점, 그리고 수용소에 수용된 자들이 그저 태평한 시간을 보내게끔 방치한다는 점에서 모든 수용시설이 예외 없이 비슷하다는 교훈이 그것이다.

폭력은 여의치 못한 삶이라는 폭탄의 폭발이다

사람들이 결국 철조망을 치기 시작하는 것은 말이 더 이상 먹히지 않을 때, 그리고 더 이상 참을 수 없을 때이다.

한번은 감화 교육을 받고 있는 20여 명의 젊은이들과 함께 공수부대의 훈련장에서 이틀 동안 산악 훈련과 담력을 키우기 위한 줄타기 훈련을 한 적이 있다. 이 훈련장은 완전히 자연 그대로였으며,

울타리로 둘러쳐져 있지도 않았다. 이들 젊은이들에 대해 책임을 지고 있는 자로부터 우리는 몇 번에 걸쳐 당부의 얘기를 들었다.

"그들은 위험합니다. 잘 감시하세요. 도망가도록 놔두지 마세요."

또는,

"당신들 제 정신이요? 그들은 지나가는 길에 있는 첫 번째 카페에서 술을 마시고 소동을 피우게 될 것이오. 그러면 즉시 그들을 이리로 반드시 다시 데려오시오."

그러나 우리는 서로 믿고 출발했다. 이성을 가지고서 말이다. 사실 그 젊은이들은 대부분 길거리를 배회하거나 감화소에 갇혀 지내고 있었다. 하지만 100여 미터 높이의 공중에서 줄 하나에 의지해서 흔들거리고 있을 때에도, 전나무 꼭대기보다 더 높은 골짜기 사이에 매달려 있는 다리를 건널 때에도, 더워서 땀을 흘리고, 배고프고, 무서울 때에도, 저녁에 모닥불 주위에 모여 다른 사람들과 토론하고, 화를 내고 웃을 때에도, 텐트를 칠 때에도, 식사를 준비할 때에도, 그들 가운데 한 명도 정신을 딴 데 팔지 않았다. 도대체 무엇이 그들의 관심을 이렇게 붙들어 맬 수 있었을까? 그들 자신이 하는 행동의 의미(sens)[26]가 존재한다는 느낌을 주된 요소로 하는 안

---

26) (역주) 곧 이어서 보듯이 이 불어 단어 'sens' 에는 '방향' 과 '의미' 라는 두 가지 의미가 포함되어 있다.

락함과 편안함이 아니었을까.

만약 우리가 가진 생기(生氣)가 다 발산되지 못한다면, 만약 우리가 느끼는 불편함이 분산되고 이해되는 기회를 갖지 못한다면, 우리 모두는 예외 없이 위험한 존재가 될 수 있다. 폭력이란 다름 아닌 여의치 못한 삶이라는 폭탄의 폭발과 같은 것이다.

3. 방향과 느낌

"강(江)의 입장에서 보면 제방은 기회이다."

누가 이 멋있는 문장을 말했는가는 알 수 없다. 하지만 제방이 없다면 강은 늪이 되어 더 이상 흐르지 못할 것이라는 점은 분명하다. 우리는 빵과 마찬가지로 방향을 필요로 한다. 이때의 '방향'은 '방향'과 '의미' 모두에 해당된다. 모든 예술은 제방이 강과 한편이라는 사실, 강의 친구, 충실한 벗이라는 사실을 이해하고 또 남에게 이해시키는 것이기도 하다. 또한 강이 그저 제방을 따라 수동적으로 흐르는 것이 아니라, 제방이 이 강에 의존하고 또 이 강의 물살을 더 강하게 만드는 사실을 이해하고 또 남에게 이해시키는 것이다.

우리는 빵과 마찬가지로 방향을 필요로 한다

나는 종종 젊은이들과 방향과 자유의 문제에 대해 많은 토의를 하곤 한다. 그때마다 그들이 이 두 가지를 모두 원한다는 사실을 확인하게 된다. 하지만 그들은 이 두 가지를 모두 얻기 위해 무엇을

342

어떻게 해야 하는지를 모르고 있는 경우가 많다. 그들 스스로도 자신들이 원하는 것을 모두 한다는 것은 의미가 없을 뿐만 아니라, 하나의 의미(또는 방향)만을 선택하는 것 역시 불편하다고 지적하기도 한다. 왜냐하면 후자의 경우는 곧 포기와 관련되기 때문이다. 자유롭다는 것이 무엇이든지 할 수 있다는 것을 의미하는 것이 아니라, 자신이 선택한 것을 더 잘할 수 있고 더 많이 할 수 있다는 것을 의미한다는 것을 보여주기 위해, 나는 다음과 같은 비유를 들려주곤 한다.

"오후 해가 한창일 때 너희들이 12명이 있다고 상상하자. 그러면 너희들은 무엇을 하겠니?"

"그냥 있지요, 뭐. 잠을 자거나 동네를 한 바퀴 돌거나 하면서 말입니다. 그저 시간을 보내는 것이지요."

"그런 너희들에게 내가 몇 가지 강제 조항을 부과했다고 상상해보자. 땅 위에 분필로 사각형을 그리고, 이 사각형을 둘로 나누어서, 두 팀을 만들어라. 두 팀에서 공을 하나만 사용하면서 한 편에서 다른 편으로 던지기 위해 공을 던질 방향을 관찰해라, 등등…… 그러면 무슨 일이 일어날까?"

"(다들 놀라면서) 아! 아침에 저희는 축구를 했어요!"

"너희들도 잘 알겠지만, 경기 규칙이나 강제 조항은 다 놀이의 범주에 드는 것이다. 바로 이것들이 있음으로 해서 너희들이 논다는 자유를 만족시킬 수 있는 방식으로 경기를 할 수 있는 거야. 빨간색 신호등을 포함해서 모든 교통법규가 있음으로 해서 너희들의 돌아다니는 자유를 더 안전한 방식으로 만족시켜줄 수 있는 기회가 주어지는 거야. 규칙의 의미에 대해 알지 못한다면, 우리는 종

종 혼자서라도 경기가 허용하는 범위 밖으로 나아가고 싶은 생각
이 들 때가 있을 거야. 만약 우리가 규칙이 갖는 의미를 잘 알고 있
다면, 경기를 공평하게 즐길 수 있는 기회를 더 많이 가질 수 있다
는 것이 내 생각이야."

의미(또는 방향)에 대해 아는 것은 어렵기 마련이다. 특히 이 문
제에 대해 스스로 자문하지 않은 경우에는 더욱 그렇다. 이 점에 대
해 많은 부모들과 교육자들이 당황하는 것을 종종 목격한다. 어린
아이들과 청소년들에게 자신들이 하는 일에 대해 물어보면 그들은
순간적으로 바보가 되고 만다. 개인적으로 나는 다음과 같이 말하
는 소리를 듣지 않고 자신들이 하는 일의 의미를 스스로 묻는 젊은
이들이 많이 있다는 사실에 흐뭇해한다.

"매사가 그렇기 때문에 그러는 거야. 학교에 가는 것이 의무이기
때문에 학교에 가는 거야. 벌어먹고 살아야 하기 때문에 일하는 거
야."

질문을 던짐으로써 젊은이들은 어른들로 하여금 그들이 생각하
는 우선권은 어디에 있는지, 그것들을 수정할 용의는 없는지, 나아
가서는 자신들을 위해 '의미를 주는' 것이 무엇인지에 대한 정의를
다시 내리는 점 등에 대해 자문하게끔 해준다. 물론 이렇게 하는 것
은 어른들이 가지고 있는 낡은 기준, 습관 등을 흔드는 결과를 가져
오게 된다. 더군다나 이처럼 자기 자신에 대해 의문을 던진다는 것
은 결코 쉬운 일이 아니다.

열심히 사는 삶을 찬양하자!

> 인간에게 부족한 것은 열심히 사는 것이다.
>
> 칼 귀스타브 융

몇 년 전 아주 추웠던 어느 11월에 퀘벡에 있는 한 상가에서 나는 16~17세 정도의 미소를 머금은 한 청소년의 인사를 받은 적이 있다. 그는 거리 모퉁이의 벽에 기대어 사람이 지나가는 것을 기다리고 있었던 것 같았다. "안녕하세요! 잘 지내세요! 누굴 찾으세요?" 곧장 추위 속에서 그가 학교에서 돌아오는 중학생과 같은 모습으로 무엇을 하고 있는지를 알게 되었다. 마약을 팔려고 한 것은 아니었다. 나는 이렇게 대답했다. "아니, 누굴 찾는 게 아니야. 좋다면 내가 커피 한 잔 사지!" 그날은 정말로 추웠다. 그리고 이 뜻하지 않은 만남으로 인해 나는 뭔가 뭉클하는 것을 느꼈다. 그는 제안을 받아들였다. 모퉁이에 있는 카페로 들어갔고, 이런저런 얘기를 나누었다.

"팀(Tim), 나는 지금 알고 있는 것을 대부분 청소년들에게서 배웠어. 직업에서 내가 하고 있는 많은 것도 마찬가지야. 너에게 질문을 하나 하려고 하는데, 괜찮겠니?"

"(담배 연기를 내뿜으면서) 문제없어요. 해봐요."

"무엇 때문에 길거리에서 그런 일을 하게 되었니?"

"마약이에요."

"왜 마약에 손을 대게 되었는데?"

"사는 것이죠, 뭐."

"그 중에서도 무엇 때문인데?"

"(긴 한숨을 내쉬고, 담배를 한 모금 빨고는, 신경질적으로 재떨이에 비벼 끄면서) 항상 그렇듯이 꼰대가 학교에 가라고 잔소리하는 것을 더 이상 참을 수가 없었어요. 꼰대는 왜 자기가 일하는지도 설명 못할 거예요! 그러니까 설교를 할 필요가 없는 거 아니예요? 그런 것은 아무 의미도 없어요!"

"그러면 너는 삶이나 사물들이 어떤 의미를 가져야 한다는 필요를 느끼니?"

"그렇고말고요! 하지만 사는 것도 재미없고요, 꼰대도, 이 마을도 다 재미없어요. 뭔가 속에 있는 것을 터뜨려야 할 필요를 느꼈어요. 그때 마약에 손을 대기 시작했죠……(그는 장난을 쳤다)."

"그러니까 너는 사는 것이 좀 더 활기차고, 좀 더 신나길 바라는구나."

"(신경질을 내면서) 당연하죠. 좀 움직이고, 다른 데도 가고, 뭐 그래야 하는 거 아니에요? 우리 집 분위기가 어떤지 얘기 안 해드렸죠. 집에 가면 모든 것이 제 자리에 있어요. 죽은 거죠. 느낌, 감정, 그런 것은 아예 없어요."

"그러니까 살아 있다는 것을 느끼길 원한다는 거지?"

"예, 바로 그거예요. 완전히 살아 있다는 그런 느낌을 받는 거요. 하지만 내 삶에는 전혀 그런 것이 없어요. 그래서 환각제를 피우고, 대마초를 피우고, 공중에다 연기를 뿜어대는 거예요. 앞으로 오게 되겠지만, 아직까지는 뭔가 해보고 싶은 모험거리를 발견한 적이 없어요."

이처럼 팀이라는 이름을 가진 청소년은 삶에서 가장 중요한 쟁점이 되는 것을 단 몇 마디로 요약하고 있다. 예컨대 우리 자신의 삶의 의미와 그 방향, 그 인간적, 철학적, 정신적 의의를 느끼고 싶은 욕망을 가지고 있다는 것이다. 또한 이 세계 속에 있다는 기쁨을 만끽하고 싶다는 것이다. 만약 이와 같은 필요와 욕구를 건설적인 방법으로 돌보지 못한다면 그 결과 파괴적인 방식으로 그것들을 충족시키려 하는 위험이 있게 마련이다.

팀과의 만남이 있은 지 3개월 후에 교육 과정을 마친 후 길거리에서 구걸을 하고 있는 그를 다시 만나게 되었다. 첫 만남 이후에는 그를 보지 못했었다. 그는 다소 어리둥절해 했다. 겉으로 보기에도 그는 젖 먹던 힘까지 다 탕진한 것 같았다. 그는 마을로 가는 버스를 타는 데 20달러가 부족했던 것이다.

"20달러, 20달러라니까요. 마을로 돌아가는 데 필요한 돈 말이에요. 여기서 400킬로미터 떨어졌어요."
"내가 도와줄게. 하지만 네가 그 20달러로 마약을 사지 않는다고 누가 보장해주지?"
"저랑 같이 표를 사러 가요. 저는 떠날 거예요. 맹세해요."

우리는 함께 버스 터미널로 걸어갔다. 도중에 그는 이런 설명을 해주었다.

"버스를 놓칠까 봐 겁나요. 부모님이 저를 기다리세요. 여기에 있는 친구가 저랑 더 이상 같이 지내지 않겠대요. 그때 저는 기도를 했어요. 그런 순간에 저는 늘 기도를 하죠."

"항상 소원이 이루어졌니?"

"이번에는 그랬어요. 보세요, 선생님이 거기로 지나가셨잖아요. 그리고 제게 표를 사주시고요."

"믿니?"

"뭘 말이에요? 하나님요?"

"응."

"물론이죠! 제가 기도하면 항상 응답을 하죠."

그는 확신하고 있었다. 언젠가 결혼을 하고, 어린아이를 낳고, 직업을 가질 것이라고 말이다. 그는 한순간 가볍게 지나가는 것처럼 경험했던 바를 들려주었다. 나는 신앙과 삶에 대해 그런 교훈을 준 그에게 고마워했다. 이번 만남을 통해 나는 속으로 일상의 고통스런 시간에도 불구하고 항상 건강과 삶을 길어낼 수 있는 더 깊은 맥을 파야 한다는 다짐을 다시 한번 하게 되었다.

17세의 쥘리엥은 자폐로 여겨질 정도로 조용한 청년이었다. 그는 마약을 했는데, 마침 강의 급류타기 교육 과정이 개설되어 그를 초청했던 참이었다. 첫 며칠 동안 그는 급류타기에서 노도 젓지 않고, 말 한마디 없이 그냥 앉아 있기만 했다. 다른 청소년들은 번갈아 노를 저으며 거친 물결을 헤쳐 나갔다. 쥘리엥은 아주 평범한 중류층 출신이었으며, 외국 국적을 가졌던 아버지는 일찍 고국으로 돌아가 버렸다. 여기에서도 쥘리엥은 혼자였고 외로웠다. 하지만 그는 다른 청소년들이 즐거워하는 모습을 보고 흥겨워했다. 어느 날에는 그 역시 카누의 앞 돌출 부분에 앉아 노를 젓는 위험을 감수하기도 했다. 그가 또다시 카누에 탔을 때 이번에는 정말로 물살이 거셌다. 카누가 온통 물에 잠겼으며, 하마터면 카누 전체가 전복될 뻔했다.

쥘리엥은 즐거워했다. "야! 너희들은 저 거대한 물결을 못 보았을 거야. 저 거대한 물결을 말이야. 야, 친구들, 나는 견뎌냈어! 다들 보았지? 얼마나 세게 부딪치던지! 정말 굉장했어!" 그는 이 말을 해 놓고 자신도 어안이 벙벙해서 말을 멈췄다. 우리들도 그가 그처럼 활기에 찬 말투로 그렇게 많은 말을 한 것에 몹시 놀랐던 것이다. 쥘리엥은 지금까지 결코 그 순간처럼 남에게 잘 이해된 적도 없었으며, 또 그렇게 기분이 좋은 적도 없었다. 곧장 모든 사람들은 마치 그가 새로 태어난 것처럼 환호해 마지 않았다. 강한 물결과 더불어 쥘리엥의 삶 역시 강한 충격을 받았으며, 그 충격 덕택으로 지금까지의 피터 팬과 같은 슬픈 생활을 벗어 던져버리고 자기 몸과 하나가 되어 춤도 추고 움직이는 법 등을 배우게 되었던 것이다. 이렇게 해서 쥘리엥은 자폐에서 점차 벗어나게 되었고, 매일 다른 친구들과 어울리게 되었다. 물론 친구들 사이에서 자기 자리를 찾고 웃기도 했다. 8년이 지난 후에 일을 하고 자식들을 돌보고 있는 쥘리엥의 모습을 볼 수 있었다.

가장 힘든 상황에도 불구하고 그것을 부정하지도, 마음속에 꾹 담아놓지도 않으면서 삶에 대한 취향, 삶의 기쁨, 삶의 자리를 다시 발견하는 것, 바로 이것이 특히 나를 기쁘게 하는 것이다. 이것은 천사주의도 악마주의도 아니고 오직 일상의 함정을 피하려고 노력함과 동시에 가능한 한 몸과 정신이 하나가 되는 것을 경험하는 것이다. 즉 일상의 움직임 속에 잘 자리 잡는 것, 원칙을 잘 지키는 것, 과거에 입은 치유되지 않은 상처를 보살피는 것, 지나친 이상화를 피하거나 균형이 깨져버린 정신성을 피하는 것 등이 그것이다.

이 장(章)을 마치면서 나는 모든 형태의 삶, 모든 움직임 속에 있는 삶, 이 삶의 모든 순간을 찬양하고자 한다.

우리에게 부과되는 구속과 강제를 넘어서서 정말로 원하는 것을 추구하게끔 해주는 그런 삶!

우리 아이들에게 신뢰를 가질 수 있도록 해주는 그런 삶! 마지못해 요리를 하는 대신 아이들을 믿고 목욕을 하는 그런 엄마의 삶!

권태와 짜증 속에서 감당하는 것이 아니라 기차를 타고 무작정 떠날 수 있는 그런 삶!

이 모든 삶을 찬양한다.

어른들이 하라고 명령하는 것의 의미를 이해하고, 자신의 자유가 존중되는 것을 보기 위해 감히 신발을 신으라는 명령을 거역하는 소녀의 삶!

부모로 하여금 자신들의 일의 우선권이 어디에 있는지를 다시 한 번 생각하게끔 하고, 아이들과 함께 있기 위해 집, 정원, 자동차 등과 관계된 일을 잠시 동안 내려놓을 수 있는 그런 삶!

좋아하지 않는 것을 변화시키고, 변화시키지 못하는 것을 좋아하게끔 하는 그런 삶!

마을의 학교 입구에서 교통정리를 하고 있는 경찰처럼 소중하게 생각하는 가치에 대해 다시 한번 생각해볼 수 있는 기회를 주는 그런 삶!

모두가 추구하는 가치가 어떤 것인지를 알고, 그 유효성과 효율성을 검토하고, 또 그것을 나누어 갖기 위해 청소년들과 얼굴을 마주하고 앉아서 서로 허심탄회하게 이야기를 나눌 수 있게 해주는 그런 삶!

멋진 장식품이 되어버린 오래된 반항으로부터 우리를 해방시키고 또 우리 자신을 발견하게 해주는 그런 삶!

서로 이해하기 위해 잠시 경쟁을 멈출 수 있는 그런 여유가 있는 삶!

자신의 삶을 '갱신하기' 위해 어려움을 겪고 있지만 그래도 기가 죽지 않는 그런 태도로 살아가는 팀의 삶!

쥘리엥으로 하여금 자폐에서 벗어나 사람들과 교류할 수 있게끔 해준 그 강한 물결과도 같은 그런 삶!

그리고 인테리어에 해당하는 예산을 다시 짜게끔 해주며, 필요하다면 심지어 맨땅에 앉아서도 부서진 집기들 속에서도 마음을 열고 의견을 나눌 수 있게끔 해주는 그런 삶!

나는 이와 같은 모든 삶을 찬양한다.

아주 인자하시고 신앙심이 깊으셨던 할머니께서는 제2차 세계대전 동안 집의 지하창고에 유대인들을 숨겨주신 일이 있다. 당시 10~12세 정도였던 나와 형제들은 장난감을 가지고 지하창고에서 놀곤 했다. 우리는 사람들이 목숨을 부지하기 위해 거기에 숨어서 지내야 한다는 것을 제대로 이해할 수 없었다. 그러자 할머니께서는 자초지종을 설명해주셨다. 그 이후 우리들은 독일군의 탐색이 시작되면 항상 마음을 졸이곤 했다. 할머니께서는 전혀 당황하고 무서워하는 기색이 없이 독일군에게 집에는 우리 식구들만이 살고 있으며, 다른 사람이라곤 개미 새끼 한 마리 찾을 수 없을 것이라고 당당하게 말하곤 하셨다. 어렸던 나는 할머니의 그런 위엄과 용기에 감탄하곤 했지만, 어떤 때는 의아한 생각이 들기도 했다.

"할머니, 할머니께서는 독일군에게 사실을 말씀하지 않으셨잖아요. 하지만 저희들에게 항상 정직해야 한다고 말씀하셨잖아요."

"(눈을 지긋이 감으시고 생각을 하시다가) 네 말이 옳다. 항상 정직해야 한다는 생각에는 변함이 없단다. 하지만 정직보다도 더 중

요한 것이 있는 경우가 있기도 하지. 그것이 바로 생명이야. 생명
을 존중해야만 한단다."

이처럼 할머니께서는 뭔가의 너머에 있는 것, 예컨대 말 너머에
있는 것, 원칙과 관습의 저 너머에 있는 것을 가르쳐주셨던 것이다.

그러면 힘과 처벌의 사용은?

차가 많이 다니는 길에서 장난치며 달리는 내 아이를 보았다면,
나는 별로 힘들이지 않고서도 그를 붙잡아 보도 위로 올려놓을 것
이다. 그 순간 내가 어떻게 느끼고, 또 나의 욕구가 어떤 것인지를
아이에게 설명할 필요는 없을 것이다. 상황이 위급하니까 말이다!
그리고 나서 아이가 안전한 상황에 있게 되면 이렇게 할 수도 있을
것이다. 즉 아이에게 일장 연설을 하고, 비난을 하고, 또 더 심한 경
우에는 그를 벌하면서까지 나무라는 대신에, 그 상황에서 내가 얼
마나 겁이 났는지(감정), 아이가 돌발적으로 일어날지도 모를 사고
위험을 전혀 인식하지 못했다고 판단했기 때문에(필요), 내가 갑작
스럽게 보도로 붙잡아 올렸다는 등등의 설명을 해줄 수도 있을 것
이다. 그리고 이제는 좀 더 조심을 해야 한다는 점에 대해 아이의
동의를 구할 수 있을 것이다(요구). 바로 이것이 보호의 목적으로
힘을 사용하는 경우의 예다.
만약 내가 길거리에서 다른 사람의 공격을 피하기 위해 그를 힘
으로 공격하는 이외의 다른 수단이 없어서 그를 공격해야 하는 입
장에 처한다면, 나는 기꺼이 공격을 할 것이다. 물론 이것은 공격을
하기 위한 것이 아니라 내 생명을 보호하기 위한 것이다. 생명, 오

직 생명만이 정당방위의 척도가 된다. 중요한 것은 의도가 무엇인가 하는 점이다. 생명을 단축시키고 생명을 제거하기 위해서인가, 아니면 생명을 보장하기 위해서인가?

따귀를 때리는 것이건, 엉덩이를 때리는 것이건, 방에 가두는 것이건 간에 — 이 방법들은 실제로 많이 사용되고 있다 — 아이들을 '교육시키기 위한 힘'의 사용에 대해 다음과 같은 부모들의 말을 듣고 어안이 벙벙해지는 경우가 종종 있다. 즉 아이들을 사랑한다고 자처하는 부모들이 말을 잘 듣지 않는 아이들에게는 가끔 손찌검을 할 수도 있다는 것이다. 그러면 그 부모들은 친구들이나 어른들에게도 그런 식으로 자신들의 화를 표현하는가? 물론 부모로서 나 역시 아이들의 행동으로 인해 화가 머리끝까지 나서 아이들 앞에서 대체 어떤 태도를 취해야 할지를 잘 모르는 경우도 있다. 하지만 아이를 때린다는 것은 다음과 같은 뿌리 깊은 확신, 그러니까 폭력이 갈등 해소의 정당한 수단이라는 확신을 고착화시킨다는 것이 나의 변함없는 신조다. 이것은 아이들로 하여금 다른 사람을 강제로 복종시킬 목적으로 사용하는 힘을 정당화하게 하는 것과 동의어인 것이다. 즉 아이들에게 "서로가 이해하지 못할 경우에는 서로 때리고 싸우는 법이야"라는 사실을 배우게끔 하는 행동인 것이다. 악을 행하면서 선을 얻을 수 있다는 오래된 환상을 계속 유지시키는 것이다.

폭력 행위로의 이행은 무기력의 고백에 다름 아니다. 곧 자기 자신을 타인에게 이해시키지 못하는 무기력과 그를 이해하지 못하는 무기력이 그것이다. 우리 자신을 이해하고 또 타인이 우리를 이해하도록 하기 위해서는 새로운 언어를 배워야 한다는 것을 알 수 있다. 어떤 행동이 처벌을 받고 안 받고의 문제는 중요하지 않다. 그러니까 행동 하나하나의 가치에 소용되고 그렇지 않음에 따라 타인의 동의를 받고 안 받고는 중요한 문제가 아니다. 내 생각으로는 아주 분명한 이 기준은 아이들의 교육뿐만 아니라 공동체의 운영에 있어서도 필수불가결한 것으로 보인다.

처벌 혹은 제재?

과연 매번 처벌을 해야 하는가? 어떤 행동에 의해 가치가 훼손될 때 그 행동을 제재할 수 있는 더 책임 있는 방법이 없을까? 내 판단으로 삶에 도움을 주는 교정책을 발견하는 데 있어서 처벌은 종종 상상력, 창의력, 믿음의 부족을 보여주는 것 같다.

법정은 우선 보편적 가치를 해치는 행위를 이해하려 들며, 그 다음으로 이른바 일반적 이해관계에 속하는 기준에 입각해 제재를 가한다. 물론 이 작업이 용이하다는 것을 말하고자 하는 것이 아니다. 또한 모든 수단을 다 써보고 지쳐버린 부모들의 마음을 쉽게 단정하려고 하는 것도 아니다. 내가 주장하고자 하는 것은 단지 폭력을 신뢰하는 교육의 모델을 고착화시키게 된다면, 그것은 완전히 우리 모두의 책임이라는 사실이다.

거의 매일 제재를 당할지도 모른다는 불안한 마음과 보상을 받고자 하는 마음으로 인해 얼마나 많은 사람들이 타인에 의존해서 살고 있는가 하는 점을 나는 종종 강조한다. 또한 그런 마음들로 인해 얼마나 많은 사람들이 일을 하면서 주도권, 참신함, 차별화, 책임 등의 문제에서 철저하게 불신을 품고 지내게 되는가도 강조하곤 한다. 이 상황들은 모두 '잘못되면' 어쩌나, 제재를 받으면 어쩌나, 혹은 마땅히 받아야 하는 보상을 받지 못하면 어쩌나 하는 불안한 마음을 야기하는 그런 상황들인 것이다. 처벌/보상의 메커니즘은 내적 안정감도 자신감도 심어주지 못한다. 이 메커니즘으로 인해 사람들은 종종 은연중에, 하지만 계속해서 타인의 좋은 점이나 나쁜 점을 캐게 된다. 특히 자체 경쟁이 심한 여러 기업체에서 이런 메커니즘을 종종 볼 수 있었다. 마지막 순간에 즐거운 마음과 단결보다는 불안함과 죄책감에 호소하는 교육을 통해 추구해야 할 가치를 전달하는 과정에서 발생하는 폐해를 보고 종종 마음 아파하곤 했다.

의도를 분명히 하자. 대체 우리는 타인에게 무엇을 원하는가? 혼(魂)이 빠져 있는 무조건적인 복종, 무서움이나 수치심에 바탕을 둔 무조건적인 복종과 '마음의 평화를 얻기 위해' 하는 아부를 원하는가? 아니면 모두가 마음으로 중요하게 생각하는 가치들에 대한 책임 있는 추구, 공공 이익을 염두에 두고 매사에 임하는 취향, 도덕적인 참여인가?

내가 25세 되던 해에는 벨기에에서도 여전히 병역의 의무를 이행해야만 했다. 그 당시에는 군복무 대신 다른 일을 할 수 있다는 것을 상상하지 못했다. 게다가 특히 비폭력이라고 하는 것이 가진 힘과 효율성에 대해서는 아무런 의식을 가지고 있지 못했다. 대학에서 전공했던 두껍고 어려운 법률 서적들을 내려놓고 난 후에 바깥바람을 쐴 필요를 느끼고 있었으며, 특히 구체적인 현실과 부딪칠 필요를 느끼고 있었다. 그래서 나는 공수부대 장교를 자원했다. 육체적, 정신적으로 아주 힘든 6개월 동안의 훈련이 끝난 후에 나는 27명의 병사 앞에 신참 장교로 서게 되었다. 그들 27명 모두 건장한 병사들이었고, 몇 년 동안 군복무를 해야 하는 입장에 있었다. 비록 직급상으로 위였지만 나는 곧 그들과 틀어지면 안 된다는 점을 깨우치게 되었다. 그들이 의무나 복종만을 통해 행동하는 것을 나는 원치 않았다. 그보다는 그들이 자발적으로 책임 의식을 갖고 행동하는 것을 원했다. 그들에게 부과되는 일들의 의미와 동기가 분명해야 한다는 사실을 알게 되었다. 의미를 분명하게 해주지 않은 상태에서 내리는 명령, 그들의 동기를 유발하지 못하는 명령은 그들과의 관계를 단번에 무너뜨리는 결과로 이어질 게 뻔했다. 그들이 수행하는 역할을 존중하면서 우리의 관계가 가능하면 동등한 관계, 나아가서는 탄력적인 관계가 되었으면 하고 바랐다. 그래서였을 것이다. 나는 목소리를 높였던 기억이 거의 없다. 우리 분대는 상호적인 신뢰와 즐거운 분위기 속에서 잘 돌아갔다. 물론 군대에서의 경험을 통해 인간관계에 대해 많은 것을 배운 것은 사실이다. 하지만 그렇다고 해서 내가 군대 예찬자인 것은 아니다. 종종 다음과 같은 상상을 하곤 한다. 전 세계 모든 곳에서 국방비의 10분의 1이라도 대화와 상호간의 비전의 교환을 위한 단체를 조직하는 일, 초등학교부터 대화와 사색에 대한 교육을 시키는 일, 갈등을 비폭력적인 방식으로 해결하는 일, 차이를 존중하는 일, 개인이 마음의 안정과 자신감을 얻게 하는 일 등에 사용한다면 하는 상상이 그것이다. 군대와 전쟁에 쏟아부은 전 세계 돈의 10%만 평화를 얻기 위한 일에 사용한다고 상상해보라! 정말로 보잘것 없는 수단으로 동료들과 더불어 얻을 수 있었던 놀라운 결과들에 비춰볼 때, 위와 같이 적극적으로 평화를 얻을 수 있는 굉장한 힘이 우리 손에 주어질 수 있다는 생각에 전율하곤 한다.

여하튼 군대에서의 경험을 통해 특히 다음과 같은 생각을 마음속에 간직하게 되었다. 즉 살아가면서 권위의 역할을 받아들여야 하는 경우에도 그 권위는 오직 봉사를 위한 권위, 구성원들 모두가 하나라는 생각을 하게 해주는 권위, 단결을 용이하게 해주는 권위, 그러니까 오케스트라의 지휘자의 권위와 같은 것이어야 한다는 생각이다. 오케스트라의 지휘자가 음이 틀린 바이올린 연주자나 잠깐 한눈을 판 플루트 연주자를 벌하는가? 그렇지 않다. 지휘자는 음악의 의미와 나아갈 방향, 악보를 존중할 것을 요구할 것이다. 그렇게 함으로써 다 함께 연주를 한다는 것의 의미를 상기하고, 모든 연주자들이 마치 재즈곡을 즉흥적으로 연주하는 것처럼 아무렇게나 악보를 연주하지 않게끔 하는 것이다. 이렇게 해서 엄격한 계급관계에서도 구성원 각자의 정체성이나 위엄을 잃지 않으면서도 서로에 대한 존중과 신뢰 속에서 지낼 수 있다는 생각을 갖게 되었다. 다시한번 강조하자. '우리가 하는 것'보다 '어떻게 하는가'가 더 중요하다는 것은 분명하다.

마지막으로 단호함도 종종 필요하다는 것을 지적하고자 한다. 하지만 공격적인 태도를 취하지 않고서 강하고 단호한 태도를 취하는 것이 가능한가? "안 돼, 그걸로 충분해!" 등과 같은 말을 하지 않고, 게다가 그런 말을 소리 높여 외치지 않고, 또한 타인을 판단하지 않고도 단호한 태도를 취할 수 있는가? 반대로 자기가 원하는 바를 표명하면서 타인에게 반대할 권리를 인정하면서도 단호한 태도를 취하는 것을 배울 수 있는가?

매사에 지치면 우리는 타인이 우리를 지치게 하는 장본인이라고 생각하기 십상이다. 첫 딸인 카미유(Camille)가 태어났을 때 일이다. 아내인 발레리와 나는 거의 매일매일을 뜬눈으로 새우기가 일쑤였다. 어느 날 저녁 아직까지 수유(授乳)의 리듬을 찾지 못한 아이가 울어대는 것을 더 이상 참을 수가 없었다. 그래서 우리 내외는 갑자기 신경질을 내면서 일어났다.

"얘, 정말로 사람 피곤하게 하는군. 도저히 참을 수가 없어!"

하지만 곧 말을 수정했다.

"아니야, 우리가 지친 거야. 아이가 우는 것을 받아주지 못한 거
야. 갓난아이도 생명체야. 자기가 원하는 것을 표현하고 있잖아.
우리가 편안히 자도록 아이가 조용히 해줄 것을 기대하는 것은 무
리겠지. 우리가 휴식을 취하고자 하는 욕구를 충족시킬 수 있는 다
른 방법을 생각해야 될 것 같아."

알베르 자카르(Albert Jacquart)는 제재하는 방법에 대해 책임
문제를 상기시키고 있다. "도시에 감옥이 있다는 것은 사회 전체에
서 무엇인가가 잘 안 되고 있다는 증거다." 이와 같은 의미에서 처
벌에 호소하는 것은 — 물론 정당한 처벌은 다르지만 — 교육시키
는 방식, 일하는 방식, 함께 살아가는 방식에서 무엇인가가 잘 돌아
가지 않고 있다는 징후인 것이다.

제7장

방법

최근 우리는 그 어느 때보다도
살아 있는 모든 조직체들이
굉장히 닮아 있다는 의식을 가지고 있다.
모든 생명체가 유사하며,
우리들 모두는
생각 이상으로 닮아 있다.

조지 월드(생물학자이자 노벨상 수상자)

1. 하루에 3번, 3분

"힘이란 방법이다." 이것은 니체의 말이다. 새로운 언어, 새로운 스포츠, 그 어떤 새로운 기술을 새로이 익히는 것은 새로운 방법, 새로운 적용, 새로운 엄격함과 새로운 규율 등을 상정한다. 2주 동안 집중적으로 진행된 교육에 참여하고 난 뒤 개인적으로 나는 비폭력 대화에서 다소간 편안함을 느끼기 시작했다는 것을 고백해야 겠다. 즉 2주의 기간은 예컨대 많이 잊어버렸던 독일어나 포르투갈어로 말하기 위해 필요한 시간과 거의 같은 시간이었다. 이 책의 도입부에서 지적한 바와 같이, 이 책 한 권을 읽는 것만으로 자신을 완전히 변화시킬 수는 없다. 물론 이런 말을 하는 것은 독자 여러분께 실망을 주기 위해서가 아니라 용기를 북돋아주기 위해서다.

그런데 모든 사람이 교육에 참여할 수 있는 여유를 가지고 있지 못하다. 또한 그런 취향을 가지고 있는 것도 아니다. 어떤 이유로 그런 여유나 취향을 갖지 못하는가를 이해하려고 노력하는 것 역시 흥미로운 작업이 될 것이다. 하지만 그것과는 별개로 이 교육이 비폭력 대화를 익히는 유일한 방식이 아니라는 사실을 지적하도록 하자. 종종 교육에 참가한 사람들은 뭔가 구체적인 방법에 대한 충고를 배우고자 한다. 하지만 나는 그들에게 아주 특별한 예외적인 경우를 제외하고는 개별적으로 그 어떤 충고도 해주지 않는다. 물론 각자의 말이 다른 사람에 의해 잘 이해된다면 우리 내부에는 이미 훌륭한 대화를 나누기 위한 효율적인 도구 상자가 있다는 것이 나의 변함없는 신념이다. 또한 충고를 한다는 것은 종종 진정으로 타인의 말을 듣는 과정을 생략하는 것과 동의어라는 사실을 알고 있기도 하다. 그렇기 때문에 참가자들에게 다음과 같은 방법을 제안하곤 한다.

"하루에 3번, 3분!

판단이나 비난, 충고나 해결을 하려고 하지 말고 그저 3분 동안 자신의 말을 듣도록 하시오!

당신의 계획이나 걱정이 아니라 당신 자신에게 3분 동안 전념하시오!

아무것도 변화시키려고 하지 말고 오로지 당신의 내부 상태를 3분 동안만 점검해보시오!

당신 스스로 당신과 관계를 맺기 위해, 당신이 당신 속에서 잘 지내고 있는지를 확인하기 위래, '내 안에 누가 있지'라는 질문에 진정으로 '응, 내가 있어'라는 답을 할 수 있는가를 확인하기 위해 3분을 할애해보시오!

그리고 이것을 하루에 3번 합니다! 확신컨대 당신 자신에 대해
전념하는 이와 같은 태도로부터 타인에게 전념할 수 있는 태도가
나올 수 있을 것입니다."

물론 유사요법(類似療法)과 같은 이 처방전이 마법사의 주문과
같은 것은 결코 아니다. 이것은 오히려 재미있게 표현된 일종의 권
유다. 즉 너무나 큰 변화를 목표로 하기 때문에 오히려 아무것도 실
현할 수 없는 위험이 있을 수도 있다는 것을 한번쯤 생각해보라는
권유다. 단지 자신에게 전념하는 충실한 태도라는 이런 간단하면서
도 규칙적인 '가꾸기'가 직장생활과 애정생활에서의 변화에서 아주
중요한 역할을 했다는 점을 보여주고자 한다. 그런 식으로 자신의
내부에 귀를 기울임으로써 점차 자기 자신이 어디로 향하고 있는
지, 무엇을 지향하고 있는지를 느낄 수 있다. 또한 그렇게 함으로써
문제를 빨리 해결하면서 원하는 결과를 얻고자 하는 생각에서 벗어
나 자신의 관심과 의도를 자기의 내부에서 일어나는 삶의 분출로
유도할 수 있다.

"대체 나의 삶은 어디에 있는가? 내게서 삶이란 무엇을 의미하
는가? 충족된 욕구는 무엇이고, 그렇지 못한 것은 무엇인가?"

정말로 욕구가 어떤 것인지가 분명해지고, 그 우선 순위가 정해
질 때 비로소 거기에 대한 해결책을 강구할 수 있는 것이다. 이런
훈련을 통해 결국 숙달될 수 있는 것이다. 당신의 분노가 무엇을 의
미하는지를 알면 알수록 당신은 타인의 말을 더 잘 들을 수 있게 된
다. 당신이 당신의 무능력이나 불안 등을 더 잘 의식하면 할수록,

당신은 타인들이 느끼는 그것에 대해 더 잘 이해할 수 있고, 더 잘 받아들일 수 있게 된다. 자신의 약점을 사랑하고 수용함으로써 타인의 그것을 더 잘 이해하고 받아들일 수 있게 된다. 그 결과 나는 이 방법을 제외하고 인간관계를 힘의 관계로 간주하는 뿌리 깊은 비극적인 생각을 포기할 수 있는 다른 방법을 보지 못하게 되었다.

2. 정신건강

마지막으로 감사하는 태도를 권유한다. 충족된 모든 욕구에 대해 자기 안에 감사하는 마음을 갖는 것을 권유한다. 모든 것이 완전히 무너진 상태에서 단지 살아 있는 필요성, 다음 번에 숨을 한번 크게 들이쉴 수 있는 필요성, 뭔가를 느끼고 바라보기 위한 눈썰미를 갖기 위한 필요성을 위해서라도 자기에게 감사하는 마음을 갖는 것은 반드시 필요하다. 이런 제안이 얼마나 순진한 것인지를 잘 안다. 하지만 내가 보기에 이 제안은 아주 중요하다.

잘 되는 일을 통해 삶의 에너지를 얻음으로써 잘 안 되는 일을 헤쳐 나가는 것이 인지상정이다. 이것이 바로 마음의 생태학적 원칙이다. 연착하는 기차 때문에 느끼는 신경질로 인해 우리의 에너지가 '고갈'된다면, 또한 정시에 도착하는 모든 기차들의 존재를 망각한다면, 그때 우리는 좁은 시야에 갇히고, 언젠가는 질식하는 위험에 봉착할 수도 있다. 이런 때는 심호흡을 하고 전체를 보는 시야를 갖는 작업을 할 필요가 있다. 일상생활, 부부생활은 물론이고 가정, 학교, 직장에서도 감사하는 마음은 인간관계를 유지하는 비타민의 역할을 한다.

하지만 주의하자!

점잖은 태도를 보이는 것이 아니라 진정한 태도, 솔직한 태도를 보이는 것이 중요하다!

가까운 사람을 잃어버리고 나서야 사랑의 감정을 표현할 필요가 있을까? 병원에 입원하고 나서야 건강을 예찬할 필요가 있을까? 단체생활의 장점을 이해하기 위해 고립을 자초할 필요가 있을까? '매사가 잘 된다'는 것의 의미를 알기 위해 '매사가 잘 안 되는' 상황을 경험할 필요가 있을까? 감시를 게을리하면 우리의 정신은 좋지 않은 상태가 되어 결국 좋은 상태가 될 수 없는 지경에 처한다. 하지만 조금만 주의하면 정신의 건강을 잘 유지할 수 있다. 예컨대 마음의 불순물, 정화기의 '때'를 제거하고, 점화 플러그를 청소하고, 조명을 검사하고, 특히 양질의 연료를 공급해주는 것 등이 그것이다. 과연 품질이 좋은 연료를 자기 자신에게 공급할 것인가, 아니면 품질이 좋지 못한 연료를 공급할 것인가?

3. 더불어 사는 정신

어느 날 베두인 지방을 안내하는 사람이 이렇게 말했다.

> "우리나라에서는 슬픔이란 바이러스는 살아남지 못합니다. 한 사람이 슬픈 경우 그는 곧장 위안의 말, 격려의 말을 듣게 되며, 그렇게 함으로써 다른 사람들을 돌보는 데서 기쁨을 발견하게 됩니다."

나는 사막 지역을 통과하는 교육 프로그램을 기획할 때마다 매번 사막에서 거주하는 사람들의 '더불어 사는 정신'으로 인해 놀라곤 한다. 낙타나 노새를 모는 사람들이 보여주는 단결과 단합을 보고 항상 감동한다. 마치 각자 자기를 소중하게 생각하면서도 타인이 필요한 것이 무엇인가를 알기 위해 레이더를 달고 다니는 것처럼 보인다. 아주 힘들고 또한 거의 아무것도 없는 상황에서 함께 살아야 한다는 것 때문에 그들은 '더불어 사는 정신'이라고 부를 수 있는 냉철하면서도 따뜻한 정신과 마음을 가지고 있는 것 같다. 이 '더불어 사는 정신'은 특히 보충적인 요소들, 즉 인간의 위엄과 인간에 대한 모욕, 독립적인 생활과 의존하는 생활, 통합과 자연 상태의 보호, 자유와 책임, 자기에 대한 충실과 타인에 대한 충실, 개인과 우주를 중요시하는 정신 등을 잘 조화시키는 것으로 보인다.

사막에서 거주하는 사람들 사이에서 볼 수 있는 이와 같은 레이더와 냉철하면서도 따뜻한 정신과 마음을 더 발전시킬 수 있을 것이다. 타인과 더불어 사는 정신을 발전시키는 것, 바로 이것이 앞에서 살펴본 바 있는 대화를 중요시하는 단체나 구성원들 사이의 비전을 나누는 단체에서 얻을 수 있는 가장 유익한 점들 가운데 하나다.

아주 빠르게 변하는 이 세계의 여러 인간 공동체들 안에서 이와 같은 단합과 단결을 얻기 위한 노력과 작업은 배제, 고립, 드러나거나 드러나지 않은 폭력의 메커니즘 제거를 앞당길 수 있는 시급한 조치들 가운데서도 가장 시급한 조치로 보인다.

에필로그 평화를 가꾸자

악(惡)이란 무엇일까?
자기 자신의 욕구에 따라
방향이 바뀐 선(善)이
아니라면?

칼릴 지브란

폭력은 우리의 본성이 아니다

학교에서 배운 것, 대학 심리학과에서 공부했던 것, 세상을 통해서 들은 것과는 달리 나는 점차 폭력이 우리의 본성의 표현이 아니라는 생각을 더 강하게 갖게 되었다. 이것이 내가 하는 모든 작업의 가설이다. 폭력은 우리의 욕구가 충족되지 못하거나 인정받지 못하는 경우 그것을 표현하는 데 사용된다. 욕구가 인정받거나 나중에라도 충족된다면 대체 폭력이 어디에 소용될 것인가? 나는 점차 사람이 본성상 심술궂다는 것을 믿지 않게 된 반면, 욕구불만으로 인해 쓸쓸함과 공포 등의 힘이 나타나게 된다는 사실을 더 믿게 되었다. 결국 심술궂음은 자신들의 고통을 보살피지 못한 (아니면 보살필 기회를 갖지 못한) 자들의 쓸쓸함이다. 만약 자기 자신의 가장 내밀하고 가장 터부시하는 쓸쓸함이나 공포를 표현할 수 있고, 가장 숨겨왔던 우리 자신의 욕구불만을 나누어 갖거나 거기에 대해 뭔가 필요한 일을 할 수 있다면, 서로가 서로를 공격하지 않으면서 평화롭게 공존할 수 있다는 생각을 가질 수도 있지 않을까? 그렇게 많은 폭력 행위로의 이행은 결국 욕구불만에 대해 의식하지 못하고 있다는 사실, 그리고 그 이후에도 기꺼이 그것을 표현하고 나누어 갖지 못한다는 사실에서 기인하는 것이다.

폭력, 이 오래된 습관

갈등을 해결하는 최후 수단으로 폭력에 호소하는 오래되고 슬픈 습관을 계승해왔다. 그리고 스스로 그런 식으로 행동하게끔 방치해왔다. 하지만 이제 우리는 갈등을 해결하는 여러 다른 방식들이 존재한다는 것을 안다. 따라서 우리 내부에서 폭력에 호소한다는 생각으로부터 벗어난 작업, 폭력에 호소한다는 이 오래된 체계의 '코드를 바꾸는 작업'을 시작할 수 있다. 그렇게 함으로써 언젠가 전쟁 박물관에 가정의 폭력, 부부 사이의 폭력, 부족 사이의 폭력, 정치적 폭력, 인종적 폭력, 종교적 폭력 등을 전시할 날을 꿈꿀 수도 있다. 물론 박물관에 전시된 이런 폭력들을 보고 먼 후손들은 이메일과 인터넷을 고안한 시대에서 대부분의 인간들이 여전히 서로를 잘 표현하지 못하고, 서로의 말을 잘 듣지 않고, 따라서 서로를 잘 이해하지 못했다는 사실을 알 수 있게 될 것이다.

"인간은 인간에 대해 늑대다", "인간은 항상 같다", "인간은 변하지 않는다" 등과 같은 오래된 신념처럼 나를 화나게 하는 것은 없다. 이런 체념, 나아가서 견유주의는 미래에 자행될 폭력의 온상이 되며, 미래의 투쟁을 위해 무장하는 것이기도 하다. 따라서 각자는 자신을 변화시킬 수 있는 개인적인 힘, 폭력 사용의 코드를 바꿀 수 있는 힘, 새로운 공동 의식을 위해 일할 수 있는 힘을 가지고 있다는 사실을 자각할 필요가 있다.

나는 매일 하나의 꿈을 가꾸고 있다. 결국 이런 꿈이 모여 새로운 대륙을 발견하고자 하는 우리로 하여금 거친 바다와 사막을 통과하게끔 해준다는 확신을 가지고서 말이다. 청바지, 티셔츠, 코카콜라, 양날 면도기 등이 몇 년 안에 일종의 전 지구촌 문화를 형성할 정도로 세계 방방곡곡에까지 알려지고 또 사용된다면, 그것은 이 모든 것들이 사람들의 필요와 일치하기 때문일 것이다. 예컨대 옷과 코카콜라에 대해서는 안락함, 편안함, 소박함, 정체성이, 그리고 면도기에 대해서는 위생, 편리함, 효율성 등이 그 필요에 해당할 것이다. 이런 공동 문화를 형성하는 여러 요소들을 채택한 세계 여러 대륙에 사는 많은 사람들을 만나게 되었을 때, 나는 종종 그들이 또한 자신들의 지역적이고 부족적인 오랜 전통에 적극적으로 매달리는 것을 목격한 바 있다. 그렇다면 왜 그들의 정체성을 위태롭게 하지 않으면서도 이와 같은 전 지구촌 문화를 배우고 체험하는 대화의 방법을 살려나가지 못하는가?

지금까지 소개하고 장려한 비폭력 대화, 깨어 있는 의사소통은 다른 여러 방법과 더불어 지구촌의 건설에 알맞은 인간관계의 정립 방식의 탐구라는 방향 속에서 그 의미를 찾을 수 있다. 물론 그러기 위해서는 이 대화는 이 책의 '서론' 부분에서 지적했던 '모든 영역'에 적용되어야 할 것이다. 그도 그럴 것이 대화를 중요시하는 이 방법은 모든 종류의 인간관계, 가령 자기와의 내적 관계, 부부 사이의 인간관계, 가정에서의 인간관계, 직장과 사회에서의 인간관계에 적용되기 때문이다. 또한 이 방법은 모든 종류의 감수성, 예컨대 종교적, 정신적, 철학적, 정치적 감수성을 존중하기 때문이다. 그리고 마지막으로 이 방법은 인류의 공동 유산인 수많은 가치들을 권장하기 때문이다. 자크 살로메와 마찬가지로 나 역시 언어나 정보과학에 대한 기본 수업과 같이 이 대화 방법이 전 세계적 차원에서 교육 프로그램에 포함되기를 고대하고 있다. 외국어나 정보과학의 석사 과정에서 수업을 받는 모든 사람들이 마음의 언어를 배우는 그런 세상을 한번 상상해보라!

이렇게 해서 나는 어느 날 미래에 대한 비전이 가득한 장관들 — 교육장관, 보건장관, 치안장관, 법무장관, 국방장관까지 —, 인간들 사이의 관계에서 지속적인 변화를 추구할 준비가 되어 있는 그런 장관들을 만나보기를 바란다. 만약 그들이 비전을 가지고 있다면, 그들은 변화의 움직임이 자신들의 존재 저 깊은 곳으로부터 시작되지 않으면 변화란 오래 계속될 수 없다는 사실을 자각하고 있을 것이고, 또한 그런 변화의 움직임에 그들 스스로 자신들의 내부 의식을 변화시키고자 하는 작업에 참가하는 것을 받아들일 것이기 때문이다. 허버트 리브스를 따라 다시 한번 많은 사람들이 폭력과 비소통(non-communication)을 인류의 중요한 문제가 아니라 70억 개의 문제들에 불과하다고 여기고 있다는 사실을 떠올리자! 분명 일상생활에서 스스로 책임을 져야 한다, 정신건강을 돌보아야 한다고 느끼는 사람들의 수는 점점 더 많아지게 될 것이다. 이런 사람들은 이렇게 자문할 것이다.

"내가 말하는 것, 내가 행하는 것, 내가 품고 있는 생각, 의도, 기획 등은 과연 통합에 기여하는가 아니면 분열에 기여하는가? 여러 다른 자들의 화합에 기여하는가 아니면 반대자들과의 대립에 기여하는가? 평화에 기여하는가 아니면 전쟁에 기여하는가?"

우리로 하여금 아직까지도 그 정체가 잘 알려지지 않은 '관계'라는 이름의 새로운 대륙에서 편안하고 안전하고 또한 기쁜 마음으로 거주할 수 있게 해주는 것은 위와 같은 정신에 대한 자각이다. 이것은 21세기에 한번 도전해보고픈 멋진 내기가 아닌가?

평화를 가꾸자

우리들 각자는 예외 없이 인간으로서의 존엄성을 가지고 이와 같은 책임 속에서 자기 자신의 몫을 가지고 있다는 것이 변함없는 나의 지론이다. 남자여자 구별 없이 점차 이런 책임을 기꺼이 자각하고 인정하고 또 나아가서는 일상생활에서, 각자가 있는 곳에서, 현재 가진 수단을 통해 인류의 안락함에 기여한다는 행복한 마음으로 그 책임을 떠맡기를 나는 희망해본다. 이것이 내가 항상 품고 있는 꿈이다. 사실 나는 항상 이런 생각을 품고 지낸다. 즉 정원사가 자신이 가꾸는 꽃을 돌보듯이 우리들 각자가 매일매일 우리 내부의 평화를 가꾸지 못한다면, 이 세상에는 평화가 자리 잡지 못할 것이라는 생각이 그것이다. 이제 우리 자신의 내부라는 정원의 평화를 가꾸는 작업부터 시작하도록 하자. 그렇게 되면 이 평화는 곧 주위에 널리 퍼지게 될 것이다.

왜냐하면 평화란 전염성을 가졌기 때문이다!

필요를 나타내는 어휘들의 목록

생존
피난처
공기
물
움직임, 연습
영양
휴식, 항구성
안정감, 보호

자율성
자기에 대한 긍정
힘의 소유
선택, 스스로 결정을 내림
독립
자유
고독, 차분함, 편안함,
자기를 위한 공간/시간

영양(넓은 의미에서)
애정
따뜻함
위안
부드러움
이완, 해소
기쁨, 여가
감수성
간호, 주의, 곁에 있음
다정함
감동하기

통합
진정성, 정직함
목표, 방향, 어디로 가는가를 알기
자기에 대한 인식
가치를 결정하기
꿈, 비전
균형
자기에 대한 평가
자기에 대한 존중
리듬, 통합의 시기
각자의 가치와 위치가 갖는 의미

자기에 대한 표현
완성, 실현
행위
배우기
창조성

이성의 질서에 속하는 필요
분명함, 이해
(반성, 분석, 판별, 경험을 통해 이루
어지는 것)
일관성, 충족성

성장, 발전
현실화, 전개,
치유
생성하기, 이유가 되기, 참여
조절

간결성
의식
탐색, 발견
정보, 지식
정확함
간소함
자극

사회의 질서에 속하는 필요
수용
우정
사랑, 애정
소속
평가
의사소통
동행
합의
신뢰
결합
접촉
주기, 봉사하기, 기여하기
청취, 이해, 공감
형평성, 정의
표현
정직, 투명성
상호의존성
친밀함
공유, 교류, 협동
출석
가까움
영접하기

인정(공명, 울림, 피드백)

존경, 참작

안정감(신의, 기대, 비밀 유지, 신중함, 안정성, 충실성, 한결같음, 계속성, 구조, 참고점 등)

지지, 보조, 도움, 위안

양보, 차이의 수용, 개방

정신의 질서에 속하는 필요
사랑

아름다움, 미학적 의미

신뢰감, 믿고 맡김

희망

존재

목적

조화

영감

기쁨

질서

평화

성스러움

차분함

침묵

초월성

삶에 대한 찬양
(여러 단계와 여러 양상을 포함하고 있는 삶의 수용)

일치

죽음, 상실

축제

강렬한 삶을 체험하고자 하는 취향

유머

놀이

탄생

은혜를 베풂

의식화

감정을 나타내는 어휘들의 목록

필요가 충족되었을 때 경험하는 감정들

편안함	만족함	놀라움
몰두	동정심	취함
(충만한) 애정	집중	각성
민활함	관련성	고양됨
가벼움	신뢰감	팽창
경쾌함	안락함	퍼짐
우정	자기만족	기대
사랑에 빠짐	(충만한) 용기	절정
(충만한) 사랑	호기심	왕성함
사랑스러운	기분 전환	매력
재미있는	초연함	자부심
활발한	긴장 완화	굉장한 기쁨
좋은 평가	경악	명랑함
(충만한) 열의	눈부심	뜨거운 열의
포만감	열광	(충만한) 감사
주의	쾌활함	도취
환희의 절정	짜릿함	열망
몹시 기뻐함	흥분	조화
대담함	감동	행복
지복(至福)	흡족	환희
기분 좋음	의기양양	기분 좋음
동요	(충만한) 에너지	장난기 섞인 기분
침착함	열정	초조함
매혹	심취함	연루됨
방향성	명랑함	태평함
매력	(충만한) 활력	영감을 받음
따뜻함	만개함	흥미로움

당황스러움
넘치는 기쁨
기쁨
유쾌함
환호
농밀함
낙관주의
평화로움
평화
반짝거림
쾌락
도움을 주는 경향
가까움
빛남
진정시키기
참신함
원기 회복
태평해짐
안심
매료
건강 회복
환하게 빛남
위안
감사
축하
가득한 희망
활력 회복
충족
안정감을 느낌
감수성
민감함

경감
자극
경계심
흥분
상냥함
감동
조용함
기쁨에 넘침
(충만한) 삶
생생함
활기를 띰

감정을 나타내는 어휘들의 목록

필요가 충족되지 않았을 때 경험하는 감정들

무너짐	노함	곤란함
압도됨	우려	귀찮음
굶주림	찢김	얽힘
애통함	어리둥절함	둔함
얼빠짐	당황함	신경질
날카로워짐	낙담	지루함
흔들림	실망	분노
기분 상함	환멸	시샘
위급함	혼란	공포에 사로잡힘
괴로움	사기 저하	고난에 빠짐
쓸쓸함	무방비	탈진
고뇌에 찬 마음	초월됨	기진맥진함
(충만한) 적의	분함	놀라움
걱정스러움	침체	과장
무기력	방해	지나침
겁먹음	무기력	흥분
걱정	아연실색	화
갈증	무장해제	피로
혐오감	절망	격노함
상처를 입음	유감	지침
봉쇄됨	풀어짐	연약함
우울함	고통스러움	질겁함
애처로움	경악	욕구불만
상처 입은 마음	흔들림	경계
연루됨	역겨움	투덜댐
혼란스러움	오싹함	증오
거북함	활기 없음	조마조마함

주저함　　　　　사기 저하　　　　소름끼침
모욕　　　　　　고행　　　　　　밋밋함
분개　　　　　　녹초가 됨　　　　갈팡질팡
제정신이 아님　　애석함　　　　　번뇌
초조함　　　　　신경이 날카로움　떨림
무능함　　　　　신경질적임　　　　슬픔
불안　　　　　　공황(恐慌)　　　　혼란함
믿을 수 없음　　게으름　　　　　겁먹음
미확정　　　　　격렬함　　　　　기분 상함
무관심　　　　　난감함　　　　　취약함
나태　　　　　　비관주의
타성　　　　　　공포
걱정스러움　　　물러빠짐
불만족　　　　　원한
불안감　　　　　폐쇄
아둔함　　　　　유보적임
불안정　　　　　유감
집착　　　　　　망설임
당황함　　　　　파기
질투　　　　　　포화
지침　　　　　　회의
혼수상태　　　　꾸짖음
무거움　　　　　홀로 있음
악(惡)　　　　　어두움
불편함　　　　　걱정스러움
불행　　　　　　고통
지겨움　　　　　의심
침울함　　　　　침잠
불평　　　　　　당혹함
불신　　　　　　과묵함
우울함　　　　　긴장됨

해석과 판단을 포함하는 감정을 나타내는 어휘들의 목록

다음의 어휘들은 종종 감정들을 나타내는 데 사용된다. 하지만 이 어휘들은 실제로 타인이 우리에게 가하고 있는 해석과 판단이다.

포기당한	가치가 없는	함정에 빠진
남용당한	욕을 먹은	질척거리는
궁지에 몰린	겁을 먹은	보호받는
비난당한	보이지 않는	비방을 당한
공격당한	고립당한	다시 이루어진
바보 같은	버려진	거절당한
징계당한	판단된	비웃음을 산
속은	계산되지 못한	더럽혀진
죄를 지은	따돌림을 당한	무가치의
평판을 잃은	조작당한	어리석은
내버려진	과보호를 받은	혹사를 당한
증오를 받는	처량한	배반당한
평가절하된	위협당한	속임수에 빠진
감소된	무시당한	이용당한
사기를 당한	과소평가된	정복된
내쳐진	새장에 갇힌	강간당한
짓눌린	억압당한	도둑맞은
사취당한	소홀히 취급된	
억눌린	부정된	
함정에 빠진	아무런 가치도 없는	
다리를 붙잡힌	수용되지 못한	
괴롭힘을 당한	사랑받지 못한	
모욕을 당한	믿음을 받지 못한	
불충분한	경청되지 못한	
무능력의	중요하지 않은	
이해를 받지 못한	원하는 사람이 없는	

참고문헌

Bobin, Christian, *La souveraineté du vide*, Paris, Folio.

Bobin, Christian, *Le Très-Bas*, Paris, Folio.

Coelho, Paolo, *L'alchimiste*, Paris, Anne Carrière, 1994.

Corneau, Guy, *L'amour en guerre*, Montréal, Les Éditions de l'Homme, 1996(불어본: *N'y a-t-il pas d'amour heureux?*, Robert Laffont, 1997).

Delaunay, Michèle, *L'ambiguïté est le dernier plaisir*, Arles, Actes Sud, 1987.

Miller, Alice, *C'est pour ton bien*, Vendôme, Le Fil rouge, PUF.

Rajneesh, *Le Tao Ranjneesh*, Éditions du Gange de la Ferté Alais.

Rilke, Rainer Maria, *Le Livre d'heures*, Bruxelles, Le Cri, 1989.

Rosenberg, Marshall, *Nonviolent Communication. A Language of Compassion*, Delmar, Tuddle Dancer Press(불어본: *Les mots sont des fenêtres ou des murs*, Jouvence et Syros, 1999).

Saint-Exupéry, Antoine de, *Le Petit Prince*, Paris, Gallimard, 2000.

Salomé, Jacques et Sylvie, Galland, *Si je m'écoutais je m'entendrais*, Montréal, Les Éditions de l'Homme, 1990.

비폭력 대화 센터

　비폭력 대화 센터(CCNV)는 1966년 마샬 로젠버그에 의해 미국에서 창립된 비영리 단체다. 이 단체는 전 세계에, 특히 전쟁으로 분열된 나라들에 아주 긴급하다고 여겨지는 평화적 화해의 수단을 알려주는 것을 그 주된 목표로 하고 있다.

　이 단체는 현재 국가들 또는 지역들 사이에 비폭력 대화 교육자들로 구성된 팀과 더불어 20여개 나라에서 협력을 하고 있다.

　이 단체에 대한 더 많은 정보를 얻고, 세계 평화를 위해 CCNV의 활동을 지지하고, 불어권 지역이나 다른 지역에서 이루어지는 활동들에 대한 정보를 얻고, 불어나 영어로 된 자료들을 얻고, 요청에 의해 개설될 수 있는 비폭력 대화에 관계된 기본 교육 정보를 얻기 위해서 독자 여러분은 각 지역에 상설된 센터의 주소로 연락을 할 수 있다.

프랑스

Association Communication Non Violente(ACNV)
주소 : 13 bis, boulevard Saint-Martin F-75003, Paris
전화 : (33) 01 48 04 98 07
팩스 : (33) 01 42 72 01 31
e메일 : acnvfrance@wanadoo.fr
홈페이지 : cnv.free.fr

스위스

Association des Formateurs en Communication Non Violente
주소 : 6, rue de la Goutte d'Or CH-2014 Bâle
전화 및 팩스 : (41) 32 842 30 20
e메일 : covsuisse@hotmail.com

벨기에

Concertation pour la Communication Non Violente

c/o Université de Paix ASBL

주소 : Boulevard du Nord 4 B-5000 Namur

e메일 : cnvbelgique@hotmail.com

미국

The Center For Non Violent Commuication

주소 : PO Box 2662 Sherman, Texas 75091, USA

전화 : (1) 903 893 38 86

팩스 : (1) 903 893 29 35

e메일 : cnvc@compuserve.com

유럽에서 자료를 요청할 수 있는 주소

The Center for Non Violent Communication

주소 : Postfach 232 CH-4418 Reigoldswil

팩스 : (41) 61 941 20 79

e메일 : orchidea@dplanet.ch

지은이 토마 단셈부르

벨기에 출신의 비폭력 대화 전문가 및 양성가이다. 변호사, 비행청소년단체의 법률고문 등을 역임하였으며, 특히 분쟁조정 전문가로 활동하였다. 비폭력 대화법을 비롯하여 다양한 심리치료법을 익혔고, 그 이후 지금까지 심리치료와 인간관계 개선 등에 관한 개인 상담에 종사하며 강연회와 연수 등을 개최하고 있다.

옮긴이 변광배

한국외국어대학교 불어과와 같은 대학교 대학원 불어불문학과를 졸업하고, 프랑스 몽펠리에 3대학에서 「사르트르의 소설과 극작품에 나타난 폭력 문제」로 문학박사학위를 받았다. 한국외국어대학교 불어과 대우교수를 역임하였고, 현재 프랑스 인문학 연구모임 '시지프' 대표로 있다. 저서로는 『존재와 무: 실존적 자유를 향한 탐색』, 『사르트르와 보부아르의 계약결혼』, 『제2의 성: 여성학 백과서전』 등이 있으며, 역서로는 『행복론』, 『수의 신비』, 『레비나스』(공역) 등이 있다.

점잔 빼지 말고 대화로 풀자

지은이	토마 단셈부르
옮긴이	변광배
1판 1쇄 발행	2007년 8월 15일
1판 1쇄 인쇄	2007년 8월 20일
발행처	철학과현실사
발행인	전춘호
등록번호	제1-583호
등록일자	1987년 12월 15일

서울특별시 서초구 양재동 338-10호
전화번호 579-5908
팩시밀리 572-2830

ISBN 978-89-7775-637-3 03180
값 12,000원

●잘못된 책은 교환해 드립니다.
●옮긴이와의 협의에 따라 인지를 생략합니다.